Morphologie der Übermoral

Detlef Hiller | Daniel Straß (Hrsg.)

Morphologie der Übermoral

Zum Moralismus in gesellschaftlichen
und theologischen Debatten

EVANGELISCHE VERLAGSANSTALT
Leipzig

Bibliographische Information der Deutschen Nationalbibliothek
Die Deutsche Nationalbibliothek verzeichnet diese Publikation in der
Deutschen Nationalbibliographie; detaillierte bibliographische Daten
sind im Internet über http://dnb.dnb.de abrufbar.

© 2023 by Evangelische Verlagsanstalt GmbH · Leipzig
Printed in Germany

Das Werk einschließlich aller seiner Teile ist urheberrechtlich geschützt.
Jede Verwertung außerhalb der Grenzen des Urheberrechtsgesetzes ist ohne
Zustimmung des Verlags unzulässig und strafbar. Das gilt insbesondere für
Vervielfältigungen, Übersetzungen, Mikroverfilmungen und die Einspeicherung
und Verarbeitung in elektronischen Systemen.

Das Buch wurde auf alterungsbeständigem Papier gedruckt.

Cover: Jens Vogelsang, Aachen
Coverbild: shutterstock.com, © Triff
Satz: 3w+p, Rimpar
Druck und Binden: Hubert & Co., Göttingen

IISBN 978-3-374-07331-3 // eISBN (PDF) 978-3-374-07332-0
www.eva-leipzig.de

Inhalt

Detlef Hiller und Daniel Straß
Einleitung der Herausgeber 7

Daniel Straß
Zur Morphologie der Übermoral
Oder: Was Moralismus kennzeichnet und warum die Theologie dazu
etwas zu sagen hat 13

Detlef Hiller
Alle Menschen sind gleich (unterschiedlich)!
Gedanken zu Gleichheit und Identität 43

Henning Wrogemann
Interreligiöser Dialog als Gegenstand moralischer Wertung
Erwägungen zu deutschen Diskursen um Kirche, Islam und Gesellschaft   87

Christoph Raedel
Zur Moralisierung gesellschaftlicher Diskurse
Ein Debattenphänomen in theologisch-ethischer Perspektive 99

Roland Deines
Die Pharisäer als Lehrer einer ganzheitlichen Moral
Umfassend motivierend und orientierend für das ganze Leben des
ganzen Volkes 117

Gerold Lehner
Gnadenlose Moral und grenzenlose Freiheit
Signaturen der Moderne und der Widerstand des Christlichen 139

Kai Funkschmidt
Wer rettet die Welt?
Heilsversprechen in der Umwelt- und Klimabewegung 163

Daniel Straß
»Jeder hat seine Wahrheit!« und »Wir alle sollten Haltung zeigen!«
Wie passen erkenntnistheoretischer Relativismus und wertbezogene
Absolutheitsansprüche zusammen? 189

Autoren 211

Einleitung der Herausgeber

Detlef Hiller und Daniel Straß

Dieser Tagungsband geht auf ein wissenschaftliches Symposium zurück, das im März 2022 an der *Internationalen Hochschule Liebenzell* (IHL) stattfand. Der Veranstalter hatte akademische Vertreterinnen und Vertreter verschiedener Disziplinen gebeten, aus ihrer jeweiligen fachwissenschaftlichen Perspektive Vorträge beizusteuern, die sich auf das spannungsvolle Oberthema beziehen sollten: »*Wie viel Moral verträgt der Mensch?*«

Hintergrund war die verbreitete Beobachtung einer moralischen »Aufladung«, die heute in vielen gesellschaftlichen und theologischen Debatten zu registrieren ist. Wurden gegensätzliche Positionen im Diskurs früher hauptsächlich unter dem Vorzeichen unterschiedlicher Meinungen oder wissenschaftlicher Grundpositionen gedeutet, so werden sie heute häufig unter moralischen Vorzeichen interpretiert. Positionen werden damit nicht mehr als »richtig« oder »falsch« verhandelt, sondern als »gut« oder »böse« bzw. als »erlaubt« oder als »zu ächten«, was zur Folge hat, dass entsprechende Konsequenzen gezogen werden müssen (sog. Deplatforming, Kontaktvermeidung etc.).

Da es sich hier um die Beobachtung von im Einzelnen recht unterschiedlichen Phänomenen handelt, die aber alle die Gemeinsamkeit der moralischen Aufladung kennzeichnet, ist der Gegenstand der Betrachtung abstrakt nur schwer zu beschreiben. Besser vermag ein konkretes Beispiel aus dem Spätsommer 2022, das stellvertretend für andere stehen soll, der Sache Kontur zu verleihen:

Der international bekannte Philosoph Georg Meggle gründete in den 1990er Jahren die »Gesellschaft für Analytische Philosophie« (GAP), deren Ehrenpräsident er später wurde. Im November 2021 ließ sich Meggle allerdings dazu hinreißen, den NATO-, USA- und pharmakritischen sog. »Neuen Krefelder Appell«[1] zu unterzeichnen – für einen Philosophen, der stets USA- und »imperialismus«-kritische Positionen vertrat, keine ungewöhnliche Handlung. Allerdings taucht in dem Appell ein Satz auf, in dem der in manchen regierungskritischen Milieus

---

[1] https://peaceappeal21.de/ (11.10.2022).

beliebte Begriff des »Great Reset« verwendet wird. Dies reichte aus, dass die von Meggle selbst gegründete philosophische Fachgesellschaft ihn zum »Paria« erklärte und ihn – trotz Ehrenpräsidentschaft – von der Teilnahme an einer einführenden Podiumsdiskussion des Fachkongresses zum Thema »Wissenschaftsfreiheit und Moral« auslud. Der Vorstand der GAP schrieb in einer Erklärung vom 3. September 2022: »Wir halten es für unangemessen, das Eröffnungspodium eines wissenschaftlichen Kongresses mit einer Person zu besetzen, die eine krude Verschwörungstheorie wie die Great Reset-Theorie unterstützt.«[2]

Die Bochumer Ethik-Professorin Maria-Sibylla Lotter kommentiert den Fall wie folgt:

> »Vor zwanzig Jahren, bevor die Menschen immer tugendhafter wurden, wäre die Unterschrift ausgerechnet des Ehrenpräsidenten einer Philosophengesellschaft unter einem wüsten Appell Stoff zum Tratsch und Witz gewesen – aber Anlass für die öffentliche Zurechtweisung des Kollegen und seine Ausladung von einem Kongress? Daran hätte man nicht im Traum gedacht. In diesem lange vergangenen Zeitalter nahm man es mit Humor, dass Menschen auch Blödsinn verzapfen. Oder unterschreiben. Und man ging selbstverständlich davon aus, dass Philosophen Interessantes zu Kolloquien beitragen können, auch wenn sie nur Menschen sind.«[3]

Es geht in diesem Tagungsband also um das Phänomen, dass gesellschaftliche und theologische Debatten in wachsendem Maß moralisiert werden. Dies ist allerdings bereits eine Diagnose, die sowohl Zustimmung als auch Ablehnung erfährt: Auf der einen Seite findet sich Zustimmung, bis hin zur Radikalposition, die Demokratie sei gefährdet, weil man heute »nichts mehr sagen« dürfe, was nicht »mainstream« sei. Auf der anderen Seite erfährt die Diagnose auch Ablehnung, weil man sie für übertrieben hält und teilweise bei denen, die ihr zustimmen, undemokratische Überzeugungen vermutet, da sie trotz angeblich vermisster Meinungsfreiheit eben »doch alles sagen« könnten.

Dieser Gegensatz wird sich nicht auflösen lassen, aber er legt nahe, dass es letztlich um die Frage nach dem Maß von Moral und Moralisierung zu gehen scheint, das Mensch und Gesellschaft (noch) guttut. Wohlwissend, dass sich bereits viele Zeitdiagnosen der letzten Jahre in unterschiedlicher Weise mit dieser Frage befasst haben, scheint die Sache noch immer nicht ausreichend *erfasst* und das Phänomen flaut offensichtlich nicht ab.

---

[2] GAP, Erklärung zur Ausladung von Georg Meggle, online zu finden unter: https://www.google.com/url?sa=t&rct=j&q=&esrc=s&source=web&cd=&ved=2ahUKEwjPh-Xzm7f6AhVJNOwKHdJxC7EQFnoECA0QAQ&url=https%3A%2F%2Fwww.gap-im-netz.de%2Fimages%2Fgap%2FErklaerung_zur_Ausladung_von_Georg_Meggle.pdf&usg=AOvVaw1dvrio5mxXQwKry7xhaMlf (28.9.2022).

[3] Maria-Sibylla Lotter, Wer nicht spurt, fliegt raus, NZZ 28.9.2022.

Das Symposium stellte den Versuch dar, einen Beitrag zu einem etwas besseren Verständnis sowohl des Gegenstandes der Moralisierung der Debatten als auch zu der Beantwortung der Frage nach dem »gesunden Maß« von Moral zu leisten. Dies ist nach Ansicht der Veranstalter und des Auditoriums auch gelungen. Dieser Tagungsband soll nun dazu dienen, die vorgestellten Einsichten einer breiteren Leserschaft zugänglich zu machen.

Im Folgenden wird ein kurzer Überblick über den Tagungsband gegeben, der dazu verhelfen soll, einen ersten Einblick in das Buch zu gewinnen. Das Buch beginnt mit zwei Aufsätzen der Herausgeber, die erst nachträglich entstanden sind und nicht auf dem Symposium vorgetragen wurden.

In dem ersten dieser beiden Aufsätze behandelt *Daniel Straß* den Titel dieses Buches, in dem mit der »Morphologie« nach der Form bzw. Gestalt moralisierender Diskurse gesucht wird. Er listet einerseits verschiedene Kennzeichen auf, anhand derer deutlich wird, wo »legitime« moralische Positionen umschlagen in einen rigiden Moralismus. Andererseits macht er erste Andeutungen zu dem gegenwärtig dominierenden Komplex der Übermoral, der häufig einen identitätspolitischen Charakter trägt. Dessen Aporien seien wie andere Probleme spätmodernen Denkens und Handelns nicht ohne ihren gemeinsamen Wurzelgrund in einem die Transzendenz »ausgrenzenden Humanismus« zu sehen.

Der Beitrag von *Detlef Hiller* versucht – inspiriert von der Tagung, aber gedanklich unabhängig – Ursachen und Entstehung des Phänomens zu analysieren. *Detlef Hiller* geht vom universalen Gleichheitsgedanken aus und spannt einen weiten Bogen über kulturtheoretische Überlegungen, die Nachzeichnung historischer Entwicklungen bis zu etlichen Beispielen moralischer Eskalationen in jüngerer Vergangenheit. Er endet mit einem Modell, das versucht, die diskursiven und psychologischen Mechanismen hinter den aktuellen moralisch aufgeladenen identitätspolitischen Zuordnungen und Gleichstellungsdebatten zu deuten und ruft zu Bescheidenheit auf, hinsichtlich des Bemühens, über Gleichberechtigung hinaus zur vollkommenen Gleichstellung zu gelangen.

Henning Wrogemanns Beitrag befasst sich mit der Moralisierung des interreligiösen Dialogverständnisses. Zunächst zeigt er die Berechtigung verschiedener Dialogverständnisse auf, um dann festzustellen, dass im kirchlichen Raum häufig nur ein einziges Dialogverständnis geübt und als angemessen bzw. moralisch legitimiert betrachtet wird. Er nennt dieses Format den *Konsens-Dialog*. Mit diesem Format gehe in der Regel die implizite Aufforderung zur Selbstbeschränkung des christlichen Wahrheitsanspruches einher. Andere Dialogformen würden dagegen als übergriffig und den Dialogpartner verletzend verworfen. *Henning Wrogemann* dekonstruiert dabei vermeintliches religiöses »Beleidigt-Sein« als ein Instrument, das der Durchsetzung der eigenen Positionen diene, indem der Dialogpartner als moralisch disqualifiziert dargestellt werde. Stattdessen solle der interreligiöse Dialog konsequent in den Dienst des gesellschaftlichen Zusammenlebens gestellt werden und in der konkreten Begegnung sei Humor und »ein gewisses Maß an religiöser Selbst-Distanzierung« von allen Seiten zu üben.

Christoph Raedel stellt zunächst fest, dass in jüngerer Zeit gesellschaftliche Konflikte eine Wandlung erfahren hätten: von primär sozioökonomischen Konflikten hin zu identitätspolitischen, von Fragen der »Lebenssicherung« hin zu Fragen der »Lebenskultur«. In diesem Zusammenhang diene Moralisierung dazu, sich von anderen Menschen »abzuheben« und so für Eindeutigkeit zu sorgen. Dennoch stünden sich Menschen mit all ihrem unterschiedlichen *kulturellen Kapital*, ihren sozioökonomischen, ethnischen oder eben auch moralischen Unterschieden *zueinander* näher als zu Gott, der allein »gut« sei. Moralische Wertungen von Menschen ohne den Bezug auf Gott unterlägen daher der Gefahr der Selbstüberhöhung. Lasse sich dagegen der Mensch wieder ins rechte Verhältnis zu Gott setzen, so werde aus der »moralischen Selbstbehauptung« die kritische »Selbstprüfung« vor einem Gott, der vergibt. Diese Erfahrung mache davon frei, »seinen Selbstwert vom Urteil anderer Menschen abhängig zu machen«.

Roland Deines widerspricht in seinem Beitrag dem gängigen Vorurteil gegen die Pharisäer, wonach sie Heuchler und Moralisten gewesen seien. Er stellt sie vielmehr als eine Gruppe innerhalb des antiken Judentums dar, die es vermochte, eine »umfassend motivierende und orientierende Moral« zu repräsentieren; eine Moral, die »im Alltag für eine Mehrheit praktizierbar war« und daher eine grundlegende Orientierungskraft entfalten konnte, die »dem jüdischen Volk seine moralische Identität bis weit ins 19. Jahrhundert hinein gewährleistete«. Die Anerkennung der Willensfreiheit sowie die Hoffnung auf Auferstehung und Gericht erlaubten es den Pharisäern, Unvollkommenheiten bestehender Systeme als vorläufig zu tolerieren, was sie vom moralischen Rigorismus neuzeitlicher Bewegungen unterschieden habe. *Roland Deines* endet mit Vorschlägen, wie auch in pluralistischen Gesellschaften »eine von Gottes Gebot [...] geprägte Moralität praktiziert werden« könnte, die von Moralismus und Herrschaftsansprüchen gegenüber anderen frei wäre.

Der Aufsatz von *Gerold Lehner* analysiert als Grundproblem hinter eskalierenden Moralisierungen (»gnadenloser Moral«) einen komplexen kulturellen Vorgang von Entgrenzungen. Mit der Renaissance beginne eine »neue Freiheitsbestrebung« in Europa, die sich schließlich nach dem Zweiten Weltkrieg voll entfaltet habe. Dies habe nicht nur zur »Überwindung«, sondern zur gänzlichen »Auflösung« von Grenzen geführt, die Menschen in einer »konturlose[n]« Landschaft orientierungslos zurücklasse. *Gerold Lehner* fragt, wie dies Kirche und Theologie in Mitleidenschaft ziehe und welche »heilsame Widerständigkeit denn vom Christentum her zu erwarten wäre«. Dabei kommt er zu Einsichten über die Besonderheit christlicher Moral, die sich im Wesentlichen in der Dimension von Polaritäten äußert, und er entwickelt – anhand des historischen Vergleichs mit dem Niedergang des Römischen Reiches – Ideen zu neuen Formen christlicher Gemeinschaft, die kulturelle Gegenentwürfe zum gesellschaftlichen Trend bilden.

Kai Funkschmidt befasst sich aus einschlägigem Blickwinkel mit der Umwelt- und Klimabewegung. Er zeigt zunächst Ursprünge und Herkünfte des Phänomens auf und erläutert, wie die unterschiedlichen Ströme nach dem Zweiten Weltkrieg zusammenflossen und wie unter den modernen Umweltbewegungen schließlich die Klimabewegung vorherrschend wurde. Der Schwerpunkt seiner Analyse liegt darauf, darzulegen, dass das Phänomen deutlich »religionsartige[] Elemente« aufweise (Heilsversprechen, Glaubensbekenntnisse, Kinder-Propheten, Buße, Schuld etc.). *Kai Funkschmidt* legt dar, wie insbesondere die Frage der Schuld angesichts der menschlichen Verantwortung für die aufkommende Katastrophe zentral werde. Das habe rigide moralische Beurteilungen und die Einteilung von Gesinnungen und Lebensweisen in gut oder verwerflich zur Folge. Der in Umwelt- und Klimabewegung vertretene »Absolutheitsanspruch«, der bekenntnishafte Glaube an »die Wissenschaft« und die zunehmende Verzweiflung aufgrund der sich verschlechternden Lage führe letztlich zu Radikalität und zur Verketzerung Andersdenkender.

Im letzten Aufsatz des Bandes untersucht *Daniel Straß* ein widersprüchliches Gegenwartsphänomen, nämlich die Tatsache, dass es – zumindest bis in die jüngere Vergangenheit gesellschaftlicher Diskurse – eine Gleichzeitigkeit von relativistischen Überzeugungen (»Jeder hat seine Wahrheit«) und moralischen Absolutheitsansprüchen gegeben habe (»Wir alle sollten Haltung zeigen«). Die Gleichzeitigkeit dieser konträren Sichtweisen verweise auf die Berechtigung beider Pole, der Pluralität von Ethosformen einerseits und des universalistischen Anspruches der Moral andererseits. *Daniel Straß* entfaltet sodann zwei Begriffe aus der philosophischen und pädagogischen Tradition, von denen er glaubt, dass sie die Spannung zwischen diesen Polen gut auszutarieren erlauben: Es handelt sich um die Begriffe der »Tugenden« und »Werte«, an deren Erfolg (und Scheitern) auch grundlegende geistesgeschichtliche Linien deutlich gemacht werden. Aristoteles (für die Tugenden) und Max Scheler (für die Werte) seien zwei beispielhafte Denker, die gezeigt hätten, wie die Standortabhängigkeit des Denkens auch in moralischen Fragen mit objektivierbaren Kriterien des guten Lebens in Beziehung gesetzt werden könne. Dabei zeigt sich für *Straß* gerade angesichts von Wertkonflikten die Notwendigkeit einer Hierarchisierung der Werte, wobei ihm ein neues Durchdenken des Liebesbegriffs als vielversprechend erscheint.

Damit bietet dieser Tagungsband sowohl hinsichtlich der Moralisierung der gesellschaftlichen und theologischen Debatten als auch im Hinblick auf die Beantwortung der Frage nach dem gesunden Maß von Moral einen ganzen Reigen unterschiedlicher Blickwinkel. Wir hoffen, dass auf diese Weise nicht nur kritische Gedanken, sondern immer wieder auch konstruktive Lösungsansätze oder schlichtweg überraschende Perspektiven zu diesem kontroversen Themenkomplex aufleuchten und zum weiteren Nachdenken und Nachforschen inspirieren.

Last but not least geht ein herzlicher Dank an alle an diesem Buchprojekt Beteiligten, ohne die das Erscheinen des Bandes nicht möglich gewesen wäre. Wir danken zunächst allen Autoren für ihre gehaltvollen Beiträge. Wir bedanken uns auch bei Frau Dr. Annette Weidhas von der Evangelischen Verlagsanstalt (EVA) für ihre Ermutigung zu dieser Publikation und die geduldige Begleitung sowie bei dem Studenten Herrn Marco Schoradt für seine Mithilfe bei den formalen Arbeiten am Manuskript. Zu guter Letzt geht auch ein herzlicher Dank an die Internationale Hochschule Liebenzell, vertreten durch Rektor und Kanzler, Volker Gäckle und Thomas Eisinger, die die Förderung der Publikation aus Hochschulmitteln ermöglicht haben.

Detlef Hiller und Daniel Straß im Herbst 2022

Zur Morphologie der Übermoral
Oder: Was Moralismus kennzeichnet und warum die Theologie dazu etwas zu sagen hat

Daniel Straß

> »Wer Gott fahren ließ, hält umso strenger am Glauben an die Moral fest [...]. Man glaubt, mit einem Moralismus ohne religiösen Hintergrund auszukommen: aber damit ist der Weg zum Nihilismus notwendig.« (Friedrich Nietzsche)[1]

Es ist kein einfaches Unterfangen, legitime moralische Anliegen und Thematisierungen von jenem Moralismus zu unterscheiden, der in jüngerer Zeit manche Gesellschaftsdiagnosen prägt und in diesem Buch näher verstanden werden soll. Das beginnt schon bei der Frage, was im letzten Satz mit »legitimen« moralischen Anliegen gemeint sein kann, und es endet bei einer näheren Bestimmung des Moralismus-Phänomens. Bevor die einzelnen Beiträge der Konferenz verschiedene Aspekte des Themas ausleuchten, will dieser erste Artikel versuchen, einige Signaturen der »Übermoral« (wie sie im Buchtitel genannt wird) im Großen und Ganzen zu umreißen. Ebenso ist beabsichtigt, darzulegen, warum gerade theologische Perspektiven, die auf dem IHL-Symposium 2022 dominierten, einen erhellenden Blick auf die Moralismus-Problematik freigeben können. Stand und steht die (christliche) Theologie nicht selbst oftmals unter Moralismus-Verdacht?

Beginnen wir mit der ersten Frage, der Unterscheidung von Moral und »Übermoral«, und damit mit der vielleicht etwas kryptischen Formulierung einer »Morphologie der Übermoral«. Was hat es damit auf sich?

Es war kein Geringerer als J. W. von Goethe, der den Begriff der Morphologie im frühen 19. Jahrhundert prominent gemacht hat. Bei ihm ging es um eine philosophische Anschauung, die die Beziehungen zwischen Innen und Außen, Geist und Natur greifbar machen wollte.[2] In dieser spezifischen geistesge-

---

[1] Ders., Werke in drei Bänden, 3, München 1956, 880 f.

[2] Bei Goethe sieht man noch, anders als in der heute primär biologischen Verwendung (Morphologie als Lehre von der Struktur und Form der Organismen), eine integrierte Stellung des Begriffs hinsichtlich Natur und Geist. Goethe begriff die Morphologie als eine Anschauung gerade bei wissenschaftlich denkenden Menschen, die beabsichtigten, »[...] die lebendigen Bildungen als solche zu erkennen, ihre äussern sichtbaren, greif-

schichtlichen Weise hat der Terminus nicht Eingang in unseren Buchtitel gefunden, wohl aber in der recht wörtlichen Hinsicht, dass es ein erhellendes Vorgehen sein kann, ein Phänomen näher zu verstehen, indem man sich über seine spezifische *Gestalt* und *Form* (von griech. μορφή *morphē*) klar wird. Bei Goethe selbst blieb die »Form« freilich permanent in Bewegung. Dies einmal ausgeklammert mag sich freilich gleich eine Rückfrage einstellen: Wäre es nicht – da es sich bei der »Übermoral« ja nicht um dinglich beschreibbare Gegenstände (wie z. B. Organismen) handelt, für deren Erfassung der Begriff Morphologie später in der Biologie verwendet wurde – wäre es da, also bei »geistigen« Gegenständen (wie dem Phänomen des Moralismus), nicht sinnvoller, mit dem anderen alten griechischen Begriff der »Idee« zu operieren und insofern von einer »Ideologie der Übermoral« zu sprechen? Es mag sein, dass sich auch dafür gute Gründe anführen ließen. Allerdings scheint die Ideologie stärker auf die konkrete *inhaltliche* Ausgestaltung von Komplexen der Übermoral abzuheben, insofern sich diese nämlich auf bestimmte ideologische Vorstellungen beziehen können. Bevor man sich über diese »Fülle« der »Form« an verschiedenen politischen oder religiösen Beispielen klar wird, ist es aber zunächst wichtig, gewisse Strukturmerkmale zu verstehen, die vielleicht generell »Komplexe der Übermoral« kennzeichnen. Aus diesem Grunde hat der Begriff der »Morphologie« seinen sehr absichtsvollen und deskriptiven Sinn. Was aber ist mit »Komplexen der Übermoral« gemeint, deren spezifische Form und Gestalt näher verstanden werden soll?

---

lichen Teile im Zusammenhang zu erfassen, sie als Andeutungen des Innern aufzunehmen und so das Ganze in der Anschauung gewissermaßen zu beherrschen« (J. W. Goethe, Die Absicht eingeleitet, in: Ernst Beutler [Hrsg.]: Johann Wolfgang Goethe: Gedenkausgabe der Werke, Briefe und Gespräche. Naturwissenschaftliche Schriften [Zweiter Teil], Zürich/Stuttgart ²1966, 13). Man könnte etwas freier paraphrasieren: »Morphologen«, in der Einschätzung Goethes, sehen nicht nur einfach eine »sinnlose« Formation in der Natur (nehmen wir der einfachen Illustration halber die Gestalt einer Pflanze), sondern sie deuten das äußere Erscheinungsbild a) als lebendige Bildung, b) als einen Zusammenhang, c) als Andeutung eines Inneren und können es so d) in einen Zusammenhang stellen (d. h. systematisieren und insofern »beherrschen«). Gerade der dritte Aspekt, das Verhältnis von Innen und Außen, die Annahme, dass »alles was sei, sich auch andeuten und zeigen müsse« (Goethe, Fragmente [s. Anm. 1], 415), ist dann auch in der Romantik prominent, etwa bei Friedrich Fröbel. Ebenfalls zeigt sich eine Nähe zur griechischen Philosophie. Manchmal wird auf Platon hingewiesen, da Goethe z. B. bei der Vielzahl der pflanzlichen Gestalten von einer idealtypischen »Urpflanze« ausging (was eine Nähe zur Ideenlehre hat). Anderseits zeigt der Zusammenhang zwischen Innen und Außen auch Affinitäten zur aristotelischen Teleologie, nach der die Gestalt bereits im Keimling angelegt ist. Diese Zugänge verbinden noch Natur und Geist, und lokalisieren die »Morphologie« (in diesem Sinne) noch vor der Trennung von Natur- und Geisteswissenschaften.

Zunächst ist mit »Komplex« in der hier gebrauchten Verwendungsweise das Zusammentreffen bestimmter moralbezogener Überzeugungen und Praxen in einer konkreten soziokulturellen Konstellation gemeint. Ob es sich dann um einen »Komplex der Übermoral« handelt, hängt von bestimmten Bedingungen ab, über die wir uns hier gleich zu Beginn klar werden wollen.

Nähern wir uns also einem ersten Unterscheidungsversuch von Moral und Moralismus[3]:
- *Moral*, von lat. mos, mores (= Sitten), bezeichnet die »Gesamtheit der akzeptierten und durch Tradierung stabilisierten Verhaltensnormen einer Gesellschaft«.[4] Moral als mehr oder weniger institutionalisierter Komplex von Überzeugungen und Praxen, das »gute« oder »richtige« Leben betreffend, bildet demnach in allen menschlichen Gemeinschaften und Gesellschaften einen Raum der Orientierung. Der Begriff *Ethik* wurde seit der Antike und bis heute gelegentlich synonym verwendet, bezeichnet aber in der Fachsprache als »praktische Philosophie« demgegenüber eher den Bereich der *Reflexion*, also die systematische Beobachtung und Beschäftigung mit den konkreten Moralen der Gesellschaft(en), Ethik ist also primär die Wissenschaft der Moral(en). Es kann hier allerdings noch einmal sinnvoll zwischen deskriptiver, normativer und Meta-Ethik unterschieden werden. Die mögliche Wortableitung von griech. ἦθος (*êthos*) ist vielsagend, weil sie den »gewohnten Ort des Wohnens«[5] oder auch das Gehege bzw. den Weidezaun bezeichnen kann. Diese handgreifliche und lebenspraktische Bedeutung im Sinne eines abgesteckten Areals zeigt an, dass man sich schon in der Antike klar war, dass wahrscheinlich kein (gemeinsames) menschliches Leben ohne ordnende Grenzen möglich ist, die definieren, was in dem jeweiligen sozialen Gebilde gelten soll bzw. erstrebenswert ist, und welche artikulierten Überzeugungen und Handlungen den »Übertreter« andererseits außerhalb des »Weidezauns« positionieren. Moralische Grundannahmen oder auch »Regeln« können kodifiziert und infolgedessen positives Recht werden, können

---

[3] Die folgenden Unterscheidungen, die im Nachgang des IHL-Symposiums 2022 entwickelt wurden, weisen gewisse Gemeinsamkeiten, aber auch Differenzen mit anderen Beschreibungs- und Erklärungsversuchen des Moralismus in den vergangenen Jahren auf. Beispielhaft sei hier nur auf den lesenswerten Herausgeberband der Philosophen Christian Neuhäuser und Christian Seidel hingewiesen: Dies. (Hrsg.): Kritik des Moralismus. Berlin ²2021. Man merkt allerdings auch an den Beiträgen dieses Bandes, dass sich die Analysen zum Moralismus-Phänomen immer noch in einer Suchbewegung befinden und dass ihnen auch »kein einheitliches Verständnis davon« zugrunde liegt, »was Moralismus eigentlich genau ist« (a.a.O., 17).
[4] Georg Jüssen, Art. Moral, in: HWPh 6, 2019, 149–151, 149.
[5] Vgl. Joachim Ritter, Art. Ethik, in: HWPh 2, 2019, 759–795, 759.

aber auch als »ungeschriebene Gesetze« das Zusammenleben der Menschen strukturieren.
- Der Moralismus, hier als »Übermoral« apostrophiert, radikalisiert die immer und überall vorkommenden moralischen Überzeugungen und Praxen. Das Phänomen selbst dürfte schon lange bekannt sein, taucht begrifflich aber erst im Mittellateinischen auf und gewinnt seinen den heutigen Debatten zumindest ähnlichen Sinn in der ersten Hälfte des 18. Jahrhunderts, seit der Moralist als Moralprediger verstanden wird.[6] Die Art der Radikalisierung moralischer Standpunkte lässt sich (heute) mit (mindestens) folgenden Kennzeichen weiter konkretisieren: Essenzialisierung und emotionale Codierung von Meinungsunterschieden, Inszenierung von Wissenschaftlichkeit bei gleichzeitig zunehmender Vernunftabstinenz, hohe Intoleranz, soziale Exklusion und Kontaktschuld, graduelle Verunmöglichung Andersdenkender, Machtförmigkeit.

Es ist an dieser Stelle zunächst der Hinweis bedeutsam, dass die folgenden präzisierenden Kennzeichnungen vorerst von *konkreten* weltanschaulichen oder (partei-)politischen Komplexen abstrahieren. Das soll bedeuten: »Übermoral« ist als allgemeineres praktisch philosophisches und soziologisches bzw. sozialpsychologisches Phänomen beschreibbar, ganz gleich, ob sie von einer im politischen Sinne radikal rechten, linken, religiös extremistischen oder ganz anders gearteten Weltanschauung oder Ideologie vorangetrieben resp. orchestriert wird,[7] oder auch nur beiläufig im Alltag »vorkommt«. Komplexe der Übermoral lassen sich entlang einiger oder aller der im Folgenden beschriebenen Merkmale deshalb auch *historisch* in ganz verschiedenen Konstellationen beobachten. Diese müssen nicht mit Gewalt einhergehen oder zu gewaltsamen politischen Konstellationen führen, aber umgekehrt zeichnen sich viele totalitäre Systeme auch durch einen übermoralischen Komplex aus, etwa dann, wenn Einschränkungen von Freiheit oder der Kampf gegen Andersdenkende mit höheren unantastbaren Idealen legitimiert werden. Diese diskursive Beobachtung lässt sich historisch vielfach aufweisen, egal, ob es sich (um nur einige »moderne« Beispiele zu

---

[6] Vgl. Gerd Lamsfuss, Art. Moralist, Moralismus, in: HWPh 6, 2019, 175–179.

[7] Das bedeutet allerdings nicht, dass die konkreten propositionalen Gehalte einer Weltanschauung oder Ideologie nicht ihrerseits einen sehr verschiedenen Einfluss darauf haben können, wie hoch der Wert der Toleranz gegenüber Personen eingestuft wird. Weltanschauungen und sich aus ihnen ergebende *Menschenbilder*, die mehr oder weniger Toleranz bedingen können, sind ihrerseits nicht mit genuin *ethischen Theorien* oder Typen ethischer Argumentation zu verwechseln, wie naturrechtliche, utilitaristische, diskurstheoretische oder vertragstheoretische Argumentationen. Letztere, als elaborierte ethische Begründungsmuster, können allerdings Weltanschauungen und Menschenbildern nahestehen bzw. sich aus diesen ergeben.

nennen) um die gesellschaftliche Radikalisierung im Vorfeld der *terreur* innerhalb der Französischen Revolution handelt, um den kriegsbegeisterten Fanatismus im deutschen Kaiserreich im Vorfeld des Ersten Weltkriegs, um die die Stalin'schen Säuberungen vorbereitende Rhetorik und Sozialtechnologien oder die zunehmende gesellschaftspolitische Radikalisierung im nationalsozialistischen Deutschland der 1930er Jahre. Viele andere Beispiele ließen sich ergänzen.

Es geht hier allerdings nicht um die Behauptung, diese (und viele andere) historischen Konstellationen könnten ohne ihren konkreten soziokulturellen Hintergrund verstanden werden, noch soll konstatiert werden, man könne ohne diese spezifischen Rahmenbedingungen das immer gleiche Muster einer Bewegung hin zur Übermoral entdecken. Ebenso wenig wird ein »typischer« Ablauf solcher Entwicklungen zu moralischer Resolutheit konstatiert, wobei man dann an einer konkreten empirischen gesellschaftlichen Situation immer gleichsam »ablesen« könnte, wie viel ethische Verschärfung bereits erreicht sei. Geschichte ist immer auch von Brüchen und Diskontinuitäten gekennzeichnet und durchaus vergleichbare historische Konstellationen konnten geschichtlich einen verschiedenen »Ausgang« nehmen. Es geht also nicht um geschichtsteleologische metaphysische Behauptungen, wohl aber um die These, dass sich einige oder mehrere der folgenden Kennzeichen in Komplexen der Übermoral auffinden lassen und dass deren sozialpsychologische Kennzeichen zumindest das Potential haben, die Entwicklung zu einem Komplex der Übermoral voranzutreiben oder zu verschärfen.

Was aber sind die Kennzeichen von Komplexen der Übermoral, die das gesellschaftlich »normale« Ringen um moralische Überzeugungen und Praxen in einer radikalisierenden Weise übersteigen? Diese Fragestellung führt bereits zu einem nicht geringen Problem. Die Redeweise einer »normalen« moralischen Praxis insinuiert, dass die Konflikte in einer Gesellschaft in der Regel friedlich, tolerant, respektvoll und lösungsorientiert ausgetragen werden. Diese Überzeugung selbst ist im Grunde genommen beweisbedürftig, denn wahrscheinlich kommen entsprechende Phasen im Rahmen politischer Stabilität und Ordnung in der Menschheitsgeschichte seltener vor als ihre Infragestellung durch gesellschaftliche Konfliktlinien oder im Extremfall gar anomische Zustände (wie Revolutionen, Bürgerkriege etc.). Präziser gesagt geht unsere Beschreibung also nicht von einem »Normalfall« vernünftiger moralischer Komplexe in empirischen Gesellschaften aus, sondern von einem Idealfall. Der Begriff der Idee, der hinter dem des Ideals steht, ist seit der platonischen Philosophie wirkmächtig, aber auch vielfach missverständlich geworden. Gerade auch populäre Darstellungen hinterlassen bei der Formulierung einer »Idee von etwas« häufig den Eindruck willkürlicher metaphysischer Spekulation und entsprechender normativer Forderungen. Bei Platon selbst ist der Gedanke rational nachvollziehbar: So wird etwa im Dialog *Kratylos* die Frage von Sokrates aufgeworfen, woran sich der

Handwerker orientiert, wenn er ein neues Weberschiffchen[8] schnitzt, weil das alte bei der Arbeit zerbrochen ist: Bezieht er sich auf das zerbrochene Stück oder nicht vielmehr auf das Bild (= εἶδος *eîdos*), wonach auch das zerbrochene gemacht war? Diese »Idee des Weberschiffchens«, also die Vorstellung eines intakten und funktionsfähigen Gerätes, ist Norm und Maß für die Arbeit, während auch die »Idee des [gerechten] Staates« Norm und Maß für alle empirisch anzutreffenden (und meist defizitären) Staatsformen ist. Es ist diese typisch platonische Verbindung von konkreten historischen soziokulturellen Voraussetzungen und ihrer Transzendierung hin auf die »Idee des Guten«, die den Platon-Interpreten Harald Seubert im Hinblick auf die *Politeia* zu der Beobachtung veranlasste: »Eine Art idealtypischer Soziologie und Historiographie der Stadtbildung greifen ineinander.«[9] Was heißt dies für unseren Kontext, in dem es nicht um den idealen Staat, wohl aber um die »ideale moralische Diskurskonstellation« geht? Sicherlich wird das Kriterium der Angemessenheit hier ebenfalls nicht sein, dass man diese aus empirischen (vergangenen oder gegenwärtigen) Gesellschaften gleichsam abnehmen kann. Wie auch in der Wissenschaftslehre Max Webers geht es beim »Idealtypus« um eine »Konstruktion innerhalb empirischer Untersuchungen«, die nur den Zweck hat, »die empirische Wirklichkeit mit ihm [= dem Idealtypus, d. Verf.] zu ›vergleichen‹, ihren Kontrast oder ihren Abstand vom Idealtypus oder ihre relative Annäherung an ihn festzustellen, um sie so mit möglichst eindeutig verständlichen Begriffen beschreiben und kausal zurechnend verstehend und erklären zu können«.[10] Hier (in Platons Philosophie) wie dort (in Max Webers Soziologie) handelt es sich um überzeichnende, akzentuierende Konstrukte.[11] Aber die Konturierung ihrer in Reinform herausgeschälten Merkmale hilft im Anschluss zu verstehen – auf unser Thema gewendet –, an welchen Stellen sich bei Komplexen der Übermoral Verschiebungen der moralischen Tektonik einstellen. Die Merkmale der Übermoral werden an der Differenz zum Idealfall ersichtlich.

Was also wäre eine ideale Diskurskultur zur Frage moralischer Bezüge? Sie bestünde sicherlich in der Möglichkeit, im Rahmen eines »herrschaftsfreien Diskurses« an politischen oder gesellschaftlichen Entwicklungen Kritik üben zu

---

[8] Das Weberschiffchen war schon eine in der Antike bekannte Apparatur beim Weben, womit der Weber den Faden durch die Kette schoss. Das Beispiel wird auch aufgegriffen in: Josef Pieper, Über den Philosophie-Begriff Platons, in: Berthold Wald (Hrsg.), Josef Pieper – Schriften zum Philosophiebegriff (Bd. 3), Hamburg 1995, 156–172, 162f.
[9] Harald Seubert, Platon – Anfang, Mitte und Ziel der Philosophie, München 2017, 211.
[10] Max Weber, Gesammelte Aufsätze zur Wissenschaftslehre, Tübingen ^{7}1988, 535f.
[11] Freilich will Max Webers idealtypische Begriffsbildung im Rahmen der Wissenschaftslehre zu Modellen führen, die soziale Wirklichkeit (kontrastierend) besser verstehbar machen sollen, wobei (anders als bei Platon) diese Modelle nicht noch einmal wertend auf die (absolute) Idee des Guten bezogen werden.

können. Eine solche Kritik kann sich auch auf moralische Sachverhalte beziehen oder auf andere Kommunikationsinhalte, wenn diese aus Sicht des Kritikers moralische Implikationen haben. Die Kritik als solche ist auch noch kein Problem. Im Gegenteil: Kritik kann ein Schrittmacher der Verbesserung sein, weil blinde Flecken in bestehenden Überzeugungen oder Praxen deutlich werden und notwendige Reformen eingeleitet werden könnten. Weiterhin ideal gedacht erfolgte die Kritik *sachlich*, gemessen an der zu verbessernden *Sache*, und nicht ad hominem, also unter persönlicher Ablehnung oder gar Verachtung konkreter Personen, die für etwaige Fehlentwicklungen oder Missstände verantwortlich gemacht werden. Eine solche sachliche Kritik wiederum treffe auf ein diskursives Feld der Meinungsartikulationen, wo sie *konstruktiv* aufgenommen wird. Auch hier wird der Kritiker nicht als Person desavouiert, sondern sein Debattenbeitrag wird lösungsorientiert geprüft. Die ideale Konstruktion verlangt natürlich, dass nicht andere Motive, wie die Angst um den eigenen Machterhalt und ähnliche Fragen, die gemeinsame gesellschaftliche Problembearbeitung korrumpieren. Es ist nun zunächst zweitrangig, ob man entsprechende Perspektiven für utopisch hält, etwa weil man z. B. mit der kritischen Gesellschaftstheorie die dafür nötige Kooperation der Gesellschaftsmitglieder unter den gegenwärtigen Bedingungen ökonomischer Vernunft für unmöglich hält, oder mit eher optimistischen Adepten der Demokratietheorie (wie z. B. John Dewey) an den langfristigen Erfolg und die Durchsetzungskraft kooperativer demokratischer Verständigungsmodelle glaubt. Entscheidend ist bei der nur skizzenhaft vorgenommenen Konstruktion nur, dass sie die Hintergrundfolie für jene Beobachtungen abgeben kann, die zeigt, wo sich beim »Komplex der Übermoral« Veränderungen zu diesem Idealfall einstellen. Was sind diese Veränderungen? Was kennzeichnet den Komplex der Übermoral?

1. *Essenzialisierung von Meinungsunterschieden.* Das wohl hervorstechendste Merkmal der »Übermoral« ist die *Essenzialisierung von Meinungsunterschieden*. Damit ist gemeint, dass eine abweichende Überzeugung oder Praxis, nicht mehr nur genau das ist: eine abweichende Überzeugung oder Praxis. Sie wird vielmehr dadurch gleichsam substanzialisiert, dass sie als Indikator für eine bestimmte (abgelehnte) Weltanschauung oder politische Richtung genommen wird und diese als Beleg für die Bosheit oder/und Gefährlichkeit der sie vertretenden *Person*. Die Meinungsartikulation gerinnt zu einem mehr oder minder fixen gedanklichen Konstrukt, das als moralisch minderwertig oder/ und gefährlich einsortiert wurde. In gegenwärtigen moralischen Komplexen, die noch genauer zu analysieren sein werden, *können* (nicht müssen) die geläufigen »Ismen« (Rassismus, Sexismus, ...) neben ihrer berechtigten Verwendung ein Beispiel für eine entsprechende Essenzialisierung sein. Es ist hier nicht der Ort, aber es wäre ein lohnendes Unterfangen, bei etlichen politischen und gesellschaftlichen Konflikten der vergangenen Jahre zu analysieren, inwiefern eine eigentlich belanglose (oder auch sinnvolle) Aussage einem sol-

chen größeren Komplex der Übermoral zugeordnet wurde und (im Verbund damit oder als Folge davon) auch der sie äußernde Mensch zur persona non grata wurde.

2. *Emotionale Codierung von Meinungsunterschieden durch eskalierende Sprache.* Eng im Zusammenhang mit der Essenzialisierung von Meinungsunterschieden steht die Art und Weise, in der dies häufig in moralisierenden Diskursen geschieht. Ein Kennzeichen der »Übermoral« ist, dass moralische Differenzen (zu Meinungen und Praxen) häufig mit einer sehr gefühlsbetonten Sprache und ohne Graubereiche in den Wertungen vorgetragen werden. Es gibt nur Schwarz und Weiß. Man ist nicht kritisch oder skeptisch im Hinblick auf eine andere Position, sondern *empört*. Damit einher geht die *Inflation* von stark emotional aufgeladenen Begriffen (in jüngerer Zeit etwa z. B. »Hass« oder »Menschenverachtung«). Es gibt zweifelsohne »Hass« und »Menschenverachtung«, aber die Frage, *für welche* Sachverhalte diese stark wertenden Begriffe angewendet werden, unterscheidet sich zwischen Komplexen der Moral und der Übermoral ganz erheblich. Die emotionale Codierung von Meinungsunterschieden betrifft auch die Arbeit mit der Basisemotion der Furcht. Entweder die kritisierte Meinung (= die abgelehnte Person) ist böse oder gefährlich. Weil Gefahren als bedrohlich wahrgenommen werden und ihre Neutralisierung (wenn möglich) damit als legitim und klug erscheint, hat die erfolgreiche Aufladung eines Themas mit Furcht den fatalen psychologischen Effekt, Ablehnung (oder sogar Hass) zu erzeugen bei Menschen, die unter angstfreien Bedingungen nicht ohne weiteres bereit wären, andere Gesellschaftsmitglieder psychisch und/oder physisch zu exkludieren.

3. *Inszenierung von Wissenschaftlichkeit bei gleichzeitig zunehmender Vernunftabstinenz.* Komplexe der Übermoral scheinen zumindest zu Beginn ihrer Etablierung nur dann erfolgreich sein zu können, wenn ihre normativen Forderungen auf einem Überzeugungsfundament aufruhen, welches als wahr, erwiesen oder auch vernünftig angesehen wird. Ist dies nicht der Fall, können überzogene moralische Forderungen einfach nur hysterisch wirken. Aus diesem Grunde fußen »gelungene« (über-)moralische Thematisierungen auf einer vermeintlichen oder tatsächlichen Wissensbasis, während abweichenden Positionen vorgeworfen wird, sie hätten kein fundamentum in re oder seien anderweitig absurd. An dieser Stelle ließe sich viel über die anthropologische Bedeutung der Wahrheitsbezogenheit des menschlichen Erkenntnisvermögens und das Unbehagen ergänzen, das wir haben, wenn wir ohne sachliche Gründe für oder gegen bestimmte Positionen Partei ergreifen sollen. Es hängt also einiges daran, dass innerhalb eines moralisierenden Diskurses auch die Vernunft zu ihrem Recht kommt, zumindest dem Schein nach. In modernen Gesellschaften ist das Symbol wahrheitsgemäßer Aussagen die Wissenschaft, weswegen häufig Studien oder gleich *die* Wissen-

schaft als Gewährsinstanzen herangezogen werden, ohne freilich zu konzedieren, dass die tatsächliche Genese wissenschaftlichen Wissens (unter den verschiedenen methodologischen und methodischen Bedingungen) selten nur zu *einer* legitimen Auffassung oder Lösung eines Problems führt. Zwei große Ideologien des letzten Jahrhunderts, der Nationalsozialismus und der Kommunismus, verfügten nicht nur über ausgeprägte Komplexe der Übermoral, sondern verstanden sich selbst auch als wissenschaftlich: Im Nationalsozialismus bemühte man diverse »Studien« zum wissenschaftlichen Beleg von »Rassentheorien«. Der Kommunismus verstand seinen dialektischen Materialismus als dezidiert wissenschaftliche Weltanschauung, die dem Irrglauben der betäubenden Religion aufklärerisch gegenübergestellt werden musste. Bei stärkerer Ausprägung von gesellschaftlich dominierenden Komplexen der Übermoral kann die mühsame Begründung der normativen Forderungen vernachlässigt werden, weil ohnehin alle wissen, wie sie von einem Thema zu denken haben. Hier wird der Aufwand der Beweisführung eher zugunsten propagandistischer Wiederholung suspendiert. Es greifen dann auch die schon angedeuteten Merkmale um emotionale Aufladung und Einschüchterung, weswegen in intellektueller Hinsicht gar nicht mehr die Notwendigkeit gesehen wird, den Sinn einzelner Überzeugungen zu verteidigen oder plausibel zu machen. Und wie die genannten Beispiele zeigen, erweist sich der fundierende Überzeugungsbestand moralischer Forderungen in solchen Fällen dann tatsächlich häufig als unvernünftig und auch unwissenschaftlich, was an der Vehemenz moralisierender Thematisierungen aber nichts ändern muss.

4. *Hohe Intoleranz.* Eng mit der Essenzialisierung und Emotionalisierung von Meinungsunterschieden geht die Frage der Intoleranz einher. Ihr Anstieg ist eine mehr oder weniger folgerichtige Konsequenz, denn wenn von der inkriminierten Überzeugung oder Praxis tatsächlich direkt oder indirekt eine Gefahr ausgeht, ist zu viel Toleranz leichtsinnig oder zerstört sogar die eigenen Lebensgrundlagen. Dieser Gedanke ist *an sich* nicht unvernünftig, da sich auch jede Theorie der Toleranz Rechenschaft über ihre eigenen Grenzen ablegen muss, also über jene Demarkationslinie, an der sie endet. Grenzenlose Toleranz bedeutete auch Toleranz mit jenen Positionen, die für die Abschaffung der toleranten Gesellschaft eintreten, sie verunmöglicht damit ihre eigenen Voraussetzungen.[12] Allerdings ist eben am Einzelfalle zu prüfen, ob eine abgelehnte Position *tatsächlich* eine solche Gefährdung für das Allgemeinwohl darstellt, oder nur in dieser Weise inszeniert wird. Es scheint indessen auch sprachliche Indikatoren für die genannte Inflation einer skandalisierenden oder zumindest emotionalisierten Sprache zu geben, was

---

[12] Zu diesem »Paradox der Toleranz« vgl. Karl Popper, Die offene Gesellschaft und ihre Feinde (Bd. 1), Tübingen [8]2003, 148, bes. Anm. 4, ab 361 f.

verdeutlicht, dass diese letzte Karte zum Schutz der Toleranz (an ihren Grenzen) möglicherweise zu schnell und oft gezogen wird.[13] Die dadurch geförderte Übersteigerung ins Existenzielle (Motto: »Wenn wir uns dieser Gefahr jetzt nicht entledigen, sind *WIR* verloren.«), verunmöglicht die Grundidee der Toleranz. Diese basiert auf der Annahme, dass die Duldung abgelehnter Positionen zwar eine Zumutung sein kann, die im Sinne einer persönlichen Tugend aber gelernt werden kann (und im Sinne eines gedeihlichen Miteinanders gerade in pluralen Gesellschaften wahrscheinlich gelernt werden *muss*). Der Begriff der Toleranz enthält bereits die Ablehnung der tolerierten Überzeugung oder Praxis: Man kann die individuelle Tugend der Toleranz überhaupt erst zeigen, wenn man sich mit einer anderen Person *nicht* einig ist, woran Rainer Forst plausibel erinnern konnte.[14] Die sog. »Ablehnungskomponente« gehört damit konstitutiv zu den Bedingungen der Toleranz, wenngleich Forst auch dafür plädierte, dass die Ablehnung ihrerseits vernünftige Gründe benötige. Das kann hier nicht im Detail weiter ausgeführt werden, aber es gilt: Wenn man sowieso schon die gleiche Meinung hat, ist man nicht tolerant, also mühsam *duldend*, sondern übereinstimmend (oder auch: indifferent). In Gesellschaften mit nicht oder wenig skandalisierenden Moralkomplexen finden sich durchaus nicht nur homogene Meinungsartikulationen. Die Mitglieder des sozialen Gebildes verzichten aber darauf, die von ihnen abgelehnte Position mit weitergehenden Forderungen nach Ausschlüssen der sie äußernden Person (z. B. soziale Exklusion, Arbeitsplatzverlust etc.) zu verbinden oder gar juristische Konsequenzen anzustreben. Man bleibt im Gespräch oder, wenn nicht, fordert zumindest keine Exklusionen oder Repressionen. Je stärker der Grad an Moralismus in einer Gesellschaft ist, d. h. je weiter die Essenzialisierung und Emotionalisierung von Meinungsunterschieden vorangetrieben wurde, desto höher die Intoleranz.

---

[13] Zumindest gibt es Hinweise darauf, dass die Alltagssprache emotionaler und individueller geworden ist, was natürlich selbst noch kein Beleg für eine ebenfalls zunehmend skandalisierende Sprache ist. Ein Zusammenhang *kann* aber möglicherweise bestehen. Gemäß einer Big-Data-Exploration von einem Forschungsteam um Marten Scheffer von der Wageningen University in den Niederlanden, die sich auf Millionen durch Google gescannte Bücher und Zeitschriften stützt, sank der Anteil der gefühlsbezogenen Wörter ab 1850 kontinuierlich, wobei seit 1980 die Kurve erst allmählich und seit 2010 sprunghaft gestiegen ist (Marten Scheffer et al., The rise and fall of rationality in language, URL: https://www.researchgate.net/publication/357105304_The_rise_and_fall_of_rationality_in_language [8.10.2022]).

[14] Vgl. Rainer Forst, Toleranz im Konflikt. Geschichte, Gehalt und Gegenwart eines umstrittenen Begriffs, Frankfurt a. M. [4]2003, 32.

5. *Soziale Exklusion und Kontaktschuld.* Die Verbindung der bisherigen Kennzeichen legt soziale Ausschlüsse nahe: Wo jemand nicht nur als abweichend, sondern als böse oder/und gefährlich eingestuft, nicht mehr geduldet und mit skandalisierenden Begriffen belegt wurde, ist es wahrscheinlich, dass andere (noch nicht sozial sanktionierte) Gruppenmitglieder sich von ihm distanzieren werden. Die negative Positionierung des Exkludierten färbt gewissermaßen auf andere ab, weswegen diese sich aus Angst vor eigenem Ausschluss zurückziehen und damit die Isolation des Abweichlers vergrößern. Die Exklusion muss sich nicht nur auf persönliche Kontakte und Interaktionen beziehen, sondern beginnt meist vorher mit einer diskursiven Exklusion, die auch andere, inhaltlich selbst völlig unbelastete Aussagen des Exkludierten einbegreift. Auch inhaltliche Referenzen werden mittelbar problematisch: Wer ein Argument verwendet, das auch von einer exkludierten Person oder Gruppe verwendet wurde, wird darüber informiert, dass dieser Gedanke »anschlussfähig« sei im Hinblick auf belastete Aussagen oder »umstrittene« Personen. Wer das Argument dann weiter verwendet, gerät nicht selten in die diskursive oder persönliche Exklusion. Es gibt viele Formen der Kontaktschuld, in totalitären Systemen ist der Übergang zur Mitwisser- und Mittäterschaft im juristischen Sinne natürlich fließend. In China sind etwa im Rahmen des Sozialkreditsystems bereits Punktabzüge möglich, wenn man Kontakte zu Personen unterhält, die selbst einen sehr niedrigen Punktestand haben.[15]

6. *Graduelle Verunmöglichung Andersdenkender.* Auch wenn hier bisher aus Gründen einer pointierten Darstellung etwas pauschal von einem Komplex der Moral und einem Komplex der Übermoral gesprochen wurde, scheint es sich in konkreten Gesellschaften nicht um statische Blöcke, sondern um verschiedene Grade der Ausprägung zu handeln. Diese Diagnose enthält, wie schon erwähnt, nicht die These einer *notwendigen* Entwicklung in die eine oder andere Richtung zu mehr oder weniger Freiheit. Der verschiedene Grad an Ausprägung von Komplexen der Übermoral könnte allerdings auch erklären, warum viele ebenfalls ernst zu nehmende Beobachter des Zeitgeschehens in westlichen Gesellschaften überhaupt keine Probleme mit Moralismus und daraus sich ergebenden direkten oder indirekten Einschränkungen der Freiheit sehen. Einerseits könnte diese durchaus authentische Wahrnehmung damit zusammenhängen, dass man selbst niemals eine in irgendeiner Weise abweichende Position wahrnehmbar in einem öffentlichen Resonanzraum vertreten hat, sei es, weil man keinen Grund dafür

---

[15] Das ZDF berichtete in einer Dokumentation vom 16.10.2020 unter dem Titel *Das überwachte Volk – Chinas Sozialkredit-System* über die genannten Praxen; https://www.zdf.de/dokumentation/zdfinfo-doku/das-ueberwachte-volk-chinas-sozialkredit-system-102.html.

sah, sei es aus Furcht vor persönlichen Nachteilen. Das wäre dann allerdings kein Indikator für Freiheit, sondern ein Beleg für die persönliche Übereinstimmung mit dem vorgegebenen Meinungskorridor. Andererseits scheinen Gesellschaften mit moderaten Ausprägungen in den bisher genannten Kennzeichen eine Art Selbstbeschränkung der Bürger zu kennen. Aus Gründen der Angst vor Skandalisierung oder Ausschlüssen werden Grundrechte wie die freie Meinungsäußerung (»freiwillig«) nicht wahrgenommen, was allerdings den Eindruck eines eingeengten Raumes des Sagbaren weiter verschärft. Für den Fall, dass sich entsprechende gesellschaftliche Tendenzen verschärfen, können dann allerdings tatsächlich auch juristische Einschränkungen folgen, die z. B. bestimmte Meinungsartikulationen unter Strafe stellen.

7. *Machtförmigkeit.* Der letzte hier genannte Aspekt bezieht sich auf das Verhältnis von Komplexen der Übermoral zu Macht. Es gibt historische Beispiele für beides: Die gesellschaftlichen Leitmilieus können zur Legitimierung und Stabilisierung ihrer Herrschaft Komplexe der Übermoral installieren. Dabei wird, ganz analog zu den oben genannten Merkmalen, das radikale Eintreten für höhere Ideale mit der Zustimmung zu der entsprechenden Gesellschafts- und Herrschaftsformation gekoppelt: Wer die propagierten Werte nicht oder nicht in der gleichen Weise teilt, ist zugleich Feind des jeweiligen Gemeinwesens, oder umgekehrt: Wer eine Kritik an der Politik der Herrschenden formuliert, lehnt die höheren Ideale ab, die mit der jeweiligen Regierungsform oder vor allem ihren gegenwärtigen Akteuren quasi verschmolzen sind. Es ist aber auch der andere Fall denkbar: Personen oder Gruppen, die (noch) nicht zu den gesellschaftlichen Leitmilieus gehören, entwickeln Komplexe der Übermoral. Unter bestimmten Bedingungen kann sich daraus eine gewissermaßen moralische Erpressung der Herrschenden ergeben, insbesondere dann, wenn Gemeinsamkeiten in der kulturellen Tiefenstruktur auch die Herrschenden zur Anerkennung der grundsätzlichen Legitimität der moralischen Kritik nötigen. Aus diesem Grund ist oben auch von der »Machtförmigkeit« als einem Kennzeichen von Komplexen der Übermoral die Rede, und nicht nur von einer Beziehung zu Macht. Machtförmigkeit bedeutet, dass moralische Ansprüche selbst oder *in sich* bereits über eine bestimmte Macht verfügen. Das scheint mit anthropologischen Voraussetzungen zusammenzuhängen, die hier nicht weiter ausgeführt werden können. Der gesellschaftspolitische Druck (von den Herrschenden oder auf die Herrschenden), der sich durch solch eine moralische Nötigung ergeben kann, ist in sich weder gut noch schlecht. Er kann zur Bekämpfung von Menschenhandel genutzt werden oder zur Hinrichtung unschuldiger Personen. Durchaus im Sinne bekannter Machtanalysen des letzten Jahrhunderts, etwa bei Michel Foucault, muss Macht selbst nicht nur negativ oder positiv verstanden werden, sondern im Sinne einer Gestaltungskraft, die stark mit der

Diskurshoheit in einem bestimmten Bezugskontext verbunden ist. Die Machtförmigkeit *allein* ist deshalb noch kein ausschließliches Kennzeichen für Komplexe der Übermoral, sondern sie ist es dann, wenn sie mit den anderen genannten Merkmalen einer radikalen Thematisierung von moralischen Ansprüchen einhergeht.

Falsifizierungsversuch

Auch wenn mit diesen Signaturen zu einer »Morphologie der Übermoral« erste Unterscheidungskriterien gewonnen sein mögen, bleibt die Frage, inwiefern die genannten Aspekte sich im strengeren Sinne als diskriminative Merkmale verstehen lassen. Hier scheint sich relativ schnell zu zeigen, dass einfache Gegenbeispiele nicht geringe Probleme mit sich bringen können. Wenn man etwa den Kampf um den Abolitionismus in England um 1800 als nicht nur legitimen, sondern sogar moralisch notwendigen Schritt hin zur wirklichen Umsetzung der Menschenrechte begreift, wird schnell klar, dass die damaligen Befürworter der Sklaverei und des Sklavenhandels in Aktivisten wie William Wilberforce (1759– 1833) nicht nur einen »Fanatiker«[16] für die Sache der Sklaven sahen, sondern wahrscheinlich auch einen Moralisten.[17] Der Punkt ist: Sind Fälle denkbar, bei denen eine, mehrere oder gar alle o. g. Moralismus-Kriterien greifen, die aber der Sache nach einem moralisch berechtigten Anliegen, z. B. der moralischen Verurteilung der Sklaverei, dienen und insofern nicht im eigentlichen Sinne als »Moralismus« bezeichnet werden können? Auch wenn viele Zeitgenossen an

---

[16] So lautete eine der Anfeindungen gegen den Parlamentarier, wie sich aus einem Wilberforce verteidigenden »Sonnet« von Cowper schließen lässt (vgl. Eric Metaxas, Wilberforce. Der Mann, der die Sklaverei abschaffte, Holzgerlingen 2012, 223). Wer sich mit der Biografie des zwischenzeitlich fast vergessenen Wilberforce befasst, stellt fest, dass dieser mit seinen Eingaben gegen ein äußerst zähes Netz aus ökonomischen und politischen Interessen handelte. Aus Sicht der Sklavenhändler und ihrer politischen Verteidiger mochte Wilberforce als Moralist gelten: Jemand, der permanent auf schwerwiegende moralische Missstände hinweist, kann wie Sand im Getriebe »funktionaler« Abläufe wirken und sich den Zorn einflussreicher Kreise zuziehen. Nach jahrzehntelangen Eingaben und Gesetzesentwürfen erlebte Wilberforce noch die Abschaffung der Sklaverei durch das britische Parlament am 26. Juli 1833, drei Tage vor seinem Tod.

[17] Wiewohl der Moralismus-Begriff im 18. und 19. Jahrhundert in England eher deskriptiven und weniger pejorativen Charakter hatte: »Moralists« waren demnach Lehrende, Studierende, Schriftsteller oder Philosophen, die sich mit moralphilosophischen Fragestellungen befassten. Vgl. Christian Neuhäuser/Christian Seidel, Kritik (s. Anm. 3), 11 f.

dieser Stelle womöglich wie selbstverständlich mit Ja antworteten, sollen beide Antwortmöglichkeiten systematisch durchdacht werden.

Wenn wir an dieser Stelle für Nein optieren, sind wir wahrscheinlich Diskursteilnehmer, die sich grundsätzlich mit der Formulierung »moralisch berechtigter Anliegen« schwertun. Weil hier, vielleicht aus grundsätzlichen philosophischen Überlegungen des Postmodernismus oder anderer zeitgeistiger Strömungen eines moralischen Partikularismus, kein »absolutes« Urteil möglich ist (und im Übrigen jeder *seine* Überzeugungen als die moralisch berechtigten Anliegen versteht), ist dieses inhaltliche, qualitative Argument kein gutes Unterscheidungskriterium zwischen Moral und Moralismus. Es bliebe dann im Wesentlichen bei quantitativen oder formalen Aspekten: Keiner kann letztgültig entscheiden, ob ein moralisches Anliegen berechtigt ist, aber ein *Zuviel* in der Artikulation bestimmter moralischer Überzeugungen oder die *Art und Weise* dieser Artikulation (also eine in ihrer *Form* überdrehte Kritik) wäre dann von Übel und die Demarkationslinie zwischen Moral und Übermoral. Eine solche Position könnte einem moralischen Relativismus nahestehen, der in politischer Hinsicht zum Liberalismus neigt. Er ist zwar unter ethischen Gesichtspunkten unterkomplex, wie ich in einem anderen Beitrag in diesem Buch zum absoluten Anspruch von Werten und Tugenden auszuführen versuche,[18] und wie intuitiv auch am oberen Beispiel der moralischen Beurteilung der Sklaverei schnell deutlich wird. Er hat aber den Vorteil, dass er gewissermaßen alle zur Eskalation neigenden moralischen Entrüstungen gleichsam einbremst und, etwa im Sinne »epistemologischer Bescheidenheit und pragmatischer Gelassenheit«[19], die *Form* der Artikulation der moralischen Überzeugung zum entscheidenden Kriterium macht. Damit ist manchmal auch in politischen Auseinandersetzungen viel gewonnen. Denn nicht zuletzt gilt: Auch der Ton »macht die Musik«, oder, wie es seit der Scholastik hieß: »Forma dat esse, die Form gibt das Sein«,[20] sie ist mithin selbst ein *inhaltliches* Kriterium.

Wenn wir auf die o.g. Frage dagegen mit Ja antworten, es also für möglich halten, dass einige oder alle Moralismus-Kriterien vorliegen, wir aber aufgrund der Berechtigung des Anliegens nicht von Moralismus sprechen würden, machen wir den inhaltlichen Aspekt einer moralischen Überzeugung zu einem weiteren

---

[18] Vgl. den Beitrag im Band: »Jeder hat seine Wahrheit!« und »Wir alle sollten Haltung zeigen!« Wie passen erkenntnistheoretischer Relativismus und wertbezogene Absolutheitsansprüche zusammen?

[19] In der erziehungswissenschaftlichen Diskussion steht für diese Position etwa die konstruktivistische Erwachsenenbildung, vgl. Rolf Arnold und Horst Siebert, Konstruktivistische Erwachsenenbildung. Von der Deutung zur Konstruktion der Wirklichkeit, Hohengehren ⁵2006.

[20] Vgl. Klaus Prange, Die Zeigestruktur der Erziehung. Grundriss der Operativen Pädagogik, Paderborn ²2012, 168.

Kriterium der Unterscheidung zwischen Moral und Moralismus. Das ergänzte dann die obere Liste von Moralismus-Bedingungen. Sofern ein Anliegen als moralisch berechtigt eingestuft wird, sind wir verhaltener darin, Moralismus zu diagnostizieren (selbst wenn und auch dann, wenn die Form der moralischen Artikulation einigen oder vielleicht sogar allen Moralismus-Kriterien entspricht). Auch an dieser Antwort zeigt sich in systematischer Hinsicht etwas. Wer mit Ja antwortet, steht in praktisch philosophischer Hinsicht wahrscheinlich in der Nähe eines moralischen Universalismus. Er geht davon aus, dass moralische Überzeugungen grundsätzlich für alle Menschen nachvollziehbar sein können. Sie nehmen nicht nur irgendeine Funktion in menschlicher Kommunikation ein, sondern fußen auf Wahrheitsansprüchen. Wir können den absoluten Anspruch von Werten erkennen. Nur deshalb vertreten wir sie mit Nachdruck und scheuen für die »gute Sache« auch keinen Moralismus-Vorwurf. Dieser selbst würde vor dem Hintergrund der Berechtigung des Anliegens als merkwürdig erscheinen. Diese Position hat den Vorteil, dass sie in Ergänzung zu den o. g. eher »formalen« Kriterien des Moralismus eine entscheidende qualitative Dimension hinzunimmt: die inhaltliche Dignität der moralischen Überzeugung. Sie steht allerdings aufgrund des festen Glaubens an ihre Berechtigung in Gefahr, gar nicht mehr sensibel für die Moralismus-Problematik zu sein.

Ein letzter Aspekt kommt hinzu und rundet den Falsifizierungsversuch ab: Das Ringen um die inhaltliche Berechtigung einer moralischen Entrüstung als Unterscheidungskriterium zwischen Moral und Moralismus ist auch deshalb so schwierig, weil im Grunde genommen alle moralischen Artikulationen zumindest im *Schein* des Guten erfolgen. Niemand sagt ja, dass seine moralische Darstellung die Folge einer vielleicht destruktiven Absicht oder zerstörerischen Neigung ist. Diese ist freilich nie Thema, sondern die Artikulation benötigt einen prinzipiell zustimmungsfähigen Bezugspunkt. Moral »funktioniert« so. Die hier auch grundgelegte moralische Erpressbarkeit des Menschen sagt viel über die conditio humana: Wir können uns schwer widersetzen, wenn uns Überzeugungen im Lichte des Guten präsentiert werden. Das aber bedeutet, dass eine andere Unterscheidungsnotwendigkeit hinzukommt, die nicht weniger kompliziert ist als die der inhaltlichen Berechtigung: die schon in der antiken Philosophie thematisierte Differenzierung von Schein und Sein.[21] Wer den zwingenden Charakter der Moral verstanden hat – en passant ein weiteres Argument für den moralischen Universalismus, was hier aber nicht vertieft werden kann –, der könnte moralische Standpunkte verwenden, um Macht durchzusetzen. Es muss

---

[21] Ein jüngeres Beispiel für die Unterscheidung von Schein und Sein in moralischer Hinsicht findet sich bei dem Kulturanthropologen René Girard, der, freilich ohne Belege, nebenbei anmerkt, er halte die »moderne Sorge um die Opfer« für eine »breit angelegte Komödie« (René Girard, Ich sah den Satan vom Himmel fallen wie einen Blitz. Eine kritische Apologie des Christentums, Frankfurt a. M. 2008, 202).

hier gar nicht nur an Nietzsches Ressentiment-Moral gedacht werden, nach der sich die Schwachen für ihre von der Natur benachteiligte Kondition rächen und die Werte umwerten, womit die Vornehmen, Mächtigen und Höhergestellten das (moralische) Nachsehen haben. Es geht ganz einfach und grundlegend um die Beobachtung, dass es ein wirksames Mittel in gesellschaftlichen Auseinandersetzungen sein kann, seinen Absichten, durchaus auch destruktiven Absichten, den *Schein* moralischer Größe zu geben, wohl wissend, dass sich gegen die Präsentation des Guten nicht argumentieren lässt, ohne Zweifel an der eigenen moralischen Dignität aufkommen zu lassen. Man kann hier natürlich einwenden, dass es noch schwieriger (und auch problematischer) ist, den Schein vom Sein zu unterscheiden, als über die inhaltliche Berechtigung einer moralischen Artikulation zu befinden. Hinzu kommt die Ambivalenz, dass eine entsprechende Kritik auch wiederum Ausweis sachfremder Zwecke sein könnte. So wäre der Vorwurf, dass ein moralisches Argument gar nicht das ist, als was es er*scheint*, vielleicht selbst kontaminiert von anderen handlungsleitenden Motiven. Diese möglichen Einreden haben ihr Recht, sie beziehen sich aber eher auf praktische Folgeprobleme im deutenden Umgang mit moralischen Artikulationen. Sie widerlegen nicht die grundsätzliche Möglichkeit, dass ein moralisches Argument nicht (oder nicht zuerst) das ist, als was es erscheint. Und es steht zumindest zu vermuten, dass der Moralismus vergleichsweise eher mit dem Schein korreliert (als mit dem Sein). Denn wem es wirklich um die *Sache* einer moralischen Verbesserung geht, von dem ist zu erwarten, dass er die Folgen eines eskalierenden moralischen Furors, etwa entlang der oben beschriebenen sozialen Ausschlüsse und Repressionen für andere *Menschen*, zumindest mitbedenkt.

Erklärungsansätze für Phänomene der Übermoral

Für Erklärungsansätze zur Erhellung von Phänomenen der Übermoral können schon bestehende Erkenntnisse ganz verschiedener wissenschaftlicher Disziplinen herangezogen werden. Es wird sich hier auf die kurze Rekapitulation von drei Gruppen von Erklärungsversuchen beschränkt, nicht ohne zu ergänzen, dass es sich um sehr komplexe Phänomene handelt, deren einzelne Bestandteile von einer Vielzahl wissenschaftlicher Zugänge gewinnbringend erhellt werden könnten. Die gebotene Kürze dieses rahmenden Beitrags verunmöglicht eine detaillierte Beschäftigung mit allen möglichen Zugängen, zeigt aber doch einige Möglichkeiten der Erklärung auf.

a) Sozialwissenschaftliche Erklärungsansätze

Aus der Sozialen Arbeit stammt ein bemerkenswertes Modell, das eigentlich zunächst zur Erklärung von sozialen Interventionen entwickelt wurde. Seine Grundfigur lässt sich allerdings auch zum Verständnis von Komplexen der Übermoral heranziehen. Der Braunschweiger Erziehungswissenschaftler Lutz Rössner (1932–1995) hatte mit dem Analysebesteck des Kritischen Rationalismus beschrieben, wie Gruppen oder Gesellschaften Abweichungen in der Sozialisation ihrer Mitglieder registrieren und darauf reagieren. Dies war wichtig, um den Einsatzort sozialer Interventionen (wie der Sozialarbeit) besser verstehen zu können, für die Rössner den »Entwurf« einer Theorie der Sozialarbeit vorlegte.[22] In der Analyse der Arbeit von z. B. Jugendämtern fand Rössner jene »diagnostizierenden Instanzen«, die im Sinne gesellschaftlicher Sozialisation Normalität und Abweichungen von Normalität beobachteten:

»1) Normalität als diagnostizierter Persönlichkeitszustand = Effekt einer aus der Sicht der diagnostizierenden Instanz ›normal asymmetrisch‹ verlaufenen Sozialisation. 2) Auffälligkeit als diagnostizierter Persönlichkeitszustand = Effekt einer aus der Sicht der diagnostizierenden Instanz [noch] tolerierbar [erträglich] asymmetrisch verlaufenen Sozialisation. 3) Dissozialität als diagnostizierter Persönlichkeitszustand = Effekt einer nicht [mehr] tolerierbar asymmetrisch verlaufenen Sozialisation = Effekt einer Dissozialisation.«[23]

Der Bezug auf die ›normale‹ Asymmetrie bedeutet zunächst, dass sich Persönlichkeiten trotz gleicher sozialer Rahmenbedingungen niemals identisch entwickeln. Die normal asymmetrische Sozialisation ist also etwas, was von den diagnostizierenden Instanzen der Gesellschaft erwartet wird, wobei sie noch keinen Interventionsbedarf sehen. Es gibt dann allerdings Fälle, bei denen die ›normale Asymmetrie‹ in problematischer Hinsicht überstiegen wird und sich deutlichere Unterschiede zum gesellschaftlich Erwartbaren zeigen. Die Gesellschaft, vertreten durch Organisationen (z. B. des Sozialsektors), hält die Abweichung aber noch für erträglich oder tolerierbar. Sie sanktioniert das *auffällige* Verhalten oder die Persönlichkeitsentwicklung nicht oder allenfalls geringfügig, in Projekten der Sozialen Arbeit könnte man hier etwa an Programme der Prävention oder andere »prophylaktische Maßnahmen« denken. Schließlich wird die Dissozialität genannt, die angibt, dass die diagnostizierenden Instanzen die Internalisierung der gesellschaftlichen Werte und Normen für derart abweichend halten,

---

[22] Für weitere Ausführungen zu Rössners Erklärungsmodell vgl. ders., Theorie der Sozialarbeit. Ein Entwurf, München u. Basel ²1975, und Straß, Die Philosophie Sozialer Arbeit, 19 f.

[23] Rössner, Theorie (s. Anm. 22), 104 f. (angepasste Zählung).

dass sie im Grunde genommen kaum oder keine Gesellschaftsfähigkeit der betreffenden Person sehen. Hier reagieren die entsprechenden Instanzen mit »korrigierenden Maßnahmen« der Verhaltensanpassung, was in Rössners etwas technokratischer Sprache einfach bedeutet, dass bestimmte Schritte der Intervention (in Form von Angeboten oder Eingriffen) erfolgen. So arbeitet die Soziale Arbeit an einer »tertiären Sozialisation«, die analog zur primären Sozialisation (in Primärgruppen wie Familien) ein völlig neues Internalisieren von Werten und Normen im Rahmen der sekundären Sozialisation (also durch die Institutionen der Gesellschaft) beabsichtigt.

Es kann an dieser Stelle unberücksichtigt bleiben, dass die konkrete Anwendung der genannten drei Felder in der beruflichen Praxis von Sozialarbeitern alles andere als leicht und eindeutig sein kann. Es ging Rössner auch nicht darum, aufzuzeigen, wo die Grenzen und Übergänge *inhaltlich* genau liegen mögen (etwa in der Bewertung bestimmter Lebensstile von nur »anders« über »noch erträglich« bis hin zu »nicht mehr tolerierbar«). Es ging vielmehr um den analytischen Aufweis, dass Prophylaxe und Korrekturmaßnahmen nicht ohne eine entsprechende Diagnostik auskommen. Tatsächlich abstrahiert diese Betrachtungsweise auch von konkreten (gesellschafts-)politischen Ausrichtungen. Die »normale Sozialisation« der Persönlichkeiten mag in einer Gesellschaft X einen bestimmten weltanschaulichen oder gesellschaftspolitischen Hintergrund haben, aber auch jeder andere Bezugskontext würde einen Normalfall und die entsprechenden Differenzen konstituieren.

Auf unseren Fall der Entwicklung diskursiver Räume der Übermoral angewendet,[24] bedeutet dies zunächst, dass aus bestimmten Gründen, die näher zu fassen sein werden, die Bereiche 1 und 2 im oberen Zitat zugunsten des Bezirks 3 eingeschränkt werden: Man ist nicht oder weniger bereit, überhaupt eine »normale Asymmetrie« anzuerkennen, d. h. die eigentlich generell gegebene Verschiedenheit der Menschen im Hinblick auf bestimmte Überzeugungen und Praxen. Ebenfalls wird das Gebiet verkleinert, welches als abweichend oder »auffällig«, aber noch erträglich angesehen wird. Einem relativ engen Radius des Erlaubten (Bereich 1) und einem ebenso schmalen Bezirk des gerade noch Tolerierten (Bereich 2) folgt ein großer Bereich 3, der nicht hingenommen und mit verschiedenen Interventionen bearbeitet wird (»Aufklärung«, Belehrung, Sanktionierung etc.).

Diese Analyse ist ein erster Gewinn zum Verständnis dessen, was hier soziologisch geschieht. Allerdings ist sie noch mehr Beschreibung als wirkliche

---

[24] Diese Differenzierung ist wichtig: Rössner dachte und schrieb für die Sozialarbeit. Im hier adaptierten Kontext sind »diagnostizierende Instanzen« nicht Organisationen der Sozial- oder Jugendhilfe, sondern gesellschaftliche Trendsetter und meinungsbildende Instanzen.

Erklärung, weil noch nicht ganz klar ist, was zu den entsprechenden Verschiebungen führt.

b) Sozial- und individualpsychologische Erklärungsansätze

Hier liefern sozialpsychologische Zugänge einen ersten Erklärungsansatz. Da Komplexe der Übermoral sich zunächst auf bestimmte kognitive und emotionale Dispositionen bei Menschen als Mitgliedern bestimmter sozialer Gebilde (z. B. Gesellschaften) beziehen, sind viele Erkenntnisse der Sozialpsychologie zum Verständnis hilfreich. Diese wurde im engeren Sinne von Gordon W. Allport begründet, aber im vorwissenschaftlichen Sinne lassen sich hier viele Beiträge zum Denken und Handeln des Einzelnen unter Berücksichtigung des ihn umgebenden Kollektivs einbeziehen, etwa die Beobachtungen zur Massenpsychologie bei Gustave Le Bon oder die eher philosophisch-essayistischen Gedanken Friedrich Nietzsches zur Herden-Moral. Der bekannte Sozialpsychologe George Herbert Mead, der häufig der Chicagoer Schule der Soziologie zugeordnet wird, hat in seinem Modell der Identitätsentwicklung grundsätzlich »den Primat einer sich selbst formierenden Gesellschaft vor der Bildung selbstbewusster Individuen«[25] vertreten. Durch Elemente wie Sprache, Spiel und auch Wettkampf sei das Kind von Anfang an unhintergehbar vergesellschaftet, das spontane Ich (»I«) allenfalls Reaktion auf interpretierte gesellschaftliche Verhaltenserwartungen (»Me«).

Ferner können die verschiedenen Studien zu Konformität und Autoritätsgehorsam genannt werden, die die Psychologie im Laufe des 20. Jahrhunderts beisteuerte. Nur beispielhaft sei hier auf das Experiment von Solomon Eliot Asch (1956) zur Konformität und das berühmte Experiment seines Schülers Stanley Milgram (1961) zum Autoritätsgehorsam hingewiesen, die beide Jahrzehnte später in einer Metaanalyse (Bond/Smith 1996 zum Asch-Experiment) und einer Replikationsstudie (Burger 2009 zum Milgram-Experiment) mit ähnlichen Ergebnissen bestätigt werden konnten. Diese und andere Studien zeigten, was vorher schon aus der Literatur bekannt war: dass der Mensch ein Grundbedürfnis nach sozialem Eingebundensein verspürt.[26] Dieses kann auch zur (persönlich internalisierten oder zumindest bekenntnishaften) Übernahme von Normen und Werten führen, wobei der Autoritätsgehorsam eher auf hierarchi-

---

[25] Edith Düsing, Intersubjektivität und Selbstbewusstsein. Behavioristische, phänomenologische und idealistische Begründungstheorien bei Mead, Schütz, Fichte und Hegel, Köln 1986, 6 f.

[26] Explizit als Grundbedürfnis wurde das soziale Eingebundensein (neben den anderen Grundbedürfnissen der Autonomie und Kompetenz) in der Selbstbestimmungstheorie nach Edward Deci und Richard Ryan diagnostiziert.

sche Beziehungen zurückgeht, während (intendierte) Konformität als »freiwillige« Übereinstimmung mit den Normen der Bezugsgruppe durch »Nachahmung unter gleichrangigen Personen zustande kommt«.[27] Für Komplexe der Übermoral ist also entscheidend, ob sie von für eine Bezugsgruppe (oder Gesamtgesellschaft) sozial anerkannten Personen entwickelt oder zumindest geteilt werden (Hierarchie) oder/und erfolgreich den Eindruck erzeugen können, als seien sie Gemeingut (Konformität), womit auch die Frage von öffentlicher und veröffentlichter Meinung angesprochen ist, im Hinblick auf die man konform sein möchte.[28] Allerdings werden Komplexe der Übermoral nicht nur aus »Mitläufern« konstituiert, sondern auch aus einem Kern von inhaltlich wirklich Überzeugten. Es gibt jedoch historische Beispiele, bei denen dieser Kern der wirklich engagierten »Gesinnungsaktivisten« nur einen kleinen Teil der entsprechenden Bevölkerung repräsentiert haben dürfte. Nicht selten ist es nach einem moralischen (und/oder politischen bzw. kriegerischen) Furor deshalb so, dass sich viele fragen, wie es dazu habe kommen können, und keiner so recht verstehen mag, was da vor sich gegangen ist.[29] Dazu passt dann auch die kollektive Verdrängung und das Desinteresse an Aufarbeitung im unmittelbaren Anschluss an die Exzesse.

In individualpsychologischer Hinsicht sind für gegenwärtige Komplexe der Übermoral noch weitere interessante Erkenntnisse hinzuzuziehen. So liegen in den letzten Jahren einige Diagnosen zu einem zunehmenden Narzissmus in der Gesellschaft vor.[30] Der Narzissmus als persönlichkeitspsychologische Disposition ist in seiner Erklärung und Diagnose nicht unumstritten und wird hier nur insofern angeführt, als einige zentrale Merkmale wie die charakteristische »Selbstüberschätzung, Überempfindlichkeit gegen Kritik, Suche nach Bewunderung und dominantem Interaktionsverhalten«[31] eine Teilerklärung für einige der oben genannten Merkmale übermoralischer Komplexe darstellen könnten. Gerade die starke emotionale Empörung bei abweichenden Meinungen wäre dann darauf zurückzuführen, dass sich ein anderes (nicht dazu »berufenes«) Gesellschaftsmitglied »erdreistet«, eine Meinung zu vertreten, die nicht derje-

---

[27] Hans-Werner Bierhoff, Art. Autoritätsgehorsam, in: DORSCH, 2020, 248–249, 249.

[28] Die Frage der *veröffentlichten Meinung* weist zugleich auf die wichtige Bedeutung der Medien in ihrer Funktion der Herrschaftskritik oder auch Herrschaftsstabilisierung hin. Dieser medientheoretische Aspekt der Sicherung von Herrschaft ist tatsächlich mehr als virulent, ähnlich wie alle Phänomene um gezielte Beeinflussung (Propaganda u. a.), kann hier aber nicht weiter behandelt werden.

[29] Ein eindrückliches Beispiel stellt der bekannte literarische Rückblick auf die Französische Revolution dar in Stefan Zweig, Marie Antoinette. Bildnis eines mittleren Charakters.

[30] Um nur eines von mehreren Beispielen zu nennen, sei verwiesen auf Hans-Joachim Maaz, Die narzisstische Gesellschaft. Ein Psychogramm, München 2014.

[31] Astrid Schütz/Jessica Röhner, Art. Narzissmus, in: DORSCH, 2020, 1218–1219, 1218.

nigen des »Narzissten« entspricht (Fremdabwertung). Sofern Narzissmus als Persönlichkeitsmerkmal stark ausgeprägt ist, kommt eine Kritik einer Majestätsbeleidigung gleich. Die Fremdabwertung führt zu einer zügigen Verurteilung der abweichenden Position und Person, die heutigen verstärkenden Effekte der sozialen Medien und gesellschaftlichen Echokammern kommen hinzu. Das beschriebene Muster könnte allerdings nur für in ihrem Umfang beschränkte narzisstische Persönlichkeitsmerkmale glaubhaft in Anschlag gebracht werden, da die im engeren Sinne narzisstische Persönlichkeitsstörung für den Betreffenden dysfunktional ist und vor allem die Bildung und Bindung von Gruppen entlang der oben genannten sozialpsychologischen Merkmale erschwert. Die im Klassifikationssystem DSM 5 (Kennziffer 301.81) gelisteten Kriterien für eine narzisstische Persönlichkeitsstörung (jenseits des alltäglichen Sprachgebrauchs) lassen eine soziale Kooperationsfähigkeit eher schwierig erscheinen und diese Dysfunktionalität macht den Narzissten als »Machtmenschen« (und Initiator »erfolgreicher« Komplexe der Übermoral) eher unwahrscheinlich. Menschen mit der genannten Persönlichkeitsstörung sind zu sehr »in sich« gefangen und nehmen unter Umständen noch die soziale Ablehnung als Indiz ihrer Überlegenheit und (unverstandenen) Genialität. Auch bei der nicht im engeren Sinne pathologischen (sondern eher alltagssprachlichen) Bestimmung gilt es zu bedenken: »Narzissten« mögen nach Machtpositionen und der mit ihnen verbundenen Bewunderung streben (wobei sie in ihrem Selbstverständnis die Bewunderung auch ohne besondere Leistung verdienen), sind aber (zumindest auf lange Sicht und in Demokratien) auf (wenigstens strategische) Kooperationen und insofern partielle Zurücknahme ihres Selbst angewiesen. Bei intelligenten »Narzissten« handelte es sich also um den intrapsychischen Interessenkonflikt, die eigene (authentisch geglaubte) Überlegenheit aus strategischen Gründen nicht zu sehr sichtbar werden zu lassen. Andererseits sollte auch die soziale Bewunderung nicht fehlen, auf die man unter Umständen in Prozessen der Aushandlung von Machtoptionen eine Weile verzichten können sollte. Insofern ist es nicht ausgeschlossen, dass orchestrierte Komplexe der Übermoral von »Narzissten« initiiert oder perpetuiert werden, aber deren Erfolg ist, wie oben beschrieben, vom commitment anderer Menschen abhängig. Andererseits dürften Perfektionisten (im psychologischen Sinne) zum beschriebenen Mitläufertum neigen, weil sie (ebenfalls aus Gründen der Ichhaftigkeit) den Konflikt und die potentielle soziale Ächtung scheuen.

c) Zeitdiagnostische Erklärungsansätze

Die hier gewählte Überschrift ist eher gegenstandstheoretischer als disziplinärer Natur, weil Zeitdiagnosen verschiedene philosophische und soziologische Perspektiven zugrunde liegen können. Letztlich geht es bei diesen Erklärungsansätzen um die Analyse größerer geistesgeschichtlicher Entwicklungen, die das Gegenwartsdenken maßgeblich geprägt haben.

An dieser Stelle wird es nun aber freilich wichtig, den ersten Beschreibungen zur Übermoral eine noch konkretere Kontur zu geben. War bisher davon die Rede, dass die o. g. Kennzeichen einer »Morphologie der Übermoral« unabhängig von ihrer konkreten inhaltlichen Ausrichtung her beschrieben werden können, ist es an dieser Stelle der Suche nach Erklärungsansätzen nun doch sinnvoll, sich auf die konkreten Komplexe der Übermoral zu beziehen, mit denen wir es in westlichen Gegenwartsgesellschaften maßgeblich zu tun haben. Die spezifische inhaltliche Ausformung gegenwärtig dominanter Komplexe der Übermoral wurde häufig mit bestimmten Spielarten einer »linken« bzw. sozialistischen Gesellschaftstheorie in Verbindung gebracht, wobei für die jüngeren Tendenzen wahlweise verschiedene Themen zur Spezifizierung hinzugezogen werden konnten: etwa die identitätspolitische Dimension im Hinblick auf Ethnie(n), Kultur(en) oder Geschlecht(er) (Gender).

Es sind zur Beschreibung (oder auch Kritik) dieser Diskurse in den vergangenen Jahren eine ganze Reihe von Publikationen erschienen, die allerdings häufig keinem wissenschaftlichen Anspruch folgen und eher populäre Sachbücher sind, nicht selten auch einer gewissermaßen angriffigen Fundamentalopposition verpflichtet. Eine inhaltliche Deutung mit hoher analytischer Erklärungskraft findet sich dagegen in einem Herausgeberband von Sandra Kostner.[32] Mit ihrem Einleitungsartikel, dem in guter diskursiver Gepflogenheit auch Erwiderungen der von ihr kritisierten Positionen folgen, wird deutlich, dass man Teile des gegenwärtigen Moralismus aus einer *Politisierung* von Identitäten entlang von Täter-Opfer-Kategorisierungen heraus verstehen kann, die das gesellschaftliche Klima gerade in Migrationsgesellschaften belastet. Beginnend mit dem von der US-Regierung 1964 im *Civil Rights Act* zum Ausdruck gebrachten Schuldeingeständnis gegenüber den Afroamerikanern kann Kostner verschiedene Etappen der Einspielung sog. Schuld-Opfer-Diskurse rekonstruieren, die sich anders als ihre ursprünglichen Anlässe zunehmend kontextbefreit zeigten und von verschiedensten Minderheiten aktiviert wurden: »Die Strategie des moralischen Autoritätstransfers wurde im Kampf um gleiche Rechte von Frauen, der Homosexuellenbewegung, indigenen Gruppen und Migranten aufgegriffen – und dies nicht nur in den USA, sondern nach und nach in den meisten westlichen Staaten.«[33] Kostner sieht die seither zum Ritual gewordenen Zuschreibungen und Zuordnungen der kollektiven Identitäten in privilegierte und nicht privilegierte Gruppen anhand objektiver Merkmale als symbiotisches Geflecht, von dem sowohl die Opfer- wie auch die Schuldentrepreneure profitieren. Eine fixe

---

[32] Vgl. Sandra Kostner (Hrsg.), Identitätslinke Läuterungsagenda. Eine Debatte zu ihren Folgen für Migrationsgesellschaften, Stuttgart 2019.
[33] A. a. O., 20 f.

Opferidentität ließe sich kontextbefreit immer wieder für Forderungen nach Gerechtigkeit oder Gleichheit aktivieren, ohne über die Maßen in Eigenverantwortung gelangen zu müssen. Die Schuldentrepreneure wiederum sind auch nicht selbstlos, sondern sie streichen die »moralische Dividende«[34] ein, indem sie sich als Schrittmacher zur Herstellung von Gleichheit und der Schließung von Teilhabelücken inszenieren.

Es wird an dieser Stelle nicht die komplette und noch weiter ausdifferenzierte Argumentation von Kostner rekonstruiert, die an entsprechender Stelle nachgelesen werden kann. Es wurde in der gebotenen Kürze aber deutlich, wie die Entwicklung einer »identitätslinken Läuterungsagenda« seit den 1970er Jahren zur Etablierung eines übermoralischen Komplexes führen konnte, der etliche der oben genannten Kennzeichen erfüllt und in permanente Anklagen und Entschuldigungen (oder Exklusionen) mündete. Mittlerweile haben sich die entsprechenden Diskurse in Teilen so verselbständigt und radikalisiert, dass gar nicht mehr das konkrete Handeln einzelner Akteure als gerecht oder ungerecht beurteilt werden muss, sondern die Zuordnung zu einer der Gruppen über die auch moralische Dignität des Sprechers im Vorab entscheidet. Die neuen »guten« Identitäten sind entsprechend der oben genannten politischen Bewegungen vor allem ethnische, kulturelle, sexuelle Minderheiten. Auf der anderen Seite steht gleichsam beispielhaft für diese identitätspolitischen Zuordnungen die sprichwörtliche Hassfigur des »alten, weißen Mannes«, wobei die Kategorie des Alters noch (vergleichsweise!) wenig identitätspolitisch aufgeladen ist: Tendenziell gehören allerdings Weiße zu den Täterkulturen, während »indigene« Menschen per se Opfer sind. Männer sind Täter, Frauen sind Opfer etc. Detlef Hiller wird im vorliegenden Band mittels eines analytisch aufschlussreichen »Drei-Felder-Modells« aufzeigen, was für diskursive Besonderheiten und Probleme sich aus den identitätspolitischen Zuordnungen ergeben können.

Mit diesen weiteren Schärfungen zu den Kennzeichen heutiger moralisierter Diskurse in kultureller, religiöser oder auch sexueller Hinsicht wird nun allerdings auch deutlich, dass das pauschale Adjektiv »links« als Kennzeichnung für solche diskursiven Formationen recht wenig plausibel macht, warum selbst linke Bewegungen und Parteien bei den genannten Themen z.T. erhebliche Polarisierungen *in den eigenen Reihen* erleben. Man denke etwa an »klassische« linke Vorstellungen von sozialer Gerechtigkeit im Unterschied zu den jüngeren identitätspolitischen Überzeugungen von Gerechtigkeit.[35] Überdies sind bei weitem nicht alle Vertreter linker Bewegungen für explizite oder implizite Be-

---

[34] A.a.O., 21.
[35] Als ein jüngeres Beispiel eines entsprechenden populären Sachbuchs kann Sahra Wagenknechts Kritik an sog. »Lifestyle-Linken« gelten, welche sie in dem Buch entfaltet hat: Die Selbstgerechten. Mein Gegenprogramm – für Gemeinsinn und Zusammenhalt, Frankfurt a.M. 2021.

schränkungen der Meinungsfreiheit, wie sie mit den oberen Kennzeichen des (über-)moralischen Komplexes einhergehen können, wiewohl zumindest die historischen Beispiele kollektivistischer sozialistischer Systeme zeigen, dass die Freiheitsspielräume der Bürger im Sinne des herrschenden Narrativs stark eingeschränkt wurden. Allerdings wurden und werden sie das auch in anderen ideologischen Systemen, z. B. faschistischen oder religiös extremistischen.

Umgekehrt werden einige der genannten gedanklichen Positionen unter Stichworten wie »diversity management« heute auch von finanzstarken Unternehmen vorangetrieben; ihre Zuordnung zum »Kapitalismus« in wirtschaftspolitischer Hinsicht verhindert nicht (immer) ihre Parteinahme für die vermeintlich linken gesellschaftspolitischen Themen. Nicht zuletzt die im Dezember 2021 in Deutschland gebildete Ampelkoalition aus SPD, Grünen und FDP kann (jenseits vordergründiger Konflikte im Alltagsgeschäft politischer Machtspiele) als materialisierter Beleg der grundsätzlichen Kompatibilität oder zumindest pragmatischen Einigungsfähigkeit dieser traditionell eher in Spannung gedachten Bezüge interpretiert werden. Insofern wird hier das Adjektiv *links*, wie überhaupt die traditionelle politische Gegenüberstellung von *links* und *rechts*, als nur begrenzt aussagekräftig für das Verständnis der jüngeren moralisierenden Diskurse gehalten.

Es wird hier also die These vertreten, dass eine Analyse der gegenwärtig dominanten Komplexe der Übermoral die *Gleichzeitigkeit vordergründig disparater Positionen* erklären können muss. Gesucht sind also gedankliche weltanschauliche Voraussetzungen, die so spannungsreiche Pole wie einen radikalen Subjektivismus einerseits und kollektivistische Orientierungen andererseits zusammenzubringen erlauben. Der radikale Subjektivismus zeigt sich etwa bei allen Fragen der Individualität und Selbstdefinition, mit denen man jedwede Bindung an Tradition, Vernunft, (traditionelle) Moral und mittlerweile auch Wissenschaft zurückzuweisen sich berechtigt sieht. Ein einfaches Beispiel wäre die Chancenlosigkeit der biologischen Wissenschaft, die es wagte, eine Person darüber aufzuklären, dass sie von den – z. B. genitalen, gonadalen und chromosomalen – Voraussetzungen her gesehen eindeutig männlich ist, während die Person sich selbst als weiblich oder »non-binär« verstanden wissen will. Der Hinweis auf die »objektiven« biologischen Bedingungen wird als übergriffig erlebt, allein entscheidend ist die subjektive Selbstdefinition auf Basis einer gefühlten Bestandsaufnahme. Dass solche Konflikte den Komplex der Übermoral berühren können, zeigt sich dann daran, dass oftmals auf eine mögliche Infragestellung der subjektiven Selbstdefinition der moralische Furor beginnt, d. h. die genannten oberen Punkte mit Vorwürfen des »Biologismus« oder »Sexismus« u. v. a. m. verbunden sein können und – verstärkt durch soziale digitale Netzwerke – zur Skandalisierung führen. Neben den radikalen Subjektivismus in der Selbstdefinition tritt andererseits ein identitätspolitischer Kollektivismus, auf den Kostner hinwies und der wiederum sehr deutlich »objektive« Zugehörigkeiten kennt, etwa zu kulturellen, ethnischen und sexuellen Minderheiten. Die Selbstdefinition Betroffener aus diesen Minderheiten ist dann häufig zweitrangig, zumindest, wenn sie den zugeschriebenen Erwartungen zuwiderläuft, weil man weiß, was sie wollen (oder zu wollen haben), wobei Abweichungen auch hier vom moralischen Furor skandalisiert werden können. Diese und andere disparate Diskurslinien führen zu der Analyse, dass das wichtigste formgebende Moment heutiger Komplexe der Übermoral nicht in politischen oder ökonomischen Theorien oder Modellen gesehen werden muss, so sehr diese auch eine Rolle spielen, sondern in *weltanschaulichen*.

Der Beitrag der Theologie zur Frage der Übermoral

Ein maßgebliches Kennzeichen der gegenwärtigen Erscheinungsformen der »Übermoral« scheint in der sie ganz wesentlich voraussetzenden spätmodernen Säkularität zu liegen, von der aus auch viele vordergründig paradoxe Positionen zusammengedacht werden können. Bei der Säkularität handelt es sich um ein ganz wesentliches Strukturmoment (spät-)moderner Gesellschaften, das diese wahrscheinlich grundlegender charakterisiert als andere Etiketten, die in den vergangenen Jahrzehnten bemüht wurden, um die (westlichen) Gesellschaften zu beschreiben, so viel Wahres die Diagnosen von der »Risikogesellschaft«, »Erlebnisgesellschaft«, »Wissensgesellschaft« u. v. a. m. enthalten haben mochten.[36] Die Tatsache, dass sich alle diese und andere Gesellschaftsdiagnosen vor dem Hintergrund eines »säkularen Zeitalters« abspielen, ist grundlegender und umfassender. Es war das Verdienst des kanadischen Politikwissenschaftlers und Philosophen Charles Taylor, die verschiedenen Möglichkeiten dessen, was Säkularisierung oder Säkularität heißen kann, in einem epochalen Werk herausgearbeitet zu haben.[37] Taylor unterschied bekanntlich drei Bedeutungsebenen. Ein erstes Verständnis von Säkularität lokalisiert dieses auf der Ebene von Institutionen und Gebräuchen als politisches Problem: Der Staat ist (in westlichen Gesellschaften) nicht (mehr) religiös legitimiert und Religion ist, wenn überhaupt, allenfalls noch Privatsache der Bürger. Ein zweites Verständnis von Säkularität definiert dieses wesentlich über die empirische Bedeutung des Glaubens für die Menschen, wobei festgestellt wird, »dass der religiöse Glaube und das Praktizieren der Religion dahinschwinden; dass sich die Menschen von Gott abwenden und nicht mehr in die Kirche gehen«.[38] Diese Diagnose ist in ihrer Pauschalität dann oft falsch: Sie trifft für große Teile der Welt gar nicht und nicht einmal für den »Westen«

---

[36] Vgl. Armin Pongs, In welcher Gesellschaft leben wir eigentlich? Individuum und Gesellschaft in Zeiten der Globalisierung, München ²2004.
[37] Vgl. Charles Taylor, Ein säkulares Zeitalter, Frankfurt a. M. 2009.
[38] A.a.O., 14.

in Gänze zu, am ehesten wahrscheinlich für die Länder Westeuropas. Ein drittes Verständnis von Säkularität ist der »Verstehenskontext«, innerhalb dessen Menschen heute ihre moralisch-spirituellen Erlebnisse machen. Dieser Verstehenskontext stellt eine Art »Hintergrund« dar, auf dem Erfahrungen überhaupt erst artikuliert werden können. An dieser Stelle hat sich die weltanschauliche Tektonik in den vergangenen 500 Jahren für Taylor in den Gesellschaften des Westens bzw. der nordatlantischen Welt wesentlich verschoben, und es ist vor allem diese Deutung von Säkularität, die Taylor besonders interessiert: Anders als bei den Lesarten 1 und 2 kann das dritte Verständnis das Vorkommen und zum Teil auch neue Erstarken von religiösen Bewegungen in bestimmten Milieus und regionalen Kontexten gut erklären. Der religiöse Glaube wird hier nicht für unmöglich gehalten, wie es manche Säkularisierungsthesen des Typs 2 nach dem Muster »Je mehr Modernisierung, desto mehr Areligiosität oder Atheismus« insinuieren. Es wird aber klar, dass die Religiosität im »säkularen Zeitalter« *nur eine Option* unter anderen ist (und auch als solche wahrgenommen wird). Der gewandelte Verstehenskontext bedeutet für Taylor, dass religiöse Erfahrungen zwar weiterhin gemacht werden können, dass an ihnen aber die Differenz eines »naiven« zu einem »reflektierten« Verständnis deutlich wird. Während in vormodernen Gesellschaften keine andere Deutung für ein transzendentes Erlebnis möglich gewesen sei, als dessen Ursache in Gott, Engeln oder Teufel(n) zu verorten, also Erlebnis und Deutung gewissermaßen verschmolzen, ist dem neuzeitlichen religiösen Menschen noch im Erlebnis klar, dass man dafür andere Deutungen, z.B. psychologische, zu Rate ziehen könnte. Auch die Erklärung solcher Erfahrungen im Rahmen von Sprache bedient sich solcher Interpretamente, die immer schon den gemeinsamen Verstehenskontext zum Hintergrund haben, etwa die Trennung von Natur und Übernatur etc. Das führt Taylor zu der pointierten Aussage: »Der Glaube an Gott läuft im Jahre 1500 nicht aufs gleiche hinaus wie im Jahre 2000«.[39]

Das für Taylor also im eigentlichen Sinne bemerkenswerte Phänomen ist nicht pauschal der Rückgang des Religiösen (der in dieser Weise ja auch nicht erhärtet werden kann) und auch nicht dessen Erklärung mittels verschiedener »Subtraktionsgeschichten«,[40] sondern das Aufkommen eines »ausgrenzenden Humanismus«.[41] Dieser habe das Gedeihen des Lebens und die Erfahrungen von »Fülle« nicht mehr an transzendente Bezugspunkte wie Gott geknüpft, sondern in

---

[39] A.a.O., 32.

[40] »Es gibt eine häufig erzählte ›Subtraktionsgeschichte‹, die alles auf Entzauberung zurückführt. Zunächst habe uns die Naturwissenschaft eine ›naturalistische‹ Welterklärung geschenkt. Anschließend hätten die Menschen damit begonnen, nach Alternativen zu Gott Ausschau zu halten. Aber so haben sich die Dinge nicht abgespielt. Die neue mechanistische Wissenschaft des siebzehnten Jahrhunderts wurde nicht unbedingt als eine Gefahr für Gott gesehen.« (A.a.O., 53)

[41] Vgl. a.a.O., 46.

die Immanenz eingeschlossen. Mit dieser kulturprägenden Verschiebung in der geistigen Tektonik sei im Grunde genommen auch erst die Unterscheidung von Immanenz und Transzendenz stark gemacht worden, um sodann die Immanenz gegen die Transzendenz abzudichten. Es können an dieser Stelle nicht alle Beispiele referiert werden, mit denen Taylor dem Phänomen jener abgedichteten Immanenz in seinem kolossalen Werk auf die Spur zu kommen versucht. Für den hiesigen Kontext ist nur bedeutsam, dass der »ausgrenzende Humanismus« auch moralische Folgen zeitigte.

Zunächst ist für Taylor ein gewisser moralischer Rigorismus bereits in Teilen der Reformation angelegt, der mit seiner Heiligung der Alltagswelt und des Alltagslebens in gewisser Weise die Transzendenz in die Immanenz zog.[42] Andererseits führte die ebenfalls durch die Reformation beförderte »Entzauberung der Welt« zu »abgepufferten Identitäten«, d.h. einem Selbstverständnis der Menschen, nach dem diese nicht mehr schutzlos und »porös« einer Welt der Geister ausgeliefert sind, sondern den eigenen sittlichen Gestaltungskräften vertrauen können. Dies wiederum ist eine entscheidende Voraussetzung im Menschenbild, die die moralische Ordnung der Neuzeit ermöglicht hat, wie sie seit dem 17. Jahrhundert in Naturrechtstheorien begründet wurde und soziale Vorstellungsschemata beeinflusst hat. Der Gedanke lautet pointiert: »Menschen sind vernunftbegabte, gesellige Akteure, die dazu bestimmt sind, zum Zwecke

---

[42] Die Aussage steht auf den ersten Blick in Spannung mit der oben thematisierten »abgedichteten Immanenz«. Es handelt sich aber für Taylor um einen Bestandteil umfassender Reformen seit dem 15. Jahrhundert. Letztlich wird die Ausgrenzung der Transzendenz dadurch vorbereitet, dass sie als höherer geistlicher Dienst (etwa des klerikalen klösterlichen Lebens) nicht mehr vorkommt (oder zumindest nicht mehr besonders wertgeschätzt wird), während das Profane selbst heilig sein soll. Damit wird die Fokussierung auf die Immanenz vorbereitet, wenngleich das zunächst mit einem starken religiösen Selbstverständnis verbunden war. Die Aussage könnte ferner in Spannung stehen mit jener in meinem anderen Artikel in diesem Band vertretenen These, Teile der Reformation hätten den sukzessiven Verlust der Tugend(en) befördert, was nach Taylor gerade nicht der Fall ist. Gemeint ist im anderen Artikel aber nicht die »evangelische Verantwortung« für den generellen Bedeutungsverlust der Tugenden, sondern deren Nachrangigkeit gegenüber der Erlösungstat Christi vor soteriologischem Hintergrund, aus evangelischer Sicht. Diese Abkopplung ermöglicht in den kommenden Jahrhunderten beides: die Etablierung der Tugenden allein vor dem Hintergrund eines gesellschaftlichen Miteinanders »vernunftbegabter, gesellige Akteure« (mehr müssen und können die Tugenden in der abgedichteten Immanenz auch nicht bewerkstelligen) oder ihre Reaktivierung im Zuge religiöser Erneuerungsbewegungen wie des Pietismus, dort allerdings - so sehr es ohne sie nicht gehen konnte - immer in der Nähe zur beargwöhnten »Werkgerechtigkeit«. Mehr zur Problematik und zum »Schicksal« der Tugenden siehe Straß, Jeder hat ... (s. Anm. 18).

ihres wechselseitigen Vorteils friedlich zusammenzuleben.«[43] Über das Brückenstück eines »providenziellen Deismus« leitet Taylor die weitere sukzessive Entkopplung dieser Grundannahme vom Transzendenten her. All diese Prozesse stellen keinen einheitlichen Fortgang dar, sind auch von Gegenbewegungen und verschiedenen Neueinsätzen begleitet, die aber zunehmend den *ausgrenzenden Humanismus* von einer möglichen Option zum mehr oder minder gemeinsamen Untergrund neuzeitlichen Denkens avancieren lassen.

Obwohl die Genese der Säkularität auf ihren verschiedenen Bedeutungsebenen also sehr komplex ist, ist es wohl zulässig, auch die in der Moderne entstandenen Theorien politischer Philosophie und ihre praktischen Anwendungsversuche auf diesem geistigen Boden zu deuten. *Die Gemeinsamkeit vordergründig divergierender politökonomischer Konzepte, etwa auch diejenige zwischen einem sozialistischen Kollektivismus und einem (neo-)liberalistischen Individualismus – um nur die Idealtypen zu nennen –, liegt im »ausgrenzenden Humanismus«, den beide zur Voraussetzung haben.* Für kommunistische Gesellschaftsmodelle und alle moderateren Spielarten der »sozial gerechten« Umverteilung oder identitätspolitischen »Gleichheit« wurde oft gezeigt, dass sie aus rein innerweltlichen Heilsversprechen herrühren, die die Transzendenz bewusst kappen. Aber auch die verschiedenen Spielarten des Liberalismus mit ihrem Vertrauen in die wohlstandsgenerierende und -sichernde Kraft des Marktes verstehen Fortschritt und Wachstum meist innerweltlich. Bezugnahmen auf Höheres sind nur dann erwünscht, wenn sie im Ganzen wie beim Einzelnen *Leistung* steigern, nicht etwa dann, wenn höhere, etwa göttliche, Gebote dem maßgeblich handlungsleitenden Prinzip der Gewinnmaximierung entgegenstehen.

Beide großen Optionen und alle mittleren Positionen auf dem Kontinuum zwischen Kollektivismus und Individualismus sind auf Basis des sie fundierenden ausgrenzenden Humanismus dazu versucht, der fehlenden Transzendenz in der Immanenz einen Widerschein zu geben.[44] Ich habe an anderer Stelle versucht, dieses kompetitive Ringen des *Säkularismus*, hier durchaus als ideologischer Hintergrund verstanden, mit der christlichen Tradition zu interpretieren und mich dabei auf die Theorie mimetischen Begehrens nach René Girard bezogen: Die »humanistische«

---

[43] Taylor, Zeitalter (s. Anm. 37), 275.

[44] Auch der Transhumanismus könnte als Versuch in diese Richtung gedeutet werden, wobei das hier nicht weiter ausgeführt werden kann. Es scheint sich jedenfalls herauszukristallisieren, dass der ausgrenzende Humanismus mit seiner Selbstabdichtung gegen die Transzendenz entscheidende Fragen *innerhalb* der Immanenz nicht (oder nur ungenügend) beantworten konnte. In das spätmoderne Sinnvakuum haben sich politische und ökonomische Kräfte gedrückt, die die diesseitigen Glücksversprechen nun in eine den Menschen selbst übersteigende Verschmelzung von Mensch und Maschine projizieren.

Moderne muss nicht nur die gleichen Möglichkeiten der *Nächstenliebe* generieren, um den gesellschaftlichen Zusammenhalt zu gewährleisten, sondern sie muss die »christliche« Geschichte im Narrativ von der eigenen »Gutheit« darin übertreffen.[45] Dazu gehören folgerichtig Anklagen gegen die »Tätergeschichte«, denn sie ermöglichen es, sich selbst in einem besseren Licht erscheinen zu lassen.

Es geht an dieser Stelle nicht um eine einseitige Kritik des Gegenwartsdenkens in spätmodernen Gesellschaften oder um eine Exkulpation der tatsächlichen Missstände in heutigen Kirchen oder zu Zeiten der Dominanz religiöser (kirchlicher) Deutungsmuster. Es wird aber deutlich, warum gerade die Theologie zum Thema des Moralismus aussagefähig ist. Einerseits war sie selbst, zumindest in ihrer kirchlich verfassten Form, über Jahrhunderte in der lateinischen Christenheit an den Schaltstellen der Macht und hat, zumindest phasenweise, Komplexe der Übermoral perpetuiert. Sie kann sich aus den genannten Gründen in heutigen moralischen Diskursen allerdings nicht mehr auf diese Machtposition stützen und hat, im positiven Falle, den Charme einer Außenseiterposition, die in der »abgedichteten Immanenz« noch Zeugnis von einer anderen Welt jenseits der totalen Vergesellschaftung ablegen kann. Davon macht sie allerdings nur begrenzt Gebrauch, wie auch in einigen Beiträgen dieses Bandes deutlich wird. Vielmehr findet sie häufig ihre Rolle in der moralisierenden Fortsetzung politischer Diskurse oder sogar in deren Radikalisierung. Wo sie hingegen den »ausgrenzenden Humanismus« transzendiert, wird sie, unter bestimmten Bedingungen, wiederum zu einem interessanten Gesprächspartner, der auf Fragen von Moral und Übermoral auch aus einer »Tradition der Gnade« blickt, die moralische Entlastungen bereithalten kann. Aus diesem Grunde war es weder Zufall noch Verlegenheit, dass die Internationale Hochschule Liebenzell (IHL), als Gastgeber jener Vortragenden, deren Artikel in diesem Band versammelt sind, besonders das Moralismus-Phänomen aus theologischen Perspektiven anschauen wollte. Die übrigen sozialwissenschaftlichen und psychologischen Erklärungsversuche, die auch in diesem Beitrag schon genannt wurden, sind nicht minder aufschlussreich, haben aber aufgrund der »Bedingungen von Erfahrungen« unter den Vorzeichen des ausgrenzenden Humanismus (Taylor) aus naheliegenden Gründen nicht ein solches Gespür für die geistesgeschichtlichen Umwälzungen und ihre moralischen Folgen wie theologische Perspektiven.

---

[45] Vgl. Daniel Straß/Miriam Heffter, Philosophischer Neopaganismus. Von der modernen »Sorge um die Opfer« bei René Girard, in: Harald Jung/Jürgen Schuster/Volker Gäckle (Hrsg.), Europa, wie hältst du's mit der Religion? Zum Verhältnis von Religion und Gesellschaft, Berlin 2020, 137–154.

Alle Menschen sind gleich (unterschiedlich)!

Gedanken zu Gleichheit und Identität

Detlef Hiller

Die Diskussion um den Kulturbegriff

Das klassische Kulturverständnis wird gemeinhin auf Johann Gottfried Herder zurückgeführt. Für ihn waren Kulturen different zueinander, tendenziell ethnisch basiert, relativ homogen und geschlossen. Damit haben sie auch ein Moment der Statik und der Abgrenzung.[1] Denn nach Herders Kulturverständnis beeinflussen sich zwei Determinanten wechselseitig: das jeweilige »Clima« des Landes präge die »Sinnlichkeit und Denkart« eines Volkes und der »Genius« (Charakter) des Volkes präge wiederum sein Land, indem es dieses zweckmäßig gestalte bzw. kultiviere.»Im Laufe ihrer Geschichte bildet so jede Kultur eine organische, Mensch und Natur umgreifende Einheit, die einzigartig ist, weil jedes Volk besondere Anlagen hat und jedes Land spezifische Anpassungen erfordert bzw. Nutzungsmöglichkeiten bietet.«[2] Es ist evident, dass dieses Verständnis von Kultur den Plural der Kulturen voraussetzt und damit den Fokus nach innen auf Homogenität und nach außen auf Unterschiedlichkeit und Unterscheidbarkeit legt, nicht aber auf übergreifende Gemeinsamkeit, Universalität und fluide Veränderung. Bis heute liegt Herders Verständnis letztlich den verschiedenen interkulturellen Trainings zugrunde, die auf den drei Ebenen Wissen, Einstellung und Handlungskompetenz dem Kulturfremden Orientierung in einem neuen kulturellen System geben wollen.[3]

In der gegenwärtigen Kulturdiskussion wird jedoch eine deutliche Distanzierung vom Herder'schen Kulturkonzept vorgenommen. Sein Verständnis von

---

[1] Wolfgang Welsch, Transkulturalität, in: Interkulturalität – Grundprobleme der Kulturbegegnung, Mainzer Universitätsgespräche, Sommersemester 1998, 46 ff.

[2] Bernhard Suphan (Hrsg.), Johann Gottfried Herder: Sämtliche Werke, Bd. XIII, Hildesheim 1967, 8.

[3] Olivia Sarma, KulturKonzepte. Ein kritischer Diskussionsbeitrag für die interkulturelle Bildung, Frankfurt a. M. 2012, 43 ff.

Kulturen passe nicht mehr zu der hochausdifferenzierten modernen Gesellschaft. Wolfgang Welsch fasst die Kritik wie folgt zusammen:

> »Moderne Gesellschaften beinhalten in sich eine Vielzahl unterschiedlicher Lebensweisen und Lebensformen unterschiedlicher Kulturen; sie sind multikulturell in sich. Sie sind vertikal differenziert: die Kultur eines Arbeitermilieus, eines Villenviertels und der Alternativszene weisen kaum noch einen gemeinsamen kulturellen Nenner auf. Sie sind horizontal differenziert: Unterschiede von weiblicher und männlicher, heterosexueller, lesbischer und schwuler Orientierung können einschneidende Differenzen in den kulturellen Mustern und Lebensformen begründen. – Das alte Kulturkonzept aber vermag dieser inneren Komplexität der modernen Kulturen nicht gerecht zu werden, sondern hat nur eine falsche Antwort darauf: die eines Homogenisierungsgebots.«

Neben diesem Homogenisierungsgebot, kritisiert Welsch an Herders Konzeption noch die ethnische Fundierung und das abgrenzende Moment.[4]

Während diese etwa 25 Jahre alte Kritik von Welsch sachlich begründet vorgebracht wird, scheint es so, dass heute die Kritik an Herders Kulturverständnis zunehmend aufgeregter wird. Es wird nicht mehr das Gesamtkonzept gesehen, sondern nur *Homogenisierung* (gleich kulturelle Hegemonie der Mehrheitsgesellschaft), *ethnische Fundierung* (gleich Ausländerfeindlichkeit) und *Abgrenzung* (gleich das Hochziehen von Grenzzäunen und anderen Barrieren) verstanden. Natürlicherweise harmoniert so ein Verständnis nicht mit dem Leitbild der zu verwirklichenden multikulturellen Gesellschaft. Zum Teil wird daher sogar vermieden, noch das Wort »Kultur« zu verwenden, und wenn doch, dann wird man nicht müde zu betonen, dass ein angemessenes Kulturverständnis keinerlei statische Elemente kenne, sondern alles fluide sei und Herkunft, Traditionen, Gruppenzugehörigkeiten nur insofern noch Bedeutung haben, als sie – die richtige Einstellung vorausgesetzt – helfen, überall Gemeinsamkeiten und Überschneidungen festzustellen.[5]

Um die Diskussion ganz grob einzuordnen, sei darauf verwiesen, dass die Ende des 19. Jahrhunderts neu aufgekommene Wissenschaft der Ethnologie, die dann in der ersten Hälfte des 20. Jahrhunderts mit immer mehr Studien über fremde Kulturen und Völker an die Öffentlichkeit trat, Herders ethnisches Kulturverständnis mit seinem statischen Element noch stillschweigend voraussetzte. Zum einen, weil die Forschenden sich tatsächlich mit damals sehr abgegrenzten und isolierten Kulturen befassten, die wenig Gemeinsamkeiten und Berührungspunkte mit ihrer eigenen Herkunftskultur oder anderen Kulturen hatten, und zum anderen, weil sie darauf angewiesen waren, dass die aufwendig

---

[4] Welsch, Transkulturalität (s. Anm. 1), 47 f.
[5] Sarma, KulturKonzepte (s. Anm. 3), bes. 14 ff.

und unter Einsatz von viel Lebenszeit analysierten Gesellschaften und ihre Lebensweisen, Einstellungen und Rituale möglichst wenig fluide und veränderlich waren, sondern die gemachten Beobachtungen und gewonnenen Erkenntnisse eine möglichst lange Gültigkeit besaßen.[6]

Nach dem II. WK veränderte sich der Blick zunehmend. Die »interpretative Wende« eines Clifford Geertz,[7] ein durch die Entkolonialisierung zunehmendes Bewusstsein für koloniale Ausbeutung, die Themen Demokratisierung und Antirassismus und das durch Bevölkerungsbewegungen entstandene neue Leitbild der multikulturellen Gesellschaft führten dazu, dass die Betonung von Unterschieden und die damit einhergehenden Essenzialisierungen erst in den Hintergrund gedrängt und dann zunehmend verdächtig wurden. Stattdessen standen nun die Aspekte der Veränderlichkeit und Anpassungsfähigkeit von Kulturen im Mittelpunkt. Kulturen wurden zunehmend als fluide, offen und nicht mehr vorrangig ethnisch wahrgenommen.

Seitdem bewegt sich der Bedeutungsgehalt des Begriffs Kultur zwischen den beiden Polen eines an Herder orientierten *Differenzbegriffs*, der unter einem offenen oder latenten Rassismusverdacht steht, und einem scheinbar neutralen Wissensbegriff, »der auf tradierte Inhalte und erlernte Fähigkeiten abzielt, die es Menschen ermöglichen, in ihren jeweiligen Lebens-, Arbeits- und Alltagswelten sinnvoll zu handeln«.[8]

Irritationen – Vier Fallbeispiele

Fall 1: »Neusprech« an der Universität

Eine Masterstudentin in einem Studiengang, der interkulturelle Bildung zum Gegenstand hat, berichtet das Folgende:

> »Wer in unserem Kurs das Wort ›Kultur‹ verwendet, gilt als Rassist – denn Kulturen seien eigentlich gar nicht existent. Wenn ich von einer Person rede, die ›aus einer anderen Kultur kommt‹, dann würde ich ihr damit bestimmte Eigenschaften zuschreiben und ließe sie sich nicht mehr selbst definieren. Damit diskriminiere ich sie. Daraus hat sich eine Art ›Liste verbotener Wörter‹ entwickelt, die nicht mehr benutzt werden dürfen, weil sie diskriminierend sind. Das führt dazu, dass ich in Diskus-

---

[6] Vgl. Charles King, Schule der Rebellen, München 2020.
[7] Clifford Geertz, The Interpretation of Cultures, NewYork 1973.
[8] Vgl. Regina Römhild, Kultur, in: Gogolin, Ingrid et al. (Hrsg.), Handbuch Interkulturelle Pädagogik, Bad Heilbrunn 2018, 18; s.a. Georg Auernheimer, Einführung in die Interkulturelle Pädagogik, Darmstadt [8]2016, 78f.; Frank Hamburger, Abschied von der Interkulturellen Pädagogik, Weinheim [2]2012, 125ff.

sionen eigentlich nicht mehr frei reden kann, weil ich jedes Wort auf die Goldwaage legen muss, um ja nicht irgendeinen Ausdruck zu verwenden, der als rassistisch definiert wird. [Das Wort ›Flüchtling‹ ist zum Beispiel auch rassistisch, weil die Endung ›-ling‹ verniedlichend wirkt, eine passive Haltung ausdrückt und außerdem an das Wort ›Schädling‹ erinnert. Politisch korrekt wäre ›Geflüchtete/r‹.] [...] Unterschiede zwischen Menschen sollten nicht [...] thematisiert werden, da man sonst automatisch andere ausschließe. Stattdessen gehe es um Diversität und Vielfalt. Prinzipiell müsse [...] die gesamte westliche Sichtweise hinterfragt werden, da diese von postkolonialen Herrschaftsstrukturen durchsetzt sei.«[9]

Fall 2: Wolfgang Thierse

Am 22. Februar 2021 schrieb der SPD-Politiker und ehemalige Präsident des Bundestages Wolfgang Thierse in der FAZ u. a. die folgenden Sätze:

»Allerdings, die Veränderungen, die wir erleben, machen die Fiktion einer homogenen Nationalkultur in der Tradition von Johann Gottfried Herder endgültig obsolet. Trotzdem ist Kultur auch nicht nur Inter-kultur, kulturelles McWorld oder Kulturplasma. Sie ist und bleibt ein immer auch regional und national bestimmtes, geschichtlich geprägtes Ensemble, ein Ensemble von Lebensstilen und Lebenspraktiken, von Überlieferungen und Erinnerungen, von Einstellungen und Überzeugungen, von ästhetischen Formen und künstlerischen Gestalten. Und genau als solches Ensemble prägt die Kultur die relativ stabile Identität einer Gruppe, einer Gesellschaft und eben auch einer Nation. Und ich füge sofort hinzu: und ändert sich dabei!«[10]

Obwohl Thierse sich von Herder distanziert und sehr deutlich macht, dass er um die Veränderbarkeit von Kulturen weiß, erntete er für seine Meinung, dass es doch so etwas wie ein identifizierbares »Ensemble von Lebensstilen und Lebenspraktiken« gibt, einen empörten Shitstorm. Sehr deutlich distanzierten sich seine am Puls der Zeit orientierten Parteivorsitzenden, Saskia Esken und deren Stellvertreter Kevin Kühnert, die auf Thierses Kulturverständnis anspielend davon sprachen, dass sie sich für das »rückwärtsgewandte Bild der SPD« schämten. Thierse überlegte daraufhin laut, ob er in seiner Partei noch gelitten sei. Er realisierte offensichtlich, dass er mit seinen Gedanken zum Kulturverständnis eine Toleranzgrenze überschritten hatte, ein Vorfall der einem weniger verdienten Parteimitglied nicht verziehen worden wäre.[11]

---

[9] Quelle anonym, dem Verf., der das Schreiben erhielt, ist die Quelle bekannt.
[10] FAZ, Wolfgang Thierse: Wie viel Identität verträgt die Gesellschaft, 22.2.2021.
[11] NZZ, Über den Shitstorm war ich erschrocken, über das Ausmaß der Zustimmung erstaunt, 11.3.2021.

Fall 3: Kulturelle Aneignung

Am 18. Juli 2022 spielt die Reggae-Band »*Lauwarm*« in Bern. Das Konzert wird nach der Pause abgebrochen. Ursache: Einige Zuhörer fühlten sich »unwohl«, denn die Band bestehe aus weißen Mitgliedern, die schwarze Musik (Reggae) spielten und dabei teilweise auch noch Dreadlocks trugen. Dies wurde als unzulässige »kulturelle Aneignung« verstanden. Der Veranstalter brach ab und entschuldigte sich.[12]

Ganz ähnlich erging es der Sängerin Ronja Maltzahn, die von der Fridays-for-Future-Demonstration am 25. März 2022 in Hannover ausgeladen wurde. Die FFF-Aktivisten schrieben: »Wenn eine weiße Person also Dreadlocks trägt, dann handelt es sich um kulturelle Aneignung, da wir als weiße Menschen uns aufgrund unserer Privilegien nicht mit der Geschichte oder dem kollektiven Trauma der Unterdrückung auseinandersetzen müssen.«[13]

Fall 4: Wer darf was untersuchen?

Jennifer M. Buck lehrt an der Pacific University in Kalifornien. Sie legte eine Studie über eine besondere Gruppe im Rahmen des »*black feminism*« vor, die der renommierte Verlag *Wipf and Stock* veröffentlichte. Es kam zu derart empörtem öffentlichem Widerspruch, dass der Verlag es als angemessen betrachtete, das Buch zurückzuziehen. Ursache war nicht, dass die Studie besonders schlecht oder gar plagiiert gewesen wäre, sondern Ursache war die falsche Hautfarbe der Forscherin. Als weiße Forscherin habe Buck keine Legitimation, über ein Thema schwarzer Menschen zu schreiben.[14]

Ähnliche Fallbeispiele mit Irritationspotential könnten in großer Menge hinzugefügt werden. Es ergeben sich daraus drei Fragenkomplexe:
- Warum dürfen kulturelle Unterschiede zwischen Gruppen von Menschen, die unterschiedliche Verhaltens- und Denkweisen ausgeprägt haben, nicht mehr benannt werden? Warum muss der Kulturbegriff ganz fluide, mit Thierses Worten: zum »Kulturplasma« werden? Warum dürfen keine Konturen und besondere Momente von Beharrungskraft oder Geschlossenheit (Stichwort: Parallelgesellschaft) aufgezeigt werden? Warum müssen Diffe-

---

[12] NZZ, Bloß niemanden verletzen, 28.7.2022.
[13] Spiegel: Fridays for Future lädt Musikerin wegen Dreadlocks von Demo aus, 23.3.2022, https://www.spiegel.de/politik/deutschland/fridays-for-future-laedt-musikerin-ronja-maltzahn-wegen-dreadlocks-von-demo-aus-a-631b6b83-9778-4a04-aa62-e3b85e71 3520 (11.8.2022).
[14] NZZ, Nur Schwarze sollen über Schwarze schreiben, 23.4.2022.

renzen ausgeblendet und die Gesellschaft zu einem hybrid-kreolisierten Einerlei reduziert werden?
- Und warum werden dann – genau gegenläufig dazu – aus derselben Richtung doch wieder am laufenden Band identitäre Unterschiede betont und neue Grenzen gezogen, die der Gemeinsamkeit und Gleichheit aller teilnehmenden Gruppen diametral entgegenstehen? Denn über die Frage der Hautfarbe und deren Schattierung hinaus werden auch in allen möglichen anderen Feldern zunehmend sehr kleine Kulturgruppen bzw. »kollektive Zugehörigkeiten«[15] definiert, um sie dann in dieser Differenz besonders hervorzuheben, zu repräsentieren oder zu fördern. Und wen soll es wundern, dass diese Tendenz zwangsläufig eher zu gesellschaftlicher Separation und einem Gegeneinander anstatt zu Integration und Miteinander führt?[16]
- Und schließlich: Warum werden Gegenüberlegungen und Thesen, die nicht diesem neuen Verständnis entsprechen, nicht einfach nüchtern erörtert, sondern mit großer moralischer Empörung zurückgewiesen?

Der Gedanke der Egalité – Gleichwertig, aber nicht gleichartig!

Es erscheint naheliegend, dass die ursprünglich zugrunde liegende Thematik etwas mit der grundsätzlichen Frage nach der Gleichheit der Menschen zu tun hat: Haben alle Menschen die gleiche Würde und den gleichen Wert oder ist der eine oder die andere aufgrund unveränderlicher Abstammungsmerkmale oder Gruppenzugehörigkeiten wertvoller und damit zu bevorzugen?

Schon die frühe christliche Gemeinde musste sich, spätestens als aus der monokulturellen Gruppe der jüdischen Jesus-Anhänger eine multikulturelle wurde, mit der Frage der Gleichheit auseinandersetzen.[17] Bereits mit dem An-

---

[15] So würde Nohl es nennen, um dem gewagten Kulturbegriff zu entgehen. Vgl. Arnd-Michael Nohl, Konzepte interkultureller Pädagogik, Bad Heilbrunn ³2014.

[16] Wofür die sich immer radikaler gegenüberstehenden Lager in den USA ein beredtes Beispiel darstellen. Dazu Stephan Bierling: »Heute gibt es in den USA keine zwei konkurrierenden Parteien mehr, sondern zwei Stämme, die sich sprach- und verständnislos gegenüberstehen, voneinander abkapseln und als Feinde sehen...«, Stephan Bierling, Wie die USA die gesellschaftliche Spaltung überwinden können, in: KAS, Die politische Meinung, Ausgabe 566, 11.2.2021.

[17] Inwieweit bereits bei der »Ur-Gruppe« der Jünger dieses Thema zum Gegenstand der Erörterung wurde, wird an dieser Stelle nicht näher betrachtet. Denn hier waren bereits, neben sozialen und religiösen Unterschieden, auch geschlechtliche angelegt, da sich im erweiterten Jüngerkreis eine Reihe mitziehender Frauen befanden. Verwiesen sei nur auf die Perikope Mk 9,33–37 (parr.), die auf Unterschiede und Konkurrenzen zwischen den

wachsen der Ur-Gemeinde in Jerusalem nach dem Pfingstereignis sind diese Fragen dokumentiert in Form des Streits um die Diskriminierung der sog. »griechischen Witwen«.[18] Mit der Verlagerung des Schwerpunktes des Christentums in außerjüdische Gebiete, was durch die enorme Bedeutung, die Antiochia in kürzester Zeit erlangte, dokumentiert wird, kamen nicht nur Fragen der geschlechtlichen Ungleichheit, der religiösen und geografischen Herkunft (Judenchristen/Heidenchristen), sondern auch Gleichheitsfragen aufgrund des sozialen Hintergrundes[19] und letztlich dann auch die Frage nach der Gleichbehandlung der Sklaven auf.[20]

Bekanntermaßen hat die junge Kirche diese Gleichheitskonflikte nicht durch einen revolutionären politischen Befreiungskampf gelöst, wie ihn ein gutes Jahrhundert zuvor Spartacus hinsichtlich der Sklaven versucht hatte, sondern durch eine Formel, die durchaus eine Spannung beinhaltet und verkürzt ausgedrückt werden könnte mit: *Gleichwertig, aber nicht gleichartig.*

Während die Christen einerseits in ihren alltäglichen Rollen nicht *gleichartig* waren, sondern die bestehenden Unterschiede anerkennen sollten, weshalb Frauen, Männer, Herren, Sklaven in paränetischen Texten gesondert angesprochen und zu angemessenem Rollenverhalten ermuntert wurden,[21] bestand andererseits eine absolute Gleichwertigkeit vor Gott, die durch die neue Zugehörigkeit zu Christus konstituiert wurde. So kommt Paulus in seinem Brief an die Galater zu der fulminanten Gleichwertigkeitsformel:

»Denn ihr alle, die ihr auf Christus getauft worden seid, ihr habt Christus angezogen. Da ist nicht Jude noch Grieche, da ist nicht Sklave noch Freier, da ist nicht Mann und Frau; denn ihr alle seid einer in Christus Jesus.«[22]

---

männlichen Jüngern hinweist, die mit ihren verschiedenen Herkünften zusammenhängen könnten, und Mk 15,40f. (parr.), was belegt, dass eine unbestimmte Anzahl von Frauen dem charismatischen Rabbi nachgefolgt war, wozu sie vermutlich beträchtliche kulturelle Hindernisse zu überwinden hatten.

[18] S. Apg 6,1 (tatsächlich jüdische Witwen aus der Diaspora, die griechischsprachig waren).
[19] Wie divers und teilweise auch vertikal multikulturell die Gemeinde in Antiochia war, schildert eindrücklich Apg 13,1: »Es waren aber in Antiochia, in der dortigen Gemeinde, Propheten und Lehrer: Barnabas und Simeon, genannt Niger, und Luzius von Kyrene und Manaën, der mit Herodes, dem Vierfürsten, aufgezogen worden war, und Saulus.« (Elb.Ü.)
[20] Vgl. den gesamten Philemon-Brief des Paulus.
[21] Insbesondere in den sog. »Haustafeltexten« (Eph 5,22 ff., Kol 3,18 ff., 1. Petr. 2,18 ff.), aber auch sonst immer wieder in die Paränese eingestreut.
[22] Gal 3,27 f. (Elb.Ü.).

Damit wurde der unterschiedlichen Würde und Wertigkeit von Menschen eine radikale Absage erteilt, weil ihr gleicher Wert jenseits des menschlichen Zugriffs, nämlich in Christus verankert wird und daher menschlicherseits nicht aufgehoben oder auch nur verändert werden kann. Vor Gott sind alle eins und damit alle gleich! Es kann keinerlei Wertunterschiede geben, auch wenn die Individuen in den komplexen Systemen menschlicher Existenz ganz unterschiedliche Funktionen wahrnehmen und Stellungen einnehmen. Diese Spannung zwischen absoluter Gleichwertigkeit vor Gott, aber Andersartigkeit in den menschlichen Bezugssystemen, ist die neutestamentliche Antwort auf die Frage nach der Gleichheit zwischen Gruppen und Kulturen.

In der Neuzeit begann dann der bis heute anhaltende Siegeszug des Egalité-Gedankens, der die ungleiche mittelalterliche Ständegesellschaft ablöste durch ein neues Bewusstsein von der Gleichwertigkeit aller Menschen. Dabei setzte die Aufklärung, indem sie sich von der Religion emanzipierte, an die Stelle Gottes das Gemeinwesen bzw. den Staat, dem die legitime Aufgabe zugesprochen wurde, den Individuen und Gruppen Recht zu setzen. Folgerichtig zielte man nun darauf ab, dass vor dem Gesetz alle Menschen gleichberechtigt und damit, unabhängig von Herkunft, Abstammungsmerkmalen oder Gruppenzugehörigkeit, auch gleichwertig sind.

Verschiedene Faktoren spielten eine Rolle, dass sich dieser Gleichheitsgedanke durchsetzen konnte: reformatorische Aufbrüche, aufkommendes Bildungsbewusstsein, das wirtschaftliche Erstarken des Bürgertums und die neu entdeckten Naturwissenschaften, die alte Gewissheiten erschütterten. Hinzu trat ein zunehmendes Bewusstsein einer größer werdenden Welt, das alte Mächte und Selbstverständlichkeiten in Frage stellte und – im Falle Nordamerikas – selbstbewusste Siedler entstehen ließ, die eine neue Kultur entwickelten, in der der König nicht mehr natur- oder gottgegeben regierte, sondern der Legitimation der Bürger bedurfte.[23]

Daher fand der Egalité-Gedanke auch seinen ersten großen politischen Niederschlag in der Unabhängigkeitserklärung der Vereinigten Staaten von 1776. Allerdings verankerten die Väter der Unabhängigkeit den Gleichheitsgedanken noch im Schöpfungsgedanken und schlossen von dort auf die Rechtsgleichheit aller Menschen:

> »We hold these truths to be self-evident, that all men are created equal, that they are endowed by their Creator with certain unalienable Rights, that among these are Life, Liberty and the pursuit of Happiness.«[24]

---

[23] Diese Gedanken wurden philosophisch lange vorbereitet von politischen Denkern wie Thomas Hobbes, John Locke, Baron de Montesquieu und anderen, aber in Nordamerika wurden sie von selbstbewusst gewordenen Siedlern weitläufig rezipiert.

[24] https://www.archives.gov/founding-docs/declaration-transcript (12.8.2022).

In der französischen Verfassung von 1793 hatte man sich aufgrund des atheistischen Ansatzes vom Schöpfungsbezug gelöst und stellte nur noch fest (Art. 3):

>»Tous les hommes sont égaux par la nature et devant la loi.« (»Alle Menschen sind von Natur und vor dem Gesetz gleich.«)[25]

Die alte Spannung, dass in den komplexen Systemen menschlicher Vergesellschaftung nicht alle dieselben Funktionen und Stellungen wahrnehmen können, sollen oder auch nur wollen, blieb dabei erhalten. Gleichheit vor dem Gesetz hatte vor allem eine juristische Funktion und fand daher ihren Sitz im Leben bei der Abwehr staatlicher Übergriffe oder bei der gleichberechtigten Wahrnehmung von politischen Rechten wie dem Wahlrecht.

Dass die Unterzeichner der Unabhängigkeitserklärung die Gleichberechtigung des weiblichen Teils der Bevölkerung noch nicht erkannt hatten und zum Teil sogar Sklaven hielten, zeigt, dass das Verständnis von Gleichheit nicht nur begrenzt auf den öffentlich-rechtlichen Raum war, sondern auch noch wenig universal gedacht wurde. Es dauerte bis in die Mitte des 20. Jahrhunderts, bis der Gleichberechtigungsgedanke zumindest formal als universell anerkannt wurde. Dies geschah mit der Allgemeinen Erklärung der Menschenrechte von 1948:

>»Präambel: Da die Anerkennung der angeborenen Würde und der gleichen und unveräußerlichen Rechte aller Mitglieder der Gemeinschaft der Menschen die Grundlage von Freiheit, Gerechtigkeit und Frieden in der Welt bildet, [...] verkündet die Generalversammlung diese Allgemeine Erklärung der Menschenrechte als das von allen Völkern und Nationen zu erreichende gemeinsame Ideal [...].
>Art. 1: Alle Menschen sind frei und gleich an Würde und Rechten geboren.«[26]

Trotz der Sicht auf Gleichberechtigung ausschließlich im öffentlich-rechtlichen Sinne und des faktischen Ausschlusses vieler Gruppen, brach sich mit den beiden Dokumenten aus den jungen Vereinigten Staaten und dem revolutionären Frankreich ein universaler Gleichheitsgedanke Bahn.

Dies drückt sich darin aus, dass nach dem Kampf um die Gleichberechtigung der Bürger und Stände der Gleichheitskampf recht bald in eine zweite Phase ging, nämlich gegen die Sklaverei und damit für die Gleichberechtigung der »Rassen« vor dem Gesetz.

Letztlich war es denknotwendig, dass mit der Anerkennung der Schöpfungsgleichheit der Menschen und ihrer daraus abgeleiteten Gleichheit vor dem Gesetz auf Dauer Sklaverei nicht zu rechtfertigen war. Selbst die im Zuge der

---

[25] https://mjp.univ-perp.fr/france/co1793.htm (12.8.2022).
[26] https://www.menschenrechtserklaerung.de/die-allgemeine-erklaerung-der-menschenrechte-3157/ (12.8.2022).

erwachenden Naturwissenschaften aufkommende Rassenkunde, die noch lange Zeit versuchte, die herrschenden Ungleichheiten zu legitimieren, konnte daran dauerhaft nichts ändern: Sklaverei wurde, zumindest in den von der Aufklärung berührten Weltteilen, zu einem Skandalon,[27] auch wenn der Kampf gegen Rassismus und Vorurteile eine bis heute anhaltende Herausforderung ist. Entsprechend wurde der internationale Sklavenhandel durch die Briten 1807 verboten. Ein Jahr später, also 32 Jahre nach ihrer Unabhängigkeitserklärung, zogen die USA nach und verboten die Einfuhr von Sklaven. Es benötigte dann ein weiteres Vierteljahrhundert, bis 1833 die Sklavenhaltung im britischen Weltreich gänzlich verboten wurde.[28] Die USA konnten die Sklaverei erst 1865 nach einem schweren Bürgerkrieg verbieten, mit dem sich die Sklavenhalter aus den Südstaaten gegen den Trend der Zeit zu stemmen versuchten. In Brasilien, einer anderen klassischen Sklavenhalternation, dauerte es dann noch etwas über 20 Jahre (1888), bis der rechtliche Gleichheitsgedanke in Bezug auf die Sklaven weitgehend gesiegt hatte.[29]

Die dritte Phase der großen Bewegung zur Gleichberechtigung war der Streit um die Rechte der Frauen. Es war zunächst der harte und schließlich erfolgreiche Kampf der englischen Suffragetten, die um Gleichberechtigung der Frauen rangen, was sich symbolisch an der Forderung nach dem Frauenwahlrecht festmachte, das diese erst vor etwa 100 Jahren erhielten, in England 1928 und in Deutschland mit Beginn der Weimarer Republik.[30] In der Schweiz gelang dies sogar erst vor etwa 50 Jahren (1971).

Mit dem Kampf der Bürger, der Sklaven und der Frauen haben drei entscheidende Gruppen zwischen dem 18. und dem 20. Jahrhundert wesentliche Fortschritte in der Gleichberechtigung vor dem Gesetz errungen.

Sie bereiteten den Weg für zwei sehr unterschiedliche weitere Gleichheitsbewegungen:

Zum einen war dies die Entlassung der Kolonien in die Unabhängigkeit, also die Umsetzung der legitimen Forderung nach Gleichheit der Völker vor dem Völkerrecht. Diese Entwicklung begann nach dem II. WK in Südasien und erreichte in den 1960er Jahren ihren Höhepunkt.

---

[27] Ganz anders in Teilen der islamischen Welt, in der Sklavenhaltung bis heute teilweise praktiziert (z. B. Sudan) und auch gelehrt wird (Wahabismus) und dementsprechend vom sog. »Islamischen Staat« auch offen propagiert wurde.

[28] Ausnahmen bestanden immer noch fort!

[29] Vgl. Jochen Oltmer, Globale Migration, Bonn ³2016, 32 ff.; Andreas Eckert, Geschichte der Sklaverei, Bonn 2022, 74 ff.

[30] Vgl. Michaela Karl, »Wir fordern die Hälfte der Welt«. Der Kampf der Suffragetten und das Frauenstimmrecht, Frankfurt a. M. 2009; Hedwig Richter, Kerstin Wolff (Hrsg.), Frauenwahlrecht. Demokratisierung und Demokratie in Deutschland und Europa, Hamburg 2018.

Zum anderen erreichte zu derselben Zeit in den USA der Kampf gegen Rassentrennung und Rassendiskriminierung einen ersten Höhepunkt. In dessen Windschatten und nur mit leichter Zeitverzögerung begann auch der Kampf um Gleichberechtigung und Repräsentanz der sexuell divergierenden Gruppen. Sie definierten sich öffentlich ab Ende der 1960er Jahre in den USA (Stonewall-Aufstand) und Ende der 1970er Jahre auch in Deutschland als kollektive Zugehörigkeiten bzw. Kulturgruppen mit eigener Identität und wurden politisch aktiv.[31]

Trotz weiterer Initiativen und Auseinandersetzungen, die noch folgen sollten, war damit die grundsätzliche Ursprungsfrage formal beantwortet: Menschen oder Gruppen sind nicht aufgrund unveränderlicher Abstammungsmerkmale oder erworbener Gruppenmerkmale wertvoller als andere, sondern alle Menschen sind als gleichwertig und gleichberechtigt anzusehen. Die konsequente Gleichheit aller vor dem Gesetz konnte niemand mehr ernsthaft in Frage stellen.

»Affirmative Action«

Aber nach unterschiedlich langer Zeit der Gleichberechtigung der verschiedenen Gruppen ist unschwer festzustellen, dass trotz formal gleicher politischer Rechte, gesellschaftliche Unterschiede und Benachteiligungen weiter bestehen und Gleichwertigkeit vor dem Gesetz keineswegs eine allgemeine Gleichheit der Lebenschancen garantiert.

Denknotwendig führt diese Feststellung in die *positive* bzw. *affirmative action*, also eine kontrollierte Abkehr von der Gleichberechtigung zugunsten einer positiven Diskriminierung bestimmter Gruppen mit dem Ziel, deren Chancengleichheit zu fördern.

Hier können auch nur wieder einige große Entwicklungsschritte ins Gedächtnis gerufen werden. So z. B. die indische Verfassung von 1949, die Quoten für sog. *backward classes* bzw. *scheduled casts* und *scheduled tribes* vorsah.[32] Es geht also um gelistete Gruppen, die man als besonders benachteiligt identifizierte und denen daher Stellen im Öffentlichen Dienst reserviert werden. Das Hauptkriterium für die Vergabe dieser Stellen ist daher nicht mehr – auf der Grundlage

---

[31] Historisch-politisch festzumachen am Stonewall-Aufstand von 1969 in New York, dem Beginn der Christopher-Street-Day-Bewegung, wie sie z.T. in Europa genannt wird. Vgl. Daniel Schwitzer, Geschichte des Christopher-Street-Day, Bundeszentrale für politische Bildung, https://www.bpb.de/themen/gender-diversitaet/homosexualitaet/38838/geschichte-des-christopher-street-day/ (15.8.2022).

[32] Constitution of India, Part 3, Art. 16, Clause 4. Der Begriff der gelisteten Kasten und Stämme wurde tatsächlich erst 1995 integriert. Die Urfassung von 1949 sprach noch ganz britisch von »backward classes«.

der allgemeinen Gleichberechtigung – die Eignung, sondern die individuelle Gruppenzugehörigkeit. Dies stellt sozusagen eine kontrollierte Verletzung des mühsam erkämpften Grundsatzes der Gleichberechtigung dar, denn Angehörige der nicht-gelisteten Gruppen sind nun nicht mehr gleichberechtigt, sondern aufgrund von Gruppenzugehörigkeit ausgeschlossen.

In den USA führte John F. Kennedy 1961 das Konzept der *affirmative action* ein und schuf eine neue Behörde, die Equal Employment Opportunity Commission (EEOC), die nicht nur Diskriminierung verhindern, sondern diskriminierte Gruppen auch aktiv fördern sollte. Diese positive Diskriminierung führte jedoch in den 70er und 80er Jahren zu verschiedenen Gerichtsentscheidungen, die diese Formen der besonderen Bevorzugung für verfassungswidrig erklärten. Heute überwacht die EEOC im Wesentlichen die Einhaltung der Antidiskriminierungsgesetze auf dem Arbeitsmarkt.[33]

In Deutschland unternahm der Staat viele positive Fördermaßnahmen für benachteiligte Gruppen. Dies begann bereits im Rahmen der Bildungsreformen und der beabsichtigten Bildungsexpansion der späten 1960er und 1970er Jahre, die darauf zielten, sozial benachteiligten jungen Menschen, damals sprach man von der »katholischen Arbeitertochter vom Lande«, Chancen auf höhere Bildung zu ermöglichen.[34] Später wurden solche Maßnahmen dann zunehmend im Rahmen der Migrationspolitik durchgeführt, was sich im Bildungsbereich in der sog. Antidiskriminierungspädagogik und besonderen Förderungsmöglichkeiten für Menschen mit Migrationshintergrund realisierte.[35]

Das Allgemeine Gleichbehandlungsgesetz (AGG) von 2006 kann als ein Meilenstein im Kampf gegen Benachteiligungen in Deutschland angesehen werden, da es kein reines öffentliches Abwehrrecht mehr ist, wie es die Diskriminierungsverbote im Grundgesetz sind, sondern auch Privatleute bindet, indem es Ungleichbehandlung auch in weiten Teilen des Zivilrechts verbietet. Es umschließt fünf Bereiche: Arbeitsleben, soziale Vergünstigungen, Bildung, Zivilrecht und Sozialschutz. Es geht dabei um die Beseitigung und Verhinderung von

---

[33] Vgl. https://www.britannica.com/topic/affirmative-action (12.8.2022); vgl. a. https://www.eeoc.gov/overview (12.8.2022).

[34] Diese weitläufig rezipierte Formulierung geht zurück auf Ralf Dahrendorf, Bildung ist Bürgerrecht, Hamburg 1968.

[35] Einen Überblick bietet das Heft: Aus Politik und Zeitgeschichte, Antidiskriminierung, 66. Jg, 9/2016, 29.2.2016, https://www.bpb.de/shop/zeitschriften/apuz/221593/antidiskriminierung/ (24.8.2022). Hierunter fällt auch die Entwicklung der Integrationsförderung zum Rechtsanspruch, vgl. Stefan Oeter, Integration als Rechtsbegriff, in: Ingrid Gogolin et al. (Hrsg.): Handbuch Interkulturelle Pädagogik, Bad Heilbrunn 2018, 318 ff.

Benachteiligungen aufgrund von »Rasse«, ethnischer Herkunft, Geschlecht, der Religion oder Weltanschauung, Behinderung, Alter oder sexueller Identität.[36]

Ein großer internationaler Schritt auf dem Weg der *affirmative action* ist die Behindertenrechtskonvention von 2008, die in ihrem 24. Artikel ein allgemeines Recht auf Inklusion konstituiert, was u. a. bedeutet, dass jeder Vertragsstaat bzw. die Allgemeinheit sicherstellen muss, dass für Menschen, die das Gruppenmerkmal »Behinderung« tragen,[37] »individuell angepasste Unterstützungsmaßnahmen« geleistet werden und ihnen ein Umfeld ermöglicht wird, das dem Ziel ihrer vollständigen Einbeziehung dient und die »bestmögliche schulische und soziale Entwicklung gestattet«.[38]

2015 ist schließlich das deutsche »Gesetz für die gleichberechtigte Teilhabe von Frauen und Männern an Führungspositionen in der Privatwirtschaft und im öffentlichen Dienst« (FüPoG) in Kraft getreten. Auch dieses Gesetz greift weit in das Zivilrecht ein. Unternehmen müssen seitdem Zielgrößen für die zukünftige Beteiligung von Frauen für die obersten Führungsebenen setzen, also für Aufsichtsrat, Vorstand sowie die erste und zweite Managementebene. Da die selbstverordneten Zielgrößen oft sehr niedrig ausfielen, wurde das Gesetz 2021 verschärft, so dass Unternehmen nun begründungspflichtig sind, wenn sie für den Vorstand keine ausreichende Zahl an Frauen vorsehen. Außerdem werden sie durch Bußgelder »motiviert«, das Gesetz umzusetzen.[39]

Diese Liste soll als beispielhafter Überblick über die unterschiedlichen Bemühungen der *affirmative action* ausreichen. Deutlich wird, es handelt sich in der Regel um wohlmeinende Versuche, die von der Allgemeinheit übertragene staatliche Macht dazu zu nutzen, bestimmte Teile dieser Allgemeinheit nicht mehr gleichberechtigt zu behandeln, sondern Gruppen, die aus verschiedenen Gründen als benachteiligt definiert werden, zu bevorteilen und zwar zuun-

---

[36] https://www.bmfsfj.de/bmfsfj/aktuelles/alle-meldungen/allgemeines-gleichbehandlungsgesetz-80790 (12.8.22) und https://www.cmshs-bloggt.de/arbeitsrecht/wesentliche-inhalte-des-allgemeinen-gleichbehandlungsgesetzes/ (22.8.2022).

[37] Oder, um mit Foucault zu sprechen, im gesellschaftlichen Diskurs das Identifikationsmerkmal »behindert« zugeordnet bekamen. Michel Foucault sowohl in *Wahnsinn und Gesellschaft* als auch in *Archäologie des Wissens*. Vgl. Clemens Kammler et al. (Hrsg.): Foucault Handbuch, Leben – Werk – Wirkung, Stuttgart 2014, 18 ff. u. 51 ff.

[38] https://www.behindertenrechtskonvention.info/bildung-3907/ (12.8.2022).

[39] »Wenn Unternehmen keine Zielgröße melden oder keine Begründung für die Zielgröße Null angeben, droht ein empfindliches Bußgeld. Bisherige Schlupflöcher wurden so geschlossen. Unternehmen müssen ihre Pipelines füllen und ihre weiblichen Angestellten auf allen Ebenen besser fördern, um den Vorgaben künftig gerecht werden zu können«, so das zuständige Ministerium, https://www.bmfsfj.de/bmfsfj/themen/gleichstellung/frauen-und-arbeitswelt/quote-privatwitschaft/mehr-frauen-in-fuehrungspositionen-in-der-privatwirtschaft-78562 (12.8.2022).

gunsten von Gruppen, die, zumindest kollektiv, als handlungsmächtiger angesehen werden. Es geht letztlich um den Versuch, durch eine Abkehr von der Gleichheit vor dem Gesetz eine größere Gleichheit in Bezug auf Chancen zu bewirken.

Das zweifache Problem jeder *affirmative action* liegt auf der Hand:

Erstens setzt sie Definitionen von Benachteiligung und von Chancengerechtigkeit voraus, die nicht unbedingt von jedermann geteilt werden.[40] Dabei muss es sich nicht um Sozialneid und Missgunst der nicht Begünstigten handeln, sondern es kann geschehen, dass die, die über die Definitionsmacht verfügen, Gleichberechtigung mit einem ideologisch gefärbten Verständnis von Gleichartigkeit verwechseln, soll heißen, Unterschiedlichkeiten von Eignung und Passung nicht akzeptieren können, die für andere Gruppen innerhalb der Allgemeinheit aber selbstverständlich sind.[41]

Zweitens setzt *affirmative action* immer voraus, dass innerhalb einer Gesellschaft staatlicherseits nicht die Gemeinsamkeit und Gleichheit aller Individuen und Gruppen betont wird, sondern deren Differenz, mit der eine besondere Benachteiligung begründet wird, die zum Nachteilsausgleich auf Kosten der anderen führen muss. Denn allein das Vorhandensein der Differenz und der damit verbundene Nachteil qualifizieren zur Förderung.

Indem einerseits Ungleichheit hervorgehoben wird, aber andererseits doch stets von einer potentiellen Passung ausgegangen wird, wenn nur eine ent-

---

[40] Vgl. Michael Bröning in: NZZ, »Equity« – und das Ende der Gleichheit, 23.11.2021, der die »erratische Auswahl der zu berücksichtigenden Identitäten« in den USA hervorhebt. »Warum sollten etwa ethnische Minderheiten berücksichtigt werden, nicht aber religiöse Minderheiten, Menschen mit nicht-heterosexueller Orientierung oder mit körperlichen Beeinträchtigungen? Und was ist mit Altersdiskriminierung? Oder, wie die New York Times im Sommer 21 ernsthaft erörterte, mit Benachteiligung aufgrund von mangelnder körperlicher Attraktivität? Die Liste ist endlos.«

[41] Wer bspw. die Geschlechterverteilung sozialer oder germanistischer Studiengänge (Germanistik: 77 Prozent Frauen) mit der technischer vergleicht (z.B. Elektro-/Informationstechnik: 84 Prozent Männer), erkennt unschwer bestimmte Vorlieben bzw. Normalverteilungen der Geschlechter. Wer nun in technisch dominierten Bereichen ebenso viele Frauen wie Männer in Führungspositionen hineinquotieren will, dürfte daher Unterschiede in der Passung aus ideologischen Gründen nicht akzeptieren können. Noch krasser ist natürlich der Gedanke, dass biologischen Männern, die sich als Transfrauen verstehen, im Rahmen ihrer »Gleichstellung« das Recht angeboten wird, sich in denselben Duschräumen zu bewegen, die Mädchen und Frauen in Bädern benutzen. Die Legitimität eines solchen Gedankens wird definitiv nicht von der Mehrheit der Bevölkerung geteilt. Vgl. die Äußerungen des renommierten Anwaltes Stephan Klenner zum geplanten Transgendergesetz der Regierung in: FAZ, Mit Recht zum Geschlechtswechsel? Was das geplante Selbstbestimmungsgesetz für Schule, Polizei und Gefängnisse bedeutet, 11.08.2022.

sprechende Förderung oder Bevorzugung durchgeführt wird, soll Gerechtigkeit in Form von Chancengleichheit erreicht werden, zu deren Aufrechterhaltung es aber andauernder äußerer Eingriffe bedarf, weil ihre Legitimität nicht unzweifelhaft ist.

Dass dies nicht spannungsfrei vonstattengehen kann, liegt auf der Hand. Denn zum einen wird das Gleichberechtigungsgefühl der Mehrheit verletzt und zum anderen geht es bei staatlichen Fördermaßnahmen um die Verteilung von allgemeinen Ressourcen. Die Verteilungsbereitschaft einer Gesellschaft ist aber eine Frage der sozialen Kohäsion. Ist diese groß, steigt die Bereitschaft zur Solidarität, ist diese aber eher gering, sinkt sie. Insofern wirkt sich jedes Betonen von Unterschieden zum Zwecke der Sonderförderung kontraproduktiv auf die Bereitschaft zur solidarischen Verteilung von Ressourcen aus und verstärkt die Spannungen.[42]

Gleichstellung statt Gleichberechtigung

Aber wie kommt es überhaupt dazu, dass Gleichheit vor dem Gesetz bzw. Gleichberechtigung offensichtlich nicht ausreicht? Wie ist es möglich, dass weiterhin große Unterschiede bestehen, die in unterschiedlichem Maß als ungerecht wahrgenommen werden?

Diese Frage ist auf zwei Ebenen zu beantworten: Auf der Makro-Ebene von System und Struktur und auf der Meso- und Mikro-Ebene von Gruppen und Individuen.

Auf der Makro-Ebene liefert die marxistische Theorie eine klassische Antwort: Die, die die Produktionsmittel besitzen, verfügen über eine fast unbegrenzte wirtschaftliche und soziale Macht, die natürlicherweise Ausbeutung und Benachteiligung derjenigen, die keine Produktionsmittel besitzen, nach sich zieht.

Da zum einen diese alte Theorie schon lange den Zusammenbruch des kapitalistischen Systems vorausgesehen hatte, was jedoch offensichtlich ausblieb, und sich zum anderen die komplexen gesellschaftlichen Realitäten in demokratischen Rechtsstaaten nicht allein mit dem binären Konflikt zwischen Kapital und Arbeit erklären lassen, reicht die klassische marxistische Erklärung für die weiterhin bestehenden großen Unterschiede zwischen gesellschaftlichen Gruppen nicht aus.[43]

---

[42] Vgl. dazu die Erkenntnisse von Paul Collier, Exodus. Warum wir Einwanderung neu regeln müssen, München 2014.

[43] Es sei denn man geht wie Adorno von einem alles überlagernden kapitalistischen Verblendungszusammenhang aus, der einen undurchdringlichen Nebel bildet. Dann aber erübrigen sich letztlich alle Verständnisversuche.

Dennoch sind von hier, wie auch von der christlichen Soziallehre, wichtige Impulse ausgegangen, die hierzulande das Sozialstaatsmodell schufen, dem vor allem die oben genannten frühen Fördermaßnahmen (z. B. Bildungsexpansion) zuzuordnen sind. Sie dienen dem Ziel, die individuellen Startchancen innerhalb einer Gesellschaft anzugleichen, damit »Gleichberechtigung« vor dem Gesetz nicht nur einen formalen Wert, sondern auch eine lebensweltliche Relevanz hat. Denn die systemisch-strukturellen Bedingungen sind der Boden, auf dem die Möglichkeiten individueller Lebenswege und Lebenschancen stehen.

Nun ist es zwar unzweifelhaft, dass sich auf dieser Makro-Ebene in den letzten Jahrzehnten sehr viele positive Entwicklungen ereignet haben, die zu großen sozialen Veränderungen führten,[44] dennoch bleiben deutliche Unterschiede bestehen, die in unterschiedlichem Maß als ungerecht empfunden werden.

Im Rahmen des Themenfeldes, das hier erörtert wird, ist es erforderlich, den Blick weg von der Makro-Struktur auf die Meso- und Mikro-Ebene der Gruppen und Individuen zu richten, denn diese stehen selbst bei Vertretern klassisch marxistischer Orientierung zunehmend im Mittelpunkt.[45]

Hier wäre zunächst zu vermuten, dass die gleiche Berechtigung für alle, auch wenn sie mit sozialstaatlichen Verbesserungen der Startchancen kombiniert wird, nicht bedeutet, dass es auf individueller oder Gruppen-Ebene auch gleiche Neigung und gleiche Eignung gibt. Um es an einem einfachen Beispiel zu illustrieren: Es liegt auf der Hand, dass, wenn Abiturienten und Menschen ohne oder mit gering qualifiziertem Schulabschluss gleichermaßen die Möglichkeit erhalten, potentiell Karriere fördernde Fremdsprachenkurse kostenfrei zu belegen, sich vermutlich mehr Individuen aus der ersten als aus der zweiten Gruppe interessiert zeigen werden. Neigung und Eignung sind in diesem Fall wesentlich für individuelle Entscheidungen, bestimmte Wege zu gehen oder eben nicht.

Durch beharrliches Arbeiten auf der Makro-Ebene könnte hier versucht werden, eine noch weitere Angleichung zu erreichen, wie dies in der Vergan-

---

[44] Genannt seien hier nur exemplarisch die Bildungsexpansion, das Vordringen von Frauen in immer mehr vorher klassisch männliche Berufsfelder (Pfarrer, Arzt etc.), der Übergang der Arbeiterschicht in eine mittlere Unterschicht etc.

[45] Der marxistisch orientierte amerikanische Literaturwissenschaftler Walter Benn Michaels kritisiert, dass die notwendige systemisch-strukturelle »Angleichung der sozialen Lebensbedingungen« gerade unter den Voraussetzungen linker Identitätspolitik viel zu wenig gesehen werde, weil »der Gleichheitsanspruch einer identitätspolitischen Linken primär kultureller Natur« sei. Walter Benn Michaels, Der Trubel um Diversität, Berlin 2021, zitiert nach: NZZ, Lenkt der Antirassismus von Klassenkampf ab?, 22.12.2021. Ähnlich auch Sahra Wagenknecht, Die Selbstgerechten: Mein Gegenprogramm – für Gemeinsinn und Zusammenhalt, Frankfurt a. M 2021.

genheit teilweise erfolgreich praktiziert wurde,[46] damit sukzessive die Anzahl der Menschen ohne oder mit gering qualifiziertem Schulabschluss noch weiter reduziert wird, so dass, um im Beispiel zu bleiben, die Anzahl derjenigen, die die Sprachkurse wählen, mit der Zeit größer wird. Dennoch bliebe als Folge der individuellen Entscheidungsfreiheit, dass Menschen aus natürlicher Neigung und aus Eignungsgründen, die zum Teil auch biologisch bedingt sind und daher auf der Systemebene nicht beseitigt werden können, zu bestimmten Vorlieben oder eben Abneigungen tendieren.[47]

Auffallend ist nun, dass diese Erkenntnis zunehmend nicht mehr als »lebensweltliche Selbstverständlichkeit«[48] hingenommen wird, sondern der Gedankengang zu sein scheint: Gleichheit im Sinne von *Gleichberechtigung* funktioniert offensichtlich nicht, daher muss nun *Gleichstellung* durchgesetzt werden.

Gleichstellung »geht nicht von Individuen aus, sondern von Gruppenzugehörigkeiten nach Geschlecht, Herkunft oder sexueller Orientierung. Und sie zielt auf Ergebnisse: die Verteilung von Positionen, Ämtern oder Gütern nach Quoten und Proporz.«[49]

Das US-amerikanische Pendant zur deutschen »Gleichstellung« ist *Equity*.[50] Es gilt in der amerikanischen Politik als der angemessene Begriff, der *Equality* abgelöst hat. Sprach Barack Obama noch in seiner zweiten Amtszeit von *Equality*, so spricht die Biden-Administration sehr sorgfältig praktisch nur noch von *Equity*[51] als einzig angemessenem Begriff für das offensichtlich über *Equality* hinausgehende gesellschaftliche Ziel.

Dass dies auch für Europa gilt, mag ein Beispiel aus der Schweiz verdeutlichen. Dort wurde nach einer Überprüfung festgestellt, dass mittlerweile »sachlich ungerechtfertigte Ungleichbehandlungen von Männern und Frauen im Bundesrecht so gut wie ausgeräumt« sind. Auch in der schweizerischen Lebenswirklichkeit machen mittlerweile mehr Frauen als Männer das Abitur, es

---

[46] Man denke an das heutige Problem der Über-Akademisierung mit der Folge, dass die Betriebe ihre Ausbildungsplätze nicht mehr besetzen können.
[47] Genannt sei die berühmte Vorliebe junger Männer für den Ausbildungsplatz Mechatroniker oder die vergleichsweise Zurückhaltung von Frauen bei Berufen, zu denen das Tragen von schweren Lasten konstitutiv gehört wie bspw. Maurer, Gerüstbauer etc.
[48] Andreas Rödder und Kristina Schröder in: FAZ, Wie gerecht ist Gleichstellung, 13.6.2022.
[49] Ebd.
[50] Das Wort »equity« hat viele Bedeutungen. Hier aber geht es um den Bedeutungszusammenhang, den es als »employment equity« hat. Laut Oxford Dictionary: »Employment equity helps to promote diversity in the workplace, regardless of age, race or gender.« https://www.oxfordlearnersdictionaries.com/definition/english/employment-equity (22.8.2022).
[51] Michael Bröning in: NZZ, »Equity« – und das Ende der Gleichheit, 23.11.2021.

gibt viele weibliche Vorbilder, starke Kommissarinnen bevölkern die Fernsehkrimis, Nachrichtensendungen sind streng geschlechterquotiert und gendern durchgängig. Aber statt *mission accomplished* sah sich die schweizerische Politik bewogen, eine Neuorientierung der »Gleichstellungsstrategie« bis 2030 vorzunehmen, die nun die »tatsächliche Gleichstellung«(!) fördert. Gemeint ist damit offensichtlich die Durchsetzung des paritätischen Prinzips im Alltag.[52]

Dass staatlich verordnete Gleichstellung zum Teil sogar zu Konflikten hinsichtlich der Gruppen führt, die eigentlich gefördert werden sollen, ist geradezu unausweichlich. So erhält im Fall der Geschlechterquotierung in Führungsetagen die wohlhabende kinderlose Unternehmerstochter den Vorzug vor dem männlichen Berufsaufsteiger mit Migrationshintergrund, der Verantwortung für eine Familie hat.[53] Außerdem kommen immer wieder Fragen auf, wann und wie lange man das Gruppenkriterium trägt, das zur Bevorteilung im Rahmen der Gleichstellung berechtigt,[54] insbesondere wenn diese Kriterien fluide werden, wie dies nun bei der Geschlechterfrage zunehmend der Fall bzw. politisch gewollt ist,[55] oder wie bei der »Rassenfrage« in den USA, wo es Diskussionen darüber gibt, ab welcher Hautschattierung man noch zu den Diskriminierten und Berechtigten oder schon zu den Diskriminierenden und daher potentiell Unberechtigten gehört.[56]

Insgesamt führt diese Art von Gleichstellung nicht nur zu schwierigen Verzerrungen und Verletzungen von Gerechtigkeitsempfinden derjenigen, die zugunsten der als benachteiligt Angesehenen beschnitten werden, sondern sie verlangt auch von den »Benachteiligten«, dass sie sich die Weltsicht derjenigen, die sie gleichstellen wollen, zu eigen machen und ggf. trotz mangelnder Neigung und Eignung bereit sind, diesen Weg mitzugehen. Denn ihre beab-

---

[52] Dass im Diskurs die Parität für weibliche Aspiranten auf Führungsetagen deutlich häufiger im Mittelpunkt der Betrachtung steht als Geschlechterparität bei schlecht bezahlten körperlich anstrengenden Tätigkeiten im Außenbereich erinnert allerdings eher an Lobbyismus als an die unbedingte Durchsetzung des Paritätsprinzips. Vgl. NZZ, Und ewig währt die Gleichstellung, 21.12.2021.

[53] Rödder/Schröder, FAZ, 13.6.2022 (s. Anm. 48).

[54] Genannt sei die ausgesprochen irritierende Behauptung im Rahmen der »Critical Race Theory«, dass es keinen »Rassismus« gegen Juden geben könne, weil sie weiß seien. Eine These, die Whoopi Goldberg in einer Talkshow Anfang 2022 veranlasste zu sagen, dass der Holocaust nichts mit Rassismus zu tun habe, weil ja Weiße Weißen etwas angetan hätten. Vgl. NZZ, Die Ideologie der Critical Race Theory, 5.2.2022.

[55] So jedenfalls das derzeit geplante neue Gendergesetz der Ampelregierung, das die Änderung des Geschlechts einmal pro Jahr ermöglichen soll, https://www.bmfsfj.de/bmfsfj/aktuelles/alle-meldungen/eckpunkte-fuer-das-selbstbestimmungsgesetz-vorgestellt-199378 (15.8.2022).

[56] Bröning, NZZ, 23.11.2021 (s. Anm. 40).

sichtigte Gleichstellung konfrontiert sie mit Ansprüchen, Narrativen und neuen Rollenerwartungen, deren Verweigerung sie zu undankbaren Außenseitern und sozialen Irrgängern macht, die sich dem »Gleichstellungserfolg« trotz Aufforderung und Förderung entziehen. Dies führt bei den Betroffenen natürlicherweise zu einem Störgefühl des Außerhalb-Stehens oder sogar des Versagens.

Dies mag Mitglieder sexueller Minderheiten betreffen, die ihre Sexualität nicht identitär und öffentlich verstehen, sondern privat halten wollen, aber auch junge Frauen, die sich den neuen Rollenerwartungen verweigern, weil sie entweder nicht ihrer persönlichen Neigung entsprechen oder aber weil sie einen kulturellen Hintergrund haben, der von ihnen andere Verhaltensmuster fordert, die dem mit Wahrheitsanspruch vorgebrachten Narrativ der Gleichstellung diametral entgegenlaufen.[57]

Dennoch steht hinter dem Prinzip der Gleichstellung immer noch das große aufklärerische Ideal der Egalité. Dieses wurde jedoch auf die Spitze getrieben und damit zum Opfer seines eigenen Erfolgs. Denn mit jeder erfolgreichen Reduzierung von Ungleichheiten wird die Sensibilität gegenüber den noch verbliebenen größer[58] mit der Folge, dass Gleichheit nun vom bürgerlichen Privileg zur bürgerlichen Pflicht des Gleichgestellt-Seins geworden ist und dass aus der formalen Gleichberechtigung der Druck des Proporzes wurde und weiter wird, dem sich Privilegierte wie Diskriminierte zu beugen haben.

Indem man sich dazu der Gesetze und Verordnungen des Staates bedient, die grundsätzlich allen Bürgern gelten, sind alle gezwungen, sich auf diese Denklogik einzulassen, unabhängig von ihrer Kultur, ihrem Geschlecht, ihrer Klasse oder Bildung, Alter, Religion etc. Das unbedingt durchzusetzende Ziel ist die von außen definierte Gleichstellung aller Gruppen, gerade weil sie unterschiedlich

---

[57] Wie sehr kulturelle Erwartungen sich z.B. auf die Geschlechtsidentität auswirken, beweisen eindrucksvoll die albanischen Burrneshas (Frauen, die zu »Männern« werden, weil sie männliche Nachkommen ersetzen müssen.) Vgl. SZ, Die Männinnen, 27.2.2018. Inwieweit die deutlich zunehmende Zahl von diagnostizierter Geschlechtsdysphorie bei Mädchen in Europa (vgl. https://www.imabe.org/bioethikaktuell/einzelansicht/studie-alarmierender-anstieg-von-transgender-wuenschen-bei-jugendlichen, 16.8.2022) auch etwas mit den hier angesprochenen neue Rollenirritationen zu tun hat, wäre zu untersuchen. Denn dass gesellschaftlich und medial vorgetragene Erwartungen auch und gerade in modernen Gesellschaften große Wirkungen auf das Stimmigkeitsgefühl junger Menschen haben, ist unzweifelhaft und kann unschwer an einem ganz anderen Trend beobachtet werden, nämlich dem massiven sexuell bzw. pornografisch orientierten Körperkult, der junge Menschen, mehrheitlich junge Frauen, in großer Zahl zu sog. »Schönheitsoperationen« veranlasst.

[58] Rödder/Schröder, FAZ, 13.6.22 (s. Anm. 48).

sind.⁵⁹ Es sei an das »Wertequadrat« von Schulz von Thun erinnert, das aufzeigt, dass eine Tugend, wenn sie auf die Spitze getrieben wird, immer pervertiert.⁶⁰

Machtgeleitete Konstruktion von Wahrheiten und Identitäten

Für die Beantwortung der eingangs gestellten Fragen nach dem Grund, warum einerseits kulturelle Unterschiede kaum benannt bzw. Unterschiede nur als fluide und höchstens temporär angesehen werden dürfen, andererseits aber kulturelle Unterschiede und biologische Merkmale so stark betont werden, dass sie identitätsstiftenden Charakter erlangen und warum, drittens, ein Infragestellen dieses Ansatzes in der Regel zu empörten Reaktionen führt, muss den bisherigen Überlegungen noch ein weiterer Gedanke hinzugefügt werden.

Spätestens in den 1960/70er Jahren verbreitete sich die Vorstellung, dass Identitäten und Wahrheiten im Diskurs konstruiert werden.⁶¹ Foucault sprach von »Wahrheitsspielen«,⁶² die nach bestimmten Regeln erfolgen. Es setzte sich dabei zunehmend die Erkenntnis durch, dass sich solche Wahrheitskonstruktionen nicht zufällig und unschuldig ereignen, sondern dass dabei gesellschaftliche Machtinteressen eine Rolle spielen.⁶³ Wahrheitskonstruktionen bleiben dabei nicht abstrakt, sondern generieren Identitätskonstruktionen, die je nach »Mannschaftszugehörigkeit« im »Wahrheitsspiel« günstig oder ungünstig sind.

Phänomene, die die Gültigkeit dieser Erkenntnisse bestätigen, sind vielfach zu beobachten und lassen sich leicht mit einem Gegenwartsbeispiel illustrieren. Man denke nur an den zurückliegenden und zum Teil noch anhaltenden Pan-

---

[59] Es fragt sich natürlich, ob die Entwicklung dabei stehen bleibt. Denn Antirassisten wir Ibram X. Kendi fordern nicht mehr nur »Equity«, sondern die aktive Gegendiskriminierung, die weit über positive Diskriminierung i. S. von *affirmative action* hinausgeht, weil sie eine ausgleichende Gerechtigkeit im Sinne eines hegemonialen Pendelausschlages zugunsten der vorher unterdrückten Gruppe fordert. Vgl. Bröning, NZZ, 23.11.21 (s. Anm. 40). Mehr zu Kendi s. weiter unten: Drei-Felder-Modell.

[60] Dagmar Kumbier/Friedemann Schulz von Thun, Interkulturelle Kommunikation aus kommunikationspsychologischer Perspektive, in: Dagmar Kumbier/Friedemann Schulz von Thun, Interkulturelle Kommunikation, Hamburg ⁶2013, 14 ff.

[61] Eine durchaus ältere Idee, die schon bei Hegel und Nietzsche entdeckt werden kann, nun aber in den Mainstream einging.

[62] Michel Foucault, Der Gebrauch der Lüste, Frankfurt a. M 1986 (Sexualität und Wahrheit, Bd. 2) 13.

[63] Vor allem bei Foucault in verschiedenen Werken, etwa in *Wahnsinn und Gesellschaft* und in *Archäologie des Wissens*. Vgl. Clemens Kammler et al. (Hrsg.): Foucault Handbuch, Leben – Werk – Wirkung, Stuttgart 2014, bes. 273 ff. und 296 ff.

demiediskurs. Sehr schnell wurde klar, dass jeder, der die herrschende Coronapolitik des politischen und medialen Mainstreams kritisch betrachtete, also das herrschende »Wahrheitsspiel« hinterfragte, nicht nur als Kritiker angesehen wurde, wie dies in einem normalen Sachdiskurs zu erwarten gewesen wäre, sondern eher wie in einem religiösen Diskurs als Häretiker, also einer, der bewusst von der Wahrheit abgewichen ist.[64] Aus der Identität des *Kritikers* wurde automatisch die des *Leugners*. Aus dem, der Schwachstellen und logische Brüche aufdeckt und damit zum allgemeinen Erkenntniszuwachs beiträgt, wurde einer, der sich einer herrschenden Wahrheit böswillig widersetzt. Schnell wurden so neue Identitäten konstruiert, z. B. durch die Umdeutung des bis dahin eher positiv belegten Begriffs *Querdenker*,[65] der nun die gleiche Bedeutung erhielt wie *Menschenfeind*. Innerhalb kürzester Zeit wurde eine neue Identität im Gedankenfeld der *Reichsbürger und Verfassungsfeinde* konstruiert. Ist diese Identität erst einmal diskursiv geschaffen, weiträumig wiederholt und entsprechend rezipiert, dann liefert sie die Basis, um sowohl die vermeintliche »Fehlmeinung« als auch die ganze Person aus dem Diskurs zu entfernen.

Das geschah im Rahmen des Pandemiediskurses im großen Stil. So löschten Soziale Medien, die unter öffentlichem Druck standen, Accounts mit Beiträgen von Personen, denen diese Identität zugeschrieben wurde, unabhängig von ihren konkreten Inhalten.[66] Aber auch die Mainstreammedien achteten zunehmend penibel darauf, nur diejenigen zu Wort kommen zu lassen, die das »Wahrheitsspiel« sekundierten.[67] Besonders um die herrschende Wahrheit bemüht gaben

---

[64] Genau diesen Effekt sieht der Kognitionspsychologe Steven Pinker auch in den hier erörterten Identitätsdiskursen: »Wenn man an dieser [Theorie, Pinker spricht generell vom Wokismus, hier aber am Beispiel der critical race theory, D.H.] zweifelt, dann liege das daran, dass man Häretiker und Blasphemiker ist.« Die Tagespost, Steven Pinker über den »Wokismus«: Dieser universitäre Irrsinn geht uns alle an, 9. 3. 2021, https://www.die-tagespost.de/politik/steven-pinker-ueber-den-wokismus-dieser-universitaere-irrsinn-geht-uns-alle-an-art-216495 (22. 8. 2022).

[65] Man denke nur an das DLF-Satireformat »Querköpfe«, das semantisch im gleichen, an sich positiven Feld siedelt. Ein semantisches Feld, in dem es darum geht, dass jemand die Fähigkeit oder den Mut hat, quer zum Naheliegenden oder Nahegelegten zu denken, und damit neue Blickwinkel öffnet.

[66] Z. B. Beiträge des angesehenen medizinischen Mikrobiologen Sucharit Bhakdi, des Journalisten Boris Reitschuster, teilweise des Psychiaters Raphael Bonelli und zeitweise des berühmten Publizisten Henryk M. Broder, was allerdings wohl doch zu weit ging und schnell rückgängig gemacht wurde.

[67] Dies ist nun zumindest für die Schweiz durch eine umfassende Studie nachgewiesen. Die Computerauswertung von 42.000 Artikeln zwischen Januar 2020 und April 2022 über die Coronapolitik der Schweizer Regierung ergab, dass nur 6,8 Prozent negativ gefärbt waren. Ein sehr ungewöhnliches Ergebnis angesichts der sonst eher vorherrschenden

sich dabei die öffentlich-rechtlichen Anstalten. Auch in den wissenschaftlichen Institutionen wurden abweichende Meinungen von Virologen, Epidemiologen, aber auch Rechtswissenschaftlern und Philosophen kaum noch gehört, auch wenn darunter Experten von bis dahin völlig unzweifelhaftem Ruf waren.[68]

Ein besonders abstruses Beispiel war sicherlich die Löschung einer Audiobotschaft des deutschen Kabarettisten Dieter Nuhr bei einer Twitter-Kampagne der Deutschen Forschungsgemeinschaft (DFG), um das diese ihn gebeten hatte. Nuhr wies in seinem Statement darauf hin, dass Wissenschaft »keine Heilslehre, keine Religion, die absolute Wahrheiten« verkünde, sei, dass Wissen auch nicht bedeute, »dass man sich zu hundert Prozent sicher ist, sondern dass man über genügend Fakten verfügt, um eine begründete Meinung zu haben«. Wissenschaft bedeute auch, »dass sich die Meinung ändert, wenn sich die Faktenlage ändert«. Wer also »ständig ruft ›Folgt der Wissenschaft!‹«, habe das offensichtlich nicht begriffen.[69] Nuhr, vom Grundberuf her Lehrer, äußerte damit Basiswissen der Sekundarstufe eins. Dennoch führte dies zu einem Aufschrei einiger um die Herrschaft im Corona-Diskurs besorgter User. Der Vorwurf war: Nuhr verharmlose damit Corona- und Klimaleugner.

Die DFG als das zentrale Organ zur Forschungsförderung in Deutschland betont in ihren Leitlinien, »alle Ergebnisse konsequent selbst anzuzweifeln sowie einen kritischen Diskurs in der wissenschaftlichen Gemeinschaft zuzulassen und zu fördern«.[70] Im hier in Rede stehenden Wahrheits-Diskurs aber wollte sie offensichtlich keinesfalls in den Ruf geraten, auf der Minderheitenseite verortet zu werden und löschte, gegen jeden Selbstanspruch, Nuhrs Statement. Nuhr, der selbst zum Mainstream gehört, wurde später wieder rehabilitiert, aber das Beispiel verdeutlich das Prinzip.[71]

Wer bei vermeintlichen Wahrheitsfragen die Diskursherrschaft hat, muss sie schützen und daher können auch Plattitüden als potentiell gefährlich wahrgenommen werden und sind möglichst schnell zum Schweigen zu bringen. Und da

---

Tendenz, regierungskritisch zu berichten. NZZ, So zahm waren die Journalisten in der Corona-Krise, 23. 8. 2022.

[68] Selbst der mittlerweile wieder in Gnade stehende Virologe Hendrik Streeck, Mitglied des Expertenrats der Bundesregierung, fiel zeitweise dem Deplatforming zum Opfer, weil er nicht als 100-prozentig »wahrheitskonform« galt.

[69] Zitiert nach FAZ, DFG löscht Dieter Nuhr, Kapitulation, 2. 8. 2020. Hier der dazugehörige Twitter Thread: https://twitter.com/dfg_public/status/1289115690239025154 (23. 8. 2022).

[70] Vgl. https://wissenschaftliche-integritaet.de/kodex/verpflichtung-auf-die-allgemeinen-prinzipien/ (18. 8. 2022).

[71] Ulrike Ackermann, Die neue Schweigespirale, Darmstadt 2022; zitiert nach NZZ, Achtung, denken ist gefährlich!, 13. 7. 2022.

es sich dabei um einen Wahrheitskampf handelt, wird er besonders erbittert geführt.

Der Unterschied zu früheren Kämpfen besteht nun aber darin, dass Wahrheit nicht mehr metaphysisch verankert wird, sondern eine Konstruktion des jeweils herrschenden Diskurses ist und (zumindest unbewusst) auch so verstanden wird. Daher muss, um des Schutzes der Wahrheit willen, die Herrschaft im Diskurs gut abgesichert werden. Der Diskurs ist von gefährlichen Störsignalen freizuhalten. Dies geschieht effektiv durch Verketzerung und *Deplatforming* von Vertretern konkurrierender Wahrheitsansprüche. Denn würden die Störsignale überhandnehmen, könnten sich die Mehrheitsverhältnisse im Diskurs verändern und in der Folge das davon abhängige Wahrheitskonstrukt.[72]

Nach diesem Exkurs zu den »Wahrheitsspielen« bzw. der Erkenntnis der interessengeleiteten Konstruktion von Wahrheiten durch den Diskurs kann dieser Gedankengang leicht auf das hier im Mittelpunkt stehende Themenfeld angewendet werden: die Paradoxie der geforderten Leugnung von kulturellen Unterschieden bei gleichzeitiger Betonung von Unterschieden bis hin zur Konstruktion von immer mehr und teilweise immer kleiner werdenden Identitätsgruppen.

Denn wird von Kritikern der Identitätskultur die vorherrschende Überspitzung des Gleichheitsgedankens abgelehnt und kritisch auf bestehende (z. B. kulturell gewachsene oder sogar biologische) Unterschiede hingewiesen, die prinzipiell erst einmal zu akzeptieren sind und lebensweltlich gewisse Passungsprobleme nach sich ziehen,[73] dann schnappt unweigerlich die *Foucault-*

---

[72] Den klassischen Beitrag dazu in Bezug auf den Kampf um die »Wahrheiten« im Feld des Wissenschaftsdiskurses hat sicherlich der Wissenschaftsphilosoph Thomas S. Kuhn beigetragen. Vgl.: Paul Hoyningen-Huene, Die Wissenschaftsphilosophie Thomas S. Kuhns, Wiesbaden 1989.

[73] Hier wäre Vieles zu nennen. Das einfachste Fakt, das für viele Statistiken, die die Ungerechtigkeit zwischen Mann und Frau belegen (z. B. das Gender Pay Gap), herhalten muss, ist die Tatsache, dass nur biologische Frauen schwanger werden können. Aber auch andere Passungsprobleme sind faktisch einfach da, z. B. die unterschiedliche physische Natur von Frauen und Männern, was zu Unterschieden in der Eignung führt z. B. hinsichtlich Frauen in Kampftruppen oder bei der Berufsfeuerwehr.
Die Gleichstellung von Transpersonen wirft noch einmal ganz andere Passungsprobleme auf, z. B. können Frauenhäuser oder sanitäre Bereiche nicht einfach für biologische Männer, die sich als Transfrauen verstehen, geöffnet werden. Es gibt diesbezüglich aber auch Passungsprobleme, die damit zu tun haben, dass im Bemühen um die Gleichstellung von Mann und Frau unterschiedliche Bewertungsgrundlagen für physische Leistungsfähigkeit entwickelt wurden, sowohl in sportlichen Wettbewerben als auch bei Einstellungsvoraussetzungen für bestimmte Berufe (Polizei). Wenn nun biologische Männer sich psychisch als Transfrauen verstehen und dies vollumfänglich anerkannt

Falle zu: Der Kritiker drückt nicht seine individuellen Überlegungen aus, sondern die Machtinteressen der Gruppe, der er angehört. Das, was er sagt, ist konstruiert, um bestimmte Machtinteressen seiner Gruppe zu verfolgen. Mit den Worten des amerikanisch-kanadischen Kognitionspsychologen Steven Pinker: »Man findet hier diese Vorstellung, dass jeder von uns einer Gruppe angehört, die durch Gender, ihre Rasse oder ihre Ethnie definiert ist, und dass unsere Meinung je nach Gruppe, der man angehört, vorhergesagt werden kann.«[74]

In dieser Diskurslogik spielt das Faktische keine Rolle, sondern die dahinterstehenden Machtinteressen, die zu bestimmten Wahrheitskonstruktionen führen, die helfen können, eigene Privilegien zu schützen oder anderen diese vorzuenthalten.

Kommt es also zur Diskussion von binären Geschlechterfragen, z.B. im Rahmen der Diskussion um die Frauenanteile in den Führungsetagen, sind Gegenargumente schon allein deshalb wertlos, weil sie von der Gruppe der Männer doch nur zur Verteidigung alter Privilegien konstruiert werden. Geht es um kulturelle Herausforderungen, die bestimmte Zuwanderungsgruppen mit sich bringen (Stichwort: Parallelgesellschaften), dann ist jedes kontroverse Argument Ausdruck des Machtinteresses der um ihre Vorherrschaft besorgten Mehrheitsgesellschaft, die die Probleme erst konstruiert, auf die sie dann hinweist. Wer aufzeigt, dass die massenhafte Aufnahme von Menschen aus ausgesprochen differenten Kulturen (hinsichtlich Religion, Schulbildung, Familiensystem, Frauenbild etc.) in sehr kurzer Zeit die Integrationsfähigkeit des bestehenden Systems überbeanspruchen kann und die gesellschaftliche Kohäsion reduziert, der spricht nicht eine völlig evidente Wahrheit aus, sondern versucht zu verhindern, dass dem eigenen Kollektiv Macht und Privilegien entzogen werden. Er wird sofort im Umfeld der Verfassungsfeinde verortet und damit delegitimiert. Ähnlich geht es dem, der beispielsweise darauf hinweist, dass die Aufnahme von straffällig gewordenen sogenannten Transfrauen in

---

würde, könnten sie diese günstigeren Bewertungsgrundlagen für sich in Anspruch nehmen. Eine als Mann durchgefallene Person, könnte es als »Frau« noch einmal versuchen. Eine ganze Reihe weiterer Probleme dieser Art, die sich durch das geplante Transgendergesetz der Bundesregierung ergeben dürften, schildert Stephan Klenner, Mit Recht zum Geschlechtswechsel? Was das geplante Selbstbestimmungsgesetz für Schule, Polizei und Gefängnisse bedeutet, FAZ, 11.8.2022.

Natürlich gibt es auch ganz simple Passungsprobleme, wie z.B. dass Menschen mit psychischer Behinderung nicht geeignet sind für stressbelastete Positionen.

Aber auch heikle, religiös bedingte Passungsprobleme sind weltweit zu beobachten. Z.B. sind observante Muslime, die den Ramadan konsequent halten, d.h. keine Flüssigkeit zu sich nehmen, für Positionen, die große physische Präsenz und Konzentration verlangen, z.B. Pilot, Fluglotse etc., (zumindest in diesem Zeitraum!) nicht »passend«.

[74] Steven Pinker, in: Die Tagespost, 9.3.2021 (s. Anm. 64).

Frauengefängnissen zu sexueller Gewalt und Schwangerschaften führen könnte.[75] Auch hier spricht vermeintlich nicht eine evidente Sachlogik, sondern die Missgunst der heterosexuellen Mehrheit, die Einwände konstruiert, um einer entrechteten Minderheit ihre Rechte vorzuenthalten.

Implizit steht immer der Vorwurf im Raum, dass hier nicht faktische Unterschiede zur Diskussion gebracht werden, sondern illegitime Machtinteressen Unterschiede konstruieren, künstlich hervorheben und darauf abzielen, sie zur Absicherung ihrer Privilegien zu zementieren. Auf diese Weise wird das Argument aus dem Diskurs genommen, bevor es ihn wirklich erreichen kann, denn es ist ja allein dadurch diskreditiert, dass es aus Gruppenegoismus konstruiert wurde und damit letztlich einer menschenfeindlichen Gesinnung folgt. Auf diese Weise entsteht kein Wettstreit mehr über »Richtig« oder »Falsch«, selbst die Stufe »Wahr« oder »Unwahr« wird übersprungen, sondern man bewegt sich sofort auf der Ebene von »Gut« und »Böse«. Es sind keine Sachfragen mehr, sondern Moralfragen![76]

Ist der diskursive Gegner aber erst am moralischen Schandpfahl, dann ist die Auseinandersetzung, die auf der argumentativen Ebene nur schwer zu führen ist, bereits gewonnen. Diese Moralisierung erklärt auch die emotionale Wucht, mit der auf abweichende Wahrheitsansprüche reagiert wird und das erschrockene Einknicken von Institutionen, die aus Bequemlichkeit oder aus echter Angst davor, ebenfalls moralisch disqualifiziert zu werden, sich zu willfährigen Dienern der Diskurswächter machen.

Ein besonders gutes Beispiel ist der von der Humboldt-Universität in Berlin aus Angst vor Protesten abgesagte Vortrag der Doktorandin Marie-Luise Vollbrecht während der »Langen Nacht der Wissenschaften« am 2. Juli 2022. Die Meeresbiologin war im Vorfeld bereits bei Transgenderaktivisten in Ungnade gefallen, weil sie einen offenen Brief von 120 Wissenschaftlern mitunterzeichnet hatte, der sich gegen ideologisch motivierte Falschdarstellungen in Bezug auf die Transgenderthematik im öffentlich-rechtlichen Rundfunk aussprach. Vollbrechts Vortragsthema war aber ein rein biologisches. Die Diskurswächter des neuen Gender-Mainstreams hatten jedoch kein Interesse, dass die Thematik aus einem Blickwinkel, der nicht der ihre ist, behandelt wird.[77]

---

[75] Man denke an den Fall der/des Demi Minor, der/die als Transfrau jüngst in einem Frauengefängnis zwei andere Frauen geschwängert hat. New York Post, Incarcerated transgenderwomen Demi Minor impregnates two inmates in NY prison, 16.7.2022, https://nypost.com/2022/07/16/transgender-woman-demi-minor-impregnates-two-inmates-at-nj-prison/amp/?fbclid=IwAR3GKky-aY4IBC5aDM-RUaoH2rRGD6ZXqrET MadPzdjUn4khgDwynY7FJio (16.8.2022).

[76] Steven Pinker spricht von »einer regelrechten Religion mit einem sehr starken Moralismus«, in: Die Tagespost, 9.3.2021 (s. Anm. 64).

[77] NZZ, Uni streicht Vortrag wegen ›Transfeindlichkeit‹-Vorwurf, 4.7.2022.

Die Angstreaktion der Universitätsleitung, durch mangelnde Distanz zur Vortragenden womöglich selbst beschuldigt zu werden, der falschen Wahrheit anzuhängen, fiel so panisch aus, dass nicht nur der Vortrag von Vollbrecht in der »Langen Nacht« gecancelt wurde, sondern man auch noch meinte, öffentlich versichern zu müssen, dass Vollbrecht »gegen die Werte der Universität verstoße«.[78] Gegen dieses diskreditierende und sachlich nicht begründbare Verdikt einer Universitätsleitung, das, einmal in die Welt gesetzt, die junge Wissenschaftlerin massiv beschädigen könnte, wird nun gerichtlich vorgegangen.

Der Anwalt von Vollbrecht, der bereits mit einer ganzen Reihe von Fällen von Deplatforming und Cancel Culture in Deutschland befasst war, spricht in diesem Zusammenhang davon, dass die Diskurswächter mit einem »totalen Vernichtungswillen operieren«.[79]

Diese martialische Beschreibung kann als ein weiterer Beleg für die Verbitterung gewertet werden, mit der Wahrheitskämpfe geführt werden. Sie erklärt auch die damit einhergehende Moralisierung. Denn erst die moralische Verwerflichkeit macht den Gegner zum Feind, den man, wenn nicht vernichten, so doch mindestens in eine Art Zwangsquarantäne verbringen muss, damit eine Verbreitung seiner möglicherweise infektiösen Ansichten verhindert wird, die die Vormachtstellung im Diskurs gefährden könnte.

Wer nach diesem Verständnis also das herrschende »Wahrheitsspiel« nicht mitmacht, tut dies aus egoistischem Selbst- bzw. Gruppen-Interesse, womit nicht nur seine Argumente entwertet und für den Diskurs ungültig gemacht sind, sondern die Person selbst moralisch disqualifiziert und als Negativ-Existenz enttarnt wird. Deutlich wird damit, dass es in dieser Logik nicht nur um das Argument, sondern vielmehr um die Person des »Leugners« geht. Denn seine abweichenden Ansichten sind ja nur eine Funktion seines falschen Seins bzw. seiner negativen Identität. Die Argumente und Tatsachen selbst kommen dagegen zum Teil in gewendeter Form bei den Förderprogrammen wieder auf den Tisch.[80]

---

[78] Zur leidvollen Geschichte der Feigheit deutscher Universitäten vor politischem Druck, vgl. Eric Gujer, Eine neue Form des Extremismus, NZZ, 13.8.2022.

[79] NZZ, Selbstverständlich drohe ich (Interview mit dem Medienanwalt R. Höcker), 16.8.2022.

[80] Denn den Integrations-, Gewaltpräventions- und Frauenrechtsprogrammen, die sich besonders an Menschen aus Kulturkreisen richten, die diesbezüglich andere Traditionen und Vorstellungen entwickelt haben, als sie in der Bundesrepublik vorausgesetzt werden, liegen ja als Begründung diese Unterschiede zugrunde. Vgl. den derzeit aktuellen Bericht des Deutschen Vereins für öffentliche und private Fürsorge, Forum des Sozialen, Geschäftsbericht 2021, Kapitel Migration und Integration, 36 f.
Ein besonders beeindruckendes Beispiel für dieses Phänomen sind sicher die Mhallami (staatenlose sog. »Libanesen«), die heute vor allem durch Clankriminalität von sich reden

Das Drei-Felder-Modell als Erklärungsansatz

Um das hier skizzierte Diskursverständnis und die verschiedenen Reaktionsweisen der Teilnehmenden zu deuten, möchte ich ein Drei-Felder-Modell einführen. Nach diesem Denkansatz lassen sich alle Menschen einem von drei Identitäts-Feldern zuordnen:

1. In Feld 1 sind jeweils die Menschen, die in einem bestimmten Zusammenhang Macht und Privilegien zu verlieren haben. Um diese abzusichern oder deren Verlust zu verhindern, konstruieren sie Unterschiede. Sie sind egoistisch und daher moralisch disqualifiziert. Feld 1 ist das Täterfeld und konstituiert eine Negativ-Identität.
2. In Feld 2 befinden sich die eigentlich Entrechteten, d. h. die von Gruppe 1 als »*anders*« beschrieben werden, um sie davon abzuhalten, die ihnen moralisch zustehende Gleichstellung zu erringen. Feld 2 ist das Opferfeld und konstituiert eine Positiv-Identität. Feld 2 beheimatet aber zwei unterschiedliche Gruppen:
   (a) diejenigen, denen ihre missliche und ungerechte Lage nicht bewusst ist und die deshalb einfach so weiterleben wie bisher, und
   (b) diejenigen, die eine Erweckung erfahren haben, die »*woke*« sind[81] und daher ihre Entrechtung und Diskriminierung allenthalben entdecken und bekämpfen bzw. eine besondere »Feinfühligkeit gegenüber Momenten von Rassismus, Chauvinismus, Patriarchalismus, Sexismus, Antifeminismus« entwickelt haben.[82] Diese zweite Gruppe im zweiten Feld ist die Avantgarde der Bewegung.
3. Das dritte Feld bevölkern diejenigen, die von ihrer Identität her eigentlich in das Negativ-Feld 1 gehören, also die Identitätsmerkmale der Herrschenden tragen (weiß, wohlhabend, nicht-behindert, heterosexuell etc.), aber ebenfalls eine Erweckung erlebt haben, d. h. auch »*woke*« geworden sind. So konsti-

---

machen. Ihre differente kulturelle Einstellung darf nur vorsichtig thematisiert werden, während zeitgleich mehr und mehr betroffene Jugendämter verschiedene Programme fördern, die diesen kulturellen Unterschieden begegnen sollen. Vgl. Der Tagesspiegel, Die Clanchefs bitten zum Tee, 26. 2. 2011, https://www.tagesspiegel.de/berlin/familien-union-die-clanchefs-bitten-zum-tee/3887376.html (16. 8. 2022).

[81] *To be woke* scheint aus der afroamerikanischen Musikkultur zu kommen. Der Begriff taucht in Songtexten schon früh auf. Vor dem Hintergrund der Erweckungsbewegungstradition der amerikanischen christlichen Kirchen, in der die Mehrheit der Afroamerikaner sowohl geistlich als auch musikalisch fest verankert war, liegt das ausgesprochen nahe. Vgl. Sarah Pines, Die Kunst des »Woke«-Seins, NZZ, 22. 6. 2022. Vgl. a. Stichwort: »Wokeness« in: Gabler Wirtschaftslexikon, https://wirtschaftslexikon.gabler.de/definition/wokeness-123231/version-384489 (17. 8. 2022).

[82] Sarah Pines, Die Kunst des »Woke«-Seins, NZZ, 22. 6. 2022.

tuiert auch Feld 3 eine Positiv-Identität, die aber mit großen Unsicherheiten verbunden ist. Denn diese Personen haben, aufgrund ihrer (falschen) Herkunft, die Erfahrungen der Entrechteten nicht geteilt und stehen daher immer in der Gefahr, wieder Feld 1 zugerechnet zu werden. Sie müssen sich deshalb sichtbar mit Anliegen der Entrechteten solidarisieren, allerdings dabei auch zunehmend vorsichtig agieren, da eine solidarische Übernahme kultureller Kennzeichen der Menschen aus Feld 2 u. U. als Übergriff bzw. »kulturelle Aneignung«, also als ein Rückfall in Verhaltensweisen aus dem Negativ-Feld 1 gewertet würde.[83]

Nach diesem Modell befindet sich also jeder Diskursteilnehmer in einem der Felder und hat daher entweder eine Negativ-Identität oder eine Positiv-Identität.

Die Feld-1-Identität

Daraus folgt, dass alles einschlägig Kritische, was Menschen mit Negativ-Identität aus Feld 1 äußern, von den Angehörigen der Felder 2 (b) und 3 nur mit großer Empörung aufgenommen werden kann. Denn was immer aus Feld 1 kommt, ist strukturell ein bewusster oder unbewusster Ausdruck des Beharrungswiderstandes der Eliten und Mächtigen mit dem Ziel, einerseits ihre Privilegien, andererseits die Unterdrückung der anderen zu perpetuieren. Wer daher – aus dem Negativfeld argumentierend (also die entsprechenden Identitätsmerkmale tragend: weiß, heterosexuell, bildungsprivilegiert etc.) – die eingeforderten Sonderrechte, Bevorzugungen und institutionelle Überrepräsentanzen für teilweise extrem kleine Minderheiten hinterfragt oder auch nur jemanden aus Feld 2 kritisiert, muss drastisch und empört zurückgewiesen werden. Denn dieser Person steht derlei Kritik nicht zu, da sie aufgrund ihrer Identität bereits moralisch delegitimiert ist.

Ein Beispiel aus dem Jahr 2021 mag dies verdeutlichen: Die bekannte Schriftstellerin und Literaturkritikerin Elke Heidenreich kritisierte die Sprecherin der Grünen Jugend, Sarah-Lee Heinrich, für eine Äußerung, in der sie öffentlich von der »ekligen weißen Männergesellschaft« sprach. Heidenreich sagte, Sarah-Lee Heinrich sei eine Vertreterin »einer sprachlosen Generation, die nicht liest«. Was Heidenreich nicht ausreichend bedachte oder nicht interessierte, ist, dass Heinrich People of Colour ist, damit zu Feld 2 gehört. Heidenreich aber,

---

[83] Dies gilt insbesondere für das Themenfeld Rassismus, das für diese Gruppe in der jüngsten Zeit komplizierter geworden ist. Denn durch das Konzept der verpönten »kulturellen Aneignung« können Personen aus dieser Gruppe ihre Solidarität mit Feld 2 weder durch äußere Merkmale (z. B. Dreadlocks) noch mit Annahme von Kulturgut (Reggae) zeigen, wie dies in der Vergangenheit gang und gäbe war.

als weiße, heterosexuelle, erfolgreiche und bereits ältere Frau, zu Feld 1 gehört und damit eine Negativ-Identität hat.

Entsprechend sah sich Heidenreich mit der geballten Wucht eines empörten *Shitstorms* konfrontiert und als Rassistin diffamiert. Ihre Verteidigung, dass sie Heinrich als Sprecherin einer Partei und nicht als Person bzw. in ihrer Identität kritisiert habe und es nicht um Hautfarbe, sondern um Sprache ging, ist natürlich sachlich richtig, kann aber angesichts der negativen Feld-1-Identität nicht verfangen.[84]

Die Feld-2-Identität

Ganz anders geht es den Menschen aus Feld 2. Als Entrechtete, denen Privilegien aufgrund angeblicher Unterschiede vorenthalten werden, haben sie eine Positiv-Identität. Diese ist so stark, dass sie, selbst wenn sie Standpunkte vertreten, die mit den Menschenrechten konfligieren, aufgrund der Herkunft aus dem richtigen Feld überzeugen können.

Ein Beispiel, um diese These zu belegen, ist der Islamogauchismus. Sein Schwerpunkt scheint derzeit in Frankreich zu liegen, aber es gibt durchaus analoge Phänomene in anderen westlichen Ländern und in Deutschland.[85]

---

[84] Interview mit Elke Heidenreich, NZZ, Frauen, die intellektuell sind, haben viele Feinde. Männer wollen solche Frauen nicht, 10.11.2021. Heidenreich wörtlich: »Sie (Heinrich) ist Sprecherin und eine Sprecherin sollte richtig formulieren können, oder? Und das habe ich kritisiert. Ich hätte das auch gesagt, wenn sie blond und blauäugig wäre. Also mit Migrationshintergrund hat das gar nichts zu tun. Zumal sie in Deutschland geboren und aufgewachsen ist. Und Deutsch ist ihre Muttersprache. Der Vorwurf des Rassismus ist schon mal ganz lächerlich.«

[85] Hier tut sich in Deutschland besonders die linke und *woke* TAZ hervor, die ihre Libanon-Korrespondentin, Julia Neumann, kurz vor der Messerattacke auf Salman Rushdie im August 2022 einen Artikel gegen die iranische Regimekritikerin Masih Alinejad veröffentlichen ließ. Alinejad lebt in den USA und ist, ähnlich wie Rushdie, eine der Zielpersonen, die das islamistische Regime im Iran ausschalten möchte, denn sie fordert iranische Frauen zum Widerstand auf. Die TAZ-Journalistin sieht in ihr aber eine Person, die »die aus der Kolonialzeit stammende Erzählung vom rückständigen Islam bediene und damit westliche Ideologien stütze. Sie suggeriere, dass ›weiße Männer Frauen of Colour vor Männern of Colour schützen könnten‹ und ›dass Frauen vom Kopftuch und damit vom Islam befreit werden müssten‹.« Statt der Mullahs müsse man das weltweite Patriarchat bekämpfen, denn im Westen würden Frauen genauso unterdrückt wie im Iran. Die NZZ, die darüber berichtet, fährt fort: »Wie in postkolonialen Universitätsseminaren ist es auch in Medien Mode geworden, Kritik an islamistischen Staaten, Symbolen und Ideologien zu ›dekonstruieren‹ – als weiße und rassistische Erzählungen. Diese ›Narrative‹, so wird dem Publikum suggeriert, basieren auf Vorurteilen und sie

Vertreter der hier skizzierten Kultursicht bzw. Aktivisten der linken Identitätspolitik sind naturgemäß relativ abgeneigt gegenüber den klassischen Offenbarungsreligionen. Dafür mag es verschiedene Gründe geben, hier seien nur drei genannt: erstens, weil sie den Geruch des *Ancien Regime* verbreiten, damit Symbol illegitimer Herrschaft sind, zweitens, weil sie Gehorsam gegenüber Geboten und Ritualen fordern, und drittens, weil sie in der Regel klare Unterscheidungen treffen zwischen Gläubigen und Ungläubigen.

Diese Vorbehalte gegenüber Offenbarungsreligionen gelten natürlich umso mehr gegenüber intoleranten, Frauen benachteiligenden und inhärent gewaltbereiten Religionsformationen. Nach dieser Logik müssten Gruppen, die derlei religiöse Zumutungen darstellen, für die Aktivisten der linken Identitätspolitik völlig inakzeptabel sein. Wenn sich nun aber das Kennzeichen *diskriminierte Minderheit*, also die positive Feld-2-Identität mit einer an sich negativen religiösen Zugehörigkeit verbindet, überwiegt offensichtlich das positive Identitätskennzeichen *diskriminierte Minderheit*, so dass auch eine intolerante religiöse Ausrichtung dadurch überblendet und veredelt wird.

Das ist die Grundlage des *Islamogauchismus* an den französischen Hochschulen: Linke Ideologen fördern und unterstützen islamische Extremisten. Nicht weil sie selbst den Koran gelesen und inhaltlich angenommen hätten oder weil sie

---

dienen bloß dazu, die Herrschaft des weißen Mannes zu legitimieren. Kritik am Kopftuch, das Primarschülerinnen heute auch in Städten wie Zürich und Berlin tragen (müssen), ist in dieser Logik ein rassistischer Angriff auf eine kollektiv und weltweit unterdrückte Minderheit.« Islamkritiker werden daher aus dieser Richtung verschiedentlich »als Büttel rechter Reaktionäre« diskreditiert. Vgl. NZZ, Kritik an den Mullahs unerwünscht, 23.8.2022.

Zur Ehrenrettung der TAZ muss erwähnt werden, dass auch die TAZ-Redaktion die Thesen ihrer allzu *woken* deutschen Journalistin Julia Neumann (Feld 3!) zumindest als so kritisch ansah, dass sie dem Artikel vom 11.8.2020 am 15.8.2020 einen Kommentar von Gilda Sahebi (einer Deutsch-Iranerin, mit sicher positiver Identität in Feld 2!) folgen ließ. Diese konnte sich aufgrund ihrer Nähe zum Thema Realitätssinn bewahren. Sie schreibt über den Text ihrer Kollegin Neumann: Er sei »schwer auszuhalten«. https://taz.de/Frauenrechte-im-Nahen-Osten/!5871743/ (23.8.2022).

Aber auch allgemein geht es hier um die Verharmlosung islamistischer Gruppen durch die *woke* Szene. Diese Verharmlosung war einer der Vorwürfe, der sich die im Juli 2022 vom Bundestag auf Vorschlag der Grünen gewählte Antidiskriminierungsbeauftragte der Bundesregierung, Ferda Ataman, im Verbund mit anderen sog. »antirassistischen Gruppen« ausgesetzt sah. Ihre Kritiker waren Kenner und Betroffene wie Ahmad Mansour und die Initiative »Migratinnen für Säkularität und Selbstbestimmung«. Vgl. NZZ, Ferda Ataman ist gewählt, 8.7.2022. Weitere Informationen zu den diesbezüglichen Hintergründen Atamans und ihrer »pressure groups« s. Welt, Hautfarbenkunde, Rassismusvorwürfe, Hetze gegen Journalisten, 22.6.2022, https://www.welt.de/kultur/deus-ex-machina/article239511665/Don-Alphonso-Methode-Ataman.html (17.8.2022).

selbst nun die Unterordnung der Frau, den Kampf gegen die Ungläubigen und die Ineinssetzung von Staat und Religion befürworteten, sondern sie fördern und unterstützen islamische Extremisten schlicht deshalb, weil nicht falsch sein kann, was eine Gruppe vertritt, die als kolonial unterdrückte Minderheit eine Positivfeld-Identität hat.[86]

Diese Haltung reicht mittlerweile weit über die Universitäten hinaus. Sie betrifft beispielsweise die französische Autorenvereinigung PEN, deren Leitung nach dem blutrünstigen Attentat auf *Charly Hebdo* 2015 beabsichtigte, sich mit den Opfern öffentlich zu solidarisieren. Diese Geste stieß jedoch auf den Widerstand von 200 linken Schriftstellern, die gegen diese »Beleidigung von Minderheiten« protestierten.[87]

Ein weiteres Beispiel ist die im April 2022 bei den Filmfestspielen von Cannes vorgeführte Dokumentation *Salam*, die in der Tageszeitung *Le Parisien* empathisch als »berührend« angepriesen wurde. Ab Juli 2022 lief der Film in den französischen Kinos. Er erzählt die Geschichte der französischen Banlieu-Rapperin Diam, die eine Bekehrung zum Salafismus erlebte. Die Dokumentation schildert völlig kritiklos und mit viel Respekt ihren Werdegang und ihre neue Art zu leben. Dass es sich dabei um eine Form des Islams handelt, die Gewalt gegen Andersgläubige und sexuelle Minderheiten legitimiert, d. h. ihrerseits anderen Lebensentwürfen keinerlei Respekt entgegenbringt, wird dabei nicht thematisiert.[88]

---

[86] Die Soziologin Nathalie Heinich im Interview mit der NZZ: »Seit Anfang der 2000er Jahre zeigt sich das vor allem im Umgang mit dem Islamismus. Man verschliesst die Augen vor den Exzessen des Islamismus und geht davon aus, dass jeder Muslim a priori verteidigt werden muss, weil er unterdrückt wird – selbst wenn es sich dabei um Personen handelt, die integristisches und gewalttätiges Gedankengut vertreten. Diese Tendenz ist innerhalb der Linken dominant geworden, weil die Vertreter der universalistischen Linken verstummen. Und seit einigen Jahren ist die Tendenz auch in den Universitäten spürbar, wo Arbeiten über Islamophobie Mode geworden sind. Die Verurteilung der Islamophobie dient jedoch oft dazu, jede Form von Warnung vor islamistischen Projekten zu delegitimieren. Man kann nicht mehr von diesen Risiken sprechen, ohne als islamophob stigmatisiert zu werden.« NZZ, Man verschliesst die Augen vor Exzessen, 10.3.2021.

[87] FAZ, Die neue Moral der Literatur, 18.8.2022.

[88] Zitat aus: NZZ, Sie rappte für die Banlieue, jetzt predigt sie den Salafismus, 23.8.2022: »Eingeführt wurde *Salam* im Mai mit einem beim Online-Medium *Brut* ausgestrahlten Interview. Der Kulturjournalist, Literaturkritiker und offen homosexuell lebende Augustin Trappenard befragt Diam's unkritisch, aufmunternd zwinkernd. Der Salafismus verbietet das Hören von Musik – eine Tatsache, die das Interview nicht aufgreift. Stattdessen fragt Trappenard bewusst naiv, ob Diam's weiterhin Musik mache. Nein, [...] mit Musik habe sie nichts mehr zu tun. Falls ihre Kinder Musik machen wollten, würde sie denken: Hoffentlich nicht, das ist nicht gut. Trappenard fragt nicht nach, nickt mit gütigem Lehrer-Lächeln. Ob ihm vielleicht zu irgendeinem Moment durch den Kopf gehe,

Die Feld-3-Identität

Betrachtet man nun Feld 3, dann scheint die zentrale Frage hier zu sein, ob es, um mit Adorno zu sprechen, doch noch ein richtiges Leben im falschen geben kann. Denn Menschen aus Feld 3 haben dieselbe Herkunft wie die Menschen mit Negatividentität aus Feld 1. Prima facie gehören sie zu den Privilegierten. Sie sind weiß, heterosexuell, männlich, vielleicht auch weiblich, dann aber begütert oder gebildet, möglicherweise sind sie in der Schattierung ihrer Hautfarbe zu hell oder sie gehören sogar zu einer benachteiligten Minderheit, aber mit einer falschen ethnischen Herkunft, die Feld 2 nicht zugeordnet wird,[89] oder sie haben zwar – eine homosexuelle Orientierung, die aber sozial abgesichert ist und damit keine klassische Opferidentität mehr gewährleistet. Durch eine Art Erweckung wurde man *woke* und hat so die Negativ-Identität von Feld 1 abgestreift und darf sich in Feld 3 verorten.

Die Frage von Feld 3 ist: Wie kann man die Verortung in diesem Positivfeld rechtfertigen und absichern? Für eine berechtigte Existenz in Feld 3 reichen wohlmeinende Bekundungen nicht aus, wonach man sich der gesellschaftlichen Probleme und damit verbundener Chancenungleichheit bewusst sei; dass man berechtigte Anliegen erkenne und prinzipiell befürworte; dass man sich persönlich keiner Schuld gegenüber als unterprivilegiert identifizierten Gruppen bewusst sei; dass man weder frauenfeindlich, noch homophob oder rassistisch denke; ja, dass man bewusst und von Herzen in allen einschlägigen Feldern »farbenblind« sei. Derlei Bekundungen, auch wenn sie wahr sind, reichen nicht aus, um der negativen Feld-1-Identität zu entgehen und sich in Feld 3 sicher zu verorten. Denn es gilt ein eisernes Prinzip aus dem Themenfeld Rassismus, das für alle Menschen mit Feld-1-Merkmalen zutrifft:

> »Alle Weißen sind rassistisch, wer von sich behauptet, es nicht zu sein, beweist lediglich, wie sehr er es ist.«[90]

---

dass (ihr) Salafismus für homosexuelle Handlungen und Menschen wie ihn die Todesstrafe ausspreche, fragt der renommierte Islamismusexperte Bernard Rougier in *L'Expres.«*

[89] Man denke hier an die bereits erwähnte bizarre Behauptung, der Holocaust habe nichts mit Rassismus zu tun, weil Juden ja weiß seien (Anm. 54), oder den Streit in den USA, dass Menschen asiatischer Herkunft die Stellung in Feld 2 streitig gemacht wird, weil dieses allein den Schwarzen zustehe. Vgl. z. B. Josef Joffe, Wokeness wird zum Wahn, NZZ, 21.3.2022.

[90] Zitiert nach David Singer: Rassismustheorie polarisiert Amerikaner, NZZ, 14.7.2021, 4. Ayishat Akanbi, eine schwarze, junge, bisexuelle Künstlerin, die als frühere »Black-Lives-Matter«-Aktivistin einen interessanten Umdenkungsprozess durchlaufen hat, nennt es so: »[...] im Moment sind die Optionen: Du bist entweder woke oder ein Faschist.

So jedenfalls ein Kerngedanke der für den ganzen Themenkreis tonangebenden »Critical Race Theory«, den Robin DiAngelo in ihrem bekannten Buch *White Fragility*[91] geschrieben hat. DiAngelo ist eine weiße US-Autorin[92] die sich seit vielen Jahren und durch viele Veröffentlichungen zur Antirassismuskämpferin gemacht hat. Sie attestiert allen Weißen, wer auch immer bei zunehmender Durchmischung konkret damit gemeint sei,[93] ein psychisches Defizit, das sie »weiße Fragilität« nennt. Sie meint damit, dass privilegierte Menschen bereits bei einem Minimum der Infragestellung ihrer Vorherrschaft nicht anders können, als sich in heftigen Abwehrreaktionen zu ergehen. Dieser Zustand sei unveränderbar, solange die herrschenden Strukturen nicht zerbrochen sind, denn er wird produziert und reproduziert durch die anhaltenden sozialen und materiellen Vorteile, die diese Leute aus ihrer privilegierten Stellung beziehen.[94] Damit ist praktisch alles, was Menschen mit Negativ-Identität an Argumenten in den Diskurs einbringen können, nichtig, denn er ist ja ohnehin nur Ergebnis einer psychischen Störung, die durch falsche gesellschaftliche Umstände entstanden ist.

Ein vielleicht noch radikalerer Vertreter der »Critical Race Theory« ist Ibram Xolani Kendi, ein schwarzer Aktivist, dessen früherer Name Ibram Henry Rogers war. Er stammt aus einem Mittelklasse-Haushalt. Die Mutter arbeitete als Business-Analyst und der Vater als Krankenhauspfarrer. Wie die weiße DiAngelo, nur offensichtlich mit weniger sozialen Hindernissen und damit früher in seinem Leben, schlug Kendi die akademische Laufbahn ein und ist heute als Professor für Antirassismus und als Autor tätig.[95]

Oder du bist entweder ein Antirassist oder ein Rassist. Es gibt scheinbar keine anderen Möglichkeiten.« Ayishat Akanbi: Ich bin keine Antirassistin, ich bin einfach keine Rassistin, Zeit Magazin, 1.9.2021.

[91] Auf deutsch: Robin DiAngelo, Wir müssen über Rassismus sprechen, Hamburg 2020.
[92] Nach Hautfarbe, Heterosexualität und Bildungserfolg (Universitätsprofessorin) gehört DiAngelo eigentlich in Feld 1. Dass sie alleinerziehende Mutter war und anfänglich unter wirtschaftlich prekären Umständen lebte (kellnerte zum Lebensunterhalt), ist günstig für ihr Lebensnarrativ, aber ihre feste Verankerung und maßgebliche Rolle in Feld 3 kam ihr durch ihre persönliche »wokeness« und ihre zentralen Beiträge zur »Critical Race Theory« zu.
[93] Diese zunehmende Durchmischung betrifft sowohl Hautschattierungen der Kinder von schwarzen und weißen Eltern als auch alle anderen Ethnien, die sich weder als schwarz noch als weiß eingruppieren lassen wollen. Sicher ist, dass DiAngelo alle diejenigen meint, die hier als »Feld-1-Identitäten« beschrieben werden. Für weitere Differenzierungen ist in der »Critical Race Theory« kein Raum.
[94] Robin DiAngelio, White Fragility, in: International Journal of Critical Pedagogy, Vol. 3 (3), 2011, 57 und 58.
[95] Die biografischen Informationen zu DiAngelo und Kendi stammen aus den englischsprachigen Wikipediaeinträgen.

Für Kendi ist das einzige Mittel gegen rassistische Diskriminierung die Gegendiskriminierung. Seine Vorstellungen zielen auf die zwangsbewehrte Durchsetzung der Gleichstellung ab, die letztlich mittels durchgreifender staatlicher Maßnahmen geschehen müsse, was ihm den Vorwurf einbringt, einen totalitären und antidemokratischen Ansatz zu verfolgen.[96]

Deutlich wird aus diesen immer radikaleren Forderungen, dass das Ziel schon lange keine »farbenblinde« Gesellschaft mehr ist, die sich als eine Gemeinschaft von Gleichen versteht, in der man sich gegenseitig akzeptiert, wie dies noch die Vision Martin Luther Kings war, der er in seiner berühmten »I have a dream«-Rede[97] vom 28. August 1963 beim Marsch auf Washington Ausdruck verlieh.[98] Sondern gerade diese »Farbenblindheit« wird zunehmend als besonders bösartige, weil verkappte Form von Rassismus verstanden.[99]

---

[96] Ibram X. Kendi, There is no debate over critical race theory, in: The Atlantic, 9.7.2021, https://www.theatlantic.com/ideas/archive/2021/07/opponents-critical-race-theory-are-arguing-themselves/619391/ (18.8.2022); NZZ, Antirassismus, aber totalitär, 12.7.2022.

[97] https://www.americanrhetoric.com/speeches/mlkihaveadream.htm (18.8.2022).

[98] Steven Pinker stellt fest, dass dieses Denken dem von Martin Luther King verteidigten Ideal zuwiderläuft, demzufolge man in einer gerechten Gesellschaft nach dem beurteilt wird, was man als Person darstelle, und nicht nach seiner Hautfarbe. Die kritische Rassentheorie wende damit Martin Luther King den Rücken zu und gehe sogar so weit, ihn als Rassisten zu behandeln. Steven Pinker, in: Die Tagespost, 9.3.2021.

[99] Dass dieses abwertende Verständnis gegenüber dem Gleichheitsgedanken auch in Deutschland zu »wokem« Allgemeingut geworden ist, kann vielfach beobachtet werden. Hier sei nur das Beispiel des Informations- und Dokumentationszentrums für Antirassismusarbeit genannt: »Stichwort Farbenblindheit: Wenn eine Person sich als farbenblind beschreibt, möchte sie damit aussagen, dass sie die ›Hautfarbe‹ einer Person nicht wahrnimmt und diese in ihren Denkmustern und Verhaltensweisen scheinbar keine Rolle spielt. Dabei wird auf die Gleichheit aller und vermeintliche Chancengleichheit verwiesen. Allerdings wird der Ansatz der ›Farbenblindheit‹ kritisch diskutiert, da er tatsächlich nicht dazu führt, dass bestehender Rassismus reduziert wird. Stattdessen führt vermeintliche Farbenblindheit dazu, dass Rassismus als andauerndes Problem bestritten und zu einem Problem der Vergangenheit erklärt wird. Folglich verhindert Farbenblindheit, dass rassistische Strukturen und Denkmuster bekämpft werden. Bestehende Machtverhältnisse in Form von Privilegien, Zugängen und Ressourcen für weiß-gelesene Menschen werden stattdessen mit positiven Eigenschaften der weißen Person begründet (z.B. hartarbeitend) und der Einfluss rassistischer Gesellschaftsstrukturen ignoriert. Mit dieser Aufwertung der weiß-gelesenen Personen geht oft eine gleichzeitige Abwertung von BIPoC* [= Black, Indigenous, People of Colour, * = alles weitere] einher, die auf Stereotypen, Vorurteilen und sonstigen ethnisierenden, kulturalisierenden bzw. rassistischen Erklärungen beruht (z.B. Faulheit). Die Berufung auf Farbenblindheit kann zudem eine bewusste oder unbewusste Ablenkungsstrategie sein,

Daher zurück zur Ausgangsfrage nach dem Entrinnen aus dem Negativfeld für die, die die Identitätsmerkmale der Privilegierten tragen, aber diese Negatividentität nicht behalten wollen, die deshalb in diesem Modell Feld 3 bevölkern, in der Hoffnung so ihre falsche Identität zu heilen und endgültig aus dem Negativfeld herauszutreten.

Die conditio sine qua non ist, analog zum Erfahrungsraum der Religion, der bereits hinlänglich erörterte Erweckungszustand, die sog. »wokeness«. Diesem subjektiven Zustand muss aber ein objektiver Syllogismus Practicus zugeordnet sein,[100] der das Vorhandensein des Erweckungszustandes intersubjektiv erfahrbar und sichtbar macht.

Wie aber sieht dieser Syllogismus Practicus aus? Er drückt sich darin aus, dass eine Person aus Feld 3 sich die Interessen von mindestens einer Feld-2-Gruppe zu eigen macht und diese aktiv vertritt. Denn nur der aktive Beitrag zum Kampf der Entrechteten beweist die gereinigte Existenz als Folge der erfahrenen Erweckung.

Allerdings ist das nicht immer ein einfacher Weg. Denn unterschiedliche Anspruchsgruppen haben offensichtlich unterschiedliche Konjunkturen, was zu beträchtlichen Schwierigkeiten führen kann. Ein Beispiel soll wieder verdeutlichen, mit welchen Dynamiken zu rechnen ist:

Die Philosophin Kathleen Stock war bis 2021 Professorin an der University of Sussex. Sie ist Feministin, bekennende Lesbe und mit einer Frau verheiratet, mit der sie zusammen ein Baby erwartete. Stock gehört damit eigentlich zu Feld 2, einer sexuellen Minderheit, die um ihre Gleichberechtigung oder, je nach Radikalität, um ihre Gleichstellung kämpft. Sie hat aber als weiße hochgebildete Europäerin auch große Anteile aus Feld 1, weshalb für sie tatsächlich der Anspruch an eine Identität aus Feld 3 gilt: Wer eine positive Identität möchte, muss nicht nur *woke* sein, sondern sich auch die Anliegen einer Minderheit voll und ganz zu eigen machen.

---

wenn auf institutionellen, strukturellen Rassismus oder Alltagsrassismus aufmerksam gemacht wird.« https://www.idaev.de/recherchetools/glossar?tx_dpnglossary_glossary%5Baction%5D=list&tx_dpnglossary_glossary%5Bcontroller%5D=Term&tx_dpnglossary_glossary%5BcurrentCharacter%5D=F&cHash=8ef580311e7c7eaa2a74fd8686185ade (18. 8. 2022). Vgl. a. Bröning in: NZZ, »Equity« – und das Ende der Gleichheit, 23. 11. 2021.

[100] Zur Ehrenrettung der klassischen Calvinisten, deren bekannter Syllogismus Practicus hier Pate steht (also der Schluss von der Lebenspraxis auf den Stand der Erwählung), sei gesagt, dass dieses Konzept ihnen wohl fälschlicherweise unterstellt wurde. Vgl. Dieter Schellong, Calvinismus und Kapitalismus, Anmerkungen zur Prädestinationslehre Calvins, https://www.reformiert-info.de/Calvinismus_und_Kapitalismus-2851-0-56-7.html (17. 8. 2022).

Da Stock bereits zur Minderheit der verheirateten Lesben mit Kind gehört, wurde von ihr offensichtlich ein Engagement zugunsten einer anderen Minderheit erwartet. Hier war es die Transgender-Lobby, die sich anbot, Stocks defizitäre Feld-1-Anteile zu heilen.

Nun schrieb Stock aber ein feministisches Buch, namens *Material Girls. Why Reality Matters for Feminism*.[101] Darin argumentiert sie, dass »in einer Welt, in der Gender-Identität dem biologischen Geschlecht übergeordnet sei, [...] Frauen als das physisch schwächere Geschlecht das Nachsehen [hätten]. Unter bestimmten Umständen, [...] in Gefängnissen, bei Therapien, in Vergewaltigungsfällen und beim Sport sollte das biologische Geschlecht Vorrang haben, um die Rechte der Frauen zu schützen.«[102] Damit wiederholte Stock eigentlich nur, was das britische Gleichstellungsgesetz von 2010 schon vorsah.

Dennoch brachten ihr diese Äußerungen den wütenden und langanhaltenden Protest, Hass und Drohungen der »*Woke*-Gemeinschaft« ein. Per Instagram wurde die Forderung an die Universitätsleitung veröffentlicht, Kathleen Stock zu feuern. Die Forderung war mit der Drohung verbunden, dass man sonst die Macht der Transgender-Aktivisten kennenlernen werde. Konkret wurde der Fußgängertunnel der Universität mit Plakaten zugepflastert, auf denen die Entlassung Stocks gefordert wurde. In den Toiletten klebten zahlreiche Aufkleber, auf denen ihr »transphobic shit« vorgeworfen wurde.[103] Stock selber berichtet im Nachhinein von Todesdrohungen.[104] Kurzum, der emotionale Druck auf Stock wurde so massiv, dass sie eine Panikattacke erlitt und Hals über Kopf ihren Lehrstuhl aufgab.

Die wütenden Transgender-Aktivisten konnten sich dabei sowohl durch Stocks universitäre Kollegen ermutigt fühlen, die ihr tatsächlich »gefährliche Rhetorik« vorwarfen,[105] als auch von der internationalen *Woke*-Gemeinschaft. Denn bereits im Januar 2021 rückte Stock auch in den Bannstrahl der deutschen Aktivisten, die einen offenen Brief gegen Stock veröffentlichten. Unter ihnen waren viele Hochschulvertreter aus dem akademischen Mittelbau, die im Rahmen ihres Marsches durch die Institutionen zukünftig an der Spitze stehen werden. Auch die deutsche *Woke*-Gemeinschaft warf Stock »Transphobie« vor, weil sie Menschen, die männliche Geschlechtsorgane haben, aber sich als Frauen verstehen, nicht ausreichend wertschätze. »Im Brief hieß es, ›Transmenschen werden in der Gesellschaft tief diskriminiert‹, da sei es verletzend, ihnen das

---

[101] Kathleen Stock, Material Girls. Why reality matters for feminism, London 2021. Ähnlich das neu erschienene Buch von Alice Schwarzer und Chantal Louis (Hrsg.), Transsexualität, Was ist eine Frau? Was ist ein Mann? Eine Streitschrift, Köln 2022.
[102] NZZ, Die Panikattacke einer Professorin, 5.11.2021.
[103] NZZ, Die Panikattacke einer Professorin, 5.11.2021.
[104] NZZ, Eine lesbische Professorin ist die Hassfigur der Transsexuellen, 22.4.2022.
[105] Ebd.

Recht auf die freie Wahl der Umkleidekabinen oder die der sanitären Anlagen abzusprechen.«[106]

Das Beispiel Stock zeigt, dass selbst eine aktive Kämpferin für Lesbenrechte, wie dies ohne Zweifel auf Stock zutrifft, ihre positive Feld-3-Identität nicht sicher innehat. Denn wenn sie die Konjunkturen des »Wokismus« nicht ausreichend berücksichtigt (hier: Transgender ist derzeit wichtiger als lesbisch), dann verliert sie ihre schützende Feld-3-Identität und wird mit dem gleichen »Vernichtungswillen« bekämpft, der Menschen mit Negativ-Identität aus Feld 1 zukommt.

So kommt es, dass viele der fanatischsten Kämpfer gegen eine nüchterne Sicht auf die Wirklichkeit der Unterschiede, sei es bezogen auf Biologie, Probleme der Masseneinwanderung, der Hautfarbe oder der sexuellen Minoritäten, in der Regel Menschen sind, die alle Privilegien des Negativfeldes 1 für sich in Anspruch genommen haben (weiß, gebildet, vergleichsweise wohlhabend etc.) und nun gewissermaßen moralischen Ablass suchen, indem sie die Interessen der vermeintlich Entrechteten besonders engagiert vertreten bzw. den Kampf gegen die falsche Gesinnung mit besonderer Wucht führen. Es sind gerade die, denen alle Privilegien der Aufstiegsgenerationen im Westen zugekommen sind, die selbst nicht mehr im Krieg litten, sondern Wohlstand und Sicherheit in prosperierenden Gesellschaften erlebt haben und damit nach dem hier vorgestellten Modell eindeutig zu denen im Negativfeld 1 gehören würden, gerade diese Menschen werden nach ihrem Erweckungserlebnis durch den erwarteten Syllogismus Practicus die aktivsten Vorkämpfer einer neuen linken Identitäts- oder Gesinnungspolitik[107] und damit einer neuen Moral.[108]

---

[106] NZZ, Deutsche Gender-Aktivisten beteiligen sich an Hetzjagd, 2.11.2021.

[107] Mit einer gewissen Vorsicht, weil über verurteilte Personen aus Datenschutzgründen wenig bekannt wird, können hier auch die G20-Proteste in Hamburg 2017 ins Feld geführt werden. Nach den Protesten wurde bis heute gegen 1286 Männer und Frauen ermittelt. Diese 1286 G20-Aktivisten sind durch verschiedene Straftaten aufgefallen, auch wenn es sich in der Summe wohl eher um die weniger Kriminellen handelt, die sich so ungeschickt verhalten haben, dass sie identifiziert werden konnten. Der Punkt, auf den hier hingewiesen werden soll, ist, dass es sich bei diesen »überengagierten« Aktivisten in dem Diskurskontext G20, also globale Umwelt- und Armutsproblematik, ganz überwiegend um Menschen handelte, die diesbezüglich Feld-1-Kriterien erfüllen. Denn die Verurteilten kommen größtenteils aus Deutschland, Holland, Italien und der Schweiz, sind also mehrheitlich weiß, privilegiert, vergleichsweise wohlhabend und pflegen einen Lebensstil, der im weltweiten Vergleich mit den höchsten Ressourcenverbrauch generiert. Durch ihren Aktivismus können sie dieses Manko jedoch heilen und eine Feld-3-Identität annehmen.
Ein ähnliches Phänomen gilt für die Fridays-for-Future-Aktivisten, die als Schüler kostenloser Bildungseinrichtungen im Westen ihre Feld-1-Existenz, die mit einem großen ökologischen Fußabdruck verbunden ist, durch entsprechenden Aktivismus in eine »gereinigte« Feld-3-Existenz verwandeln können.

Drei abschließende Beispiele mögen den Gedankengang illustrieren:
1. Seit dem 18. Dezember 2018 können Deutsche ihr Geschlecht offiziell als »divers« angeben. Da zu Beginn einer solchen fundamentalen Änderung der Rechtslage mit den meisten entsprechenden Anträgen zu rechnen ist, wurde mit Spannung erwartet, wie viele Menschen sich betroffen fühlen und in den ersten knapp zwei Jahren von dieser Möglichkeit Gebrauch machen. Bis zum 30. September 2020 waren es exakt 394 Menschen, die sich mit drittem Geschlecht als »divers« eintragen ließen. Es geht also um eine sehr kleine Minderheit, die etwas weniger als 0,0005 Prozent der Bevölkerung entspricht.[109] Sie mag mit der Zeit noch ein wenig anwachsen, aber daran, dass sie gesamtgesellschaftlich extrem klein ist, ändert sich nichts.
Dennoch findet sie besonders beflügelte Unterstützer durch Aktivisten, die selbst nicht »divers«, dafür aber *woke* sind und ihre Feld-3-Identität absichern, indem sie für diese marginale Gruppe lautstark eine institutionelle Überrepräsentanz durch Gleichstellungs- und Diversitätsbeauftragte fordern und auch erfolgreich durchsetzen. So macht sich auch die Diakonie Deutschland in ihrem Newsletter vom 2. November 2021 dieses Anliegen zu eigen und fordert einen gesetzlichen Anspruch auf »sensible und fachlich kompetente Beratung« für »Trans*-, intergeschlechtliche und/oder nichtbinäre Menschen« »im Versorgungssystem der psychosozialen Beratung.«[110]
2. *Woke* Kreise beklagen zunehmend, dass sich der Proporz der Migranten in der Gesellschaft, der aufgrund der enormen Zuwanderung der letzten zwei Jahrzehnte enorm gestiegen ist, nicht unter den Beamten allgemein und auch nicht unter den Polizisten im Besonderen wiederfindet. Der sich als *woke* verstehende rot-grüne Senat in Berlin forderte daher zu Beginn des Jahres 2021, dass der öffentliche Dienst den gesellschaftlichen Proporz abbilden solle. Es war von einer »Migrantenquote« die Rede.
Natürlich war den Berliner Regierenden immer klar, dass eine der Bevöl-

---

[108] Inwieweit dieser Trend noch viel allgemeiner ist und mit dem Abdanken von Religion und Tradition zu tun hat, dazu siehe Alexander Grau, DLF, Tag für Tag, Alexander Grau im Gespräch mit Andreas Main, 30.11.2017: Sinngemäß zusammengefasst: Hypermoral entsteht immer dann, wenn der Moral nicht entweder Religion oder andere Dinge wie Tradition, Kultur, Nation vorausgehen. Diese vorgängigen Dinge haben aber alle in der aktuellen Gesellschaft ihre zentrale Gültigkeit verloren, weshalb sich neue vorgängige Ideen eine neue Moral schaffen.

[109] Welt, So viele Menschen haben die dritte Geschlechtsoption genutzt, 2.2.2021, https://www.welt.de/politik/deutschland/article225498835/Intergeschlechtlichkeit-So-oft-wurde-dritte-Geschlechtsoption-genutzt.html (19.8.2022).

[110] Sie nimmt dabei Bezug auf ein Positionspapier vom »Regenbogenportal«, das sie im Anhang mitliefert, https://www.regenbogenportal.de/bund/dialogforum/gesetzlicher-beratungsanspruch (11.11.2021).

kerung entsprechende Repräsentanz in Behörden und Sicherheitsorganen aufgrund der unterschiedlichen Bildungsstruktur und kulturellen Prägungen der Zugewanderten erst nach einer sehr langen und erfolgreichen Integrationsphase möglich wäre. Daher will dann auch das Gesetz, das vermutlich gegen den Widerstand der ganz radikalen Woke-Gemeinschaft verfasst wurde und seit dem 5. Juli 2021 in Kraft ist, nur noch »die Beschäftigung von Personen mit Migrationshintergrund gemäß ihrem Anteil an der Berliner Bevölkerung im öffentlichen Dienst des Landes Berlin gezielt *fördern*.«[111] (Hervorhebung D.H.) Interessant ist in diesem Zusammenhang nicht die Umsetzung, sondern das anfängliche dezidierte Vorbringen einer wirklichkeitsfremden Forderung. Sie scheint vorwiegend dem Zweck verpflichtet gewesen zu sein, die richtige, *woke* Gesinnung durch politischen Aktivismus als Syllogismus Practicus zu unterstreichen.

3. Ein drittes Beispiel wäre der Studierendenrat der Universität Halle, der – *woke*- und rot-grün-dominiert – in diesem Jahr den Antifa-Arbeitskreis ausgeschlossen hat. Es folgt ein Zitat aus der FAZ: »Den Arbeitskreis Antifa gibt es seit 27 Jahren. Er widmet sich dem Kampf gegen Antisemitismus und Rechtsextremismus und hat sich dafür Anerkennung erworben. Im vergangenen Herbst hatte er sich erlaubt, zum Thema Geschlecht mehrere Redner einzuladen, die der Überzeugung sind, dass Körper und Geschlecht etwas miteinander zu tun haben. Damit hatte er gegen ein Tabu innerhalb des Studierendenrats verstoßen. Die Auftritte dieser Redner, deren Vorträge keinerlei Schmähungen enthielten, fanden unter fragwürdigen Bedingungen statt [...]. Mitglieder des Arbeitskreises wurden auf Handzetteln als Sexualverbrecher diffamiert. Ein Mob formierte sich, der vor der Veranstaltung zu Hass und Gewalt gegen die Redner aufrief. Über den Computer eines Führungsmitglieds des Studentenrats war zuvor das Sicherheitskonzept geleakt worden.«[112] Nach diesen Ereignissen trieb der Studierendenrat die Auflösung des Antifa-Arbeitskreises voran. Nach außen wurde noch eine halbherzige Mediation versucht, »die absehbar scheiterte. Wie halbherzig, kann man schon daran sehen, dass auf der Sitzung erst der Auflösungsantrag abgesegnet wurde, und viel später über die Mediation gesprochen werden sollte, so als würde vor Gericht das Urteil vor der Beweisaufnahme gesprochen.«[113]

Auch hier kann das Felder-Modell die Wucht der plötzlich aufkommenden Empörung erklären. Es handelt sich um eine Empörung, die sich von einer Feld-3-Gruppe gegen eine andere aus demselben Feld 3 wendet. Ähnlich wie

---

[111] § 1, Abs. 2 Partizipationsgesetz, https://gesetze.berlin.de/bsbe/document/jlr-PartMigGBEpP1 (19.8.2022).
[112] FAZ, Steinerne Argumente Halle: Debattenkultur auf dem Tiefpunkt, 27.7.2022.
[113] Ebd.

im Fall Stock wurde hier von der Antifa die Konjunktur des »Wokismus« nicht ausreichend berücksichtigt. Dies führt bei den Vertretern der herrschenden Woke-Gemeinschaft, dem Studierendenrat, spontan zu dem bekannten »Vernichtungswillen« (im übertragenen Sinne). Die Wucht der Empörung ist groß, denn ihr Maß rechtfertigt die eigene Positiv-Identität.[114]

Fazit

Die Ungleichheit der Gleichen

Alle Versuche, die der Reinigung der Feld-3-Menschen von ihrer Feld-1-Abstammung und entsprechenden Merkmalen dienen, führen letztlich immer zu *affirmative action* oder sogar zur Gegendiskriminierung, nach den Vorstellungen von Ibram X. Kendi. Denn um von der Gleichberechtigung zur Gleichstellung oder sogar institutionellen Überrepräsentanz zu kommen, ist ein äußerer Eingriff nötig. Wo dieser nicht durch das System geschieht, ist er durch Aktivisten

---

[114] Die Psychologin und Gerichtsgutachterin Esther Bockwyt beschreibt die Mechanismen, denen insbesondere Feld-3-Menschen unterworfen sind in der NZZ, Woke-Kultur – eine zwanghafte Einengung, 8.6.2022, wie folgt: »Was auf den ersten Blick fortschrittlich klingt, nimmt mehr und mehr ungesunde, militante Züge an, verbunden mit der Stigmatisierung Andersdenkender [...]. Auf der Basis einer pauschalen Einteilung von Menschen in Opfergruppen und Privilegierte wird abgeleitet, wer was wann sagen oder tun darf. [...] Menschen neigen dazu, sich durch starke Identifikation mit ehren- und tugendhaften Idealen und scheinbar progressiven, modernen Ideen in ihrem Selbstwertgefühl selbst aufzuwerten – Woke ist also sinnstiftend und gewissermaßen auch ein Statussymbol. Psychologisch spezifisch für eine radikal ausgelegte und gelebte Woke-Ideologie ist die intellektualisierte Fixierung auf Moral, einhergehend mit dem Streben nach Perfektion – die Vorstellung von einer Art störungsfreiem Lebensraum ohne Potential für Kränkungen, Spannungen und Wut. Nun kann dieser Wunsch nach Perfektion aber auch etwas Rastloses und Zwanghaftes annehmen. Und ist man dem zwanghaften Modus des Erlebens einmal erlegen, gibt es nur noch immer starrere Regeln und Ordnungen, die kein Abweichen erlauben. [...] Und weil jeder Zwang aus sich heraus die Neigung hat, sich auf neue Gebiete auszudehnen, entwickelt sich die Rigidität im Erleben und Denken eigendynamisch zu einer immer ausgeprägteren Einengung: immer mehr Regeln [...] Das Resultat ist ein ständiges, passives Konkurrieren um immer neue Opferrollen. [...] Natürlich führt dies auch auf der Seite der ›Privilegierten‹ zu Reaktionen; zunächst zu einer unehrlichen Selbstkasteiung und Unterwerfung, oft zu einer perversen Art von Schuldgefühlen und damit zu einer allenfalls oberflächlichen Rücksichtnahme und zu scheinbarer Empathie.«

selbständig durchzuführen. Gemäß dieser Logik ist er in beiden Fällen legitimiert, denn es geht um die gerechte Sache, die Wahrheit und die Moral.[115]

Dabei muss jede *affirmative action* sowie jede aktivistische Aktion – wie mehrfach betont – gerade die Ungleichheit von bestimmten Gruppen hervorheben, denn erst ihre Differenz beweist die ungleiche Verteilung von Privilegien, offenbart die Unterteilung in Opfer und Täter und legitimiert den Kampf.

Daher haben in dieser Weltsicht differenzierte und maßvolle Positionen keinen Platz, wie die bewusste »Farbenblindheit« oder Hinweise, dass beispielsweise bei Anstellungsfragen die sexuelle Ausrichtung eines Menschen nebensächlich sei, weil es um ganz andere Kriterien gehe, die etwas mit Eignung und Neigung zu tun haben. Denn eine solche differenzierte Haltung wäre unangemessen, da sie den fundamentalen Identitätsunterschieden nicht gerecht wird und im Verdacht steht, das Vorhandensein von illegitimen Machtanteilen in den falschen Händen bewusst zu ignorieren.[116]

Die neue Kultur – voraufklärerisch?

Die *woke* Kultur durchdringt mit ihrem Ansatz immer weitere Kreise und Themenfelder. Es reicht von der theoretischen Diskussion über das »richtige« Kulturverständnis, dringt durch in unterschiedliche gesellschaftliche Diskursfelder und konkretisiert sich im Kampf der Aktivisten unterschiedlicher Gruppen um Förderungen, Gleichstellung und Überrepräsentanz oder auch nur um radikalen Schutz vor dem, was man mit wachsender Empfindsamkeit als »Belei-

---

[115] In diesem Sinne stellt Grau fest, dass das, was dieser neuen Moral vorausgeht (s. Anm. 108), sie nun also, da Religion und Überlieferung abgedankt haben, definiere, schlicht Machtpolitik sei, also politische Interessendurchsetzung. Letztlich dasselbe Motiv, das man denen unterstellt, die das Anliegen nicht teilen. Alexander Grau, DLF, Tag für Tag, Alexander Grau im Gespräch mit Andreas Main, 30.11.2017.

[116] Die bereits zitierte junge, schwarze, bisexuelle Künstlerin, Ayishat Akanbi (s. Anm. 90), die als frühere »Black-Lives-Matter«-Aktivistin einen interessanten Umdenkungsprozess durchlaufen hat, äußert sich wie folgt: »Wenn wir uns aber anschauen, wozu Wokeness sich entwickelt hat, beschreibt sie eher eine Ideologie, die ziemlich intolerant und uneinsichtig sein kann, sich moralisch überlegen fühlt, fehlinterpretiert und versessen darauf ist, die Welt ausschließlich in Machtdynamiken zu verstehen. Sie betrachtet Menschen durch abstrakte soziologische Linsen, gruppiert sie nach Identitäten oder sozialen Markern und erkennt darüber hinaus nichts. Wokeness ist wie ein Narkosemittel für all die Komplexitäten, die einen Menschen ausmachen. Dazu kommt, dass der einzelne Mensch so unglaublich vielschichtig ist, dass ich nicht wirklich an die Prinzipien der Wokeness glaube.« Zeit Magazin, 1.9.2021.

digung« von Opfern versteht (z.B. die sog. *kulturelle Aneignung* oder sog. *microaggressions* oder schlicht das Verwenden verbotener Vokabeln).

Allen diesen Bereichen scheint gemeinsam, dass es nicht so sehr darum geht, was eine Person oder Gruppe inhaltlich konkret fordert oder vertritt, sondern es noch wichtiger scheint, welche Identität eine Person oder Gruppe hat.

Hat jemand eine negative Feld-1-Identität, ist er inhaltlich nicht satisfaktionsfähig (Stichwort: White Fragility). Hat jemand eine unsichere Identität, mit negativen Feld-1-Abstammungselementen, aber auch positiven Feld-2-Anteilen (z.B. lesbische Feministin), entsteht eine Feld-3-Identität, deren Dauerhaftigkeit davon abhängt, dass die Person sich die Anliegen der richtigen Gruppe zu eigen macht. Dies gilt umso mehr, wenn die Feld-3-Identität allein auf »wokeness« beruht. In beiden Fällen muss zur dauerhaften Sicherung einer positiven Feld-Drei-Identität der richtige Syllogismus Practicus in Form von engagiertem Aktivismus vorliegen. Am sichersten ist die positive Identität, wenn eine Person oder Gruppe unzweifelhaft zu Feld 2, den Entrechteten gehört. So konnte der *Islamogauchismus* entstehen, der völlig unabhängig von inhaltlichen Fragen sogar radikale Muslime unterstützt, weil deren positive Feld-2-Identität alles überstrahlt.

Wenn aber Menschen oder Gruppen wieder aufgrund zugeschriebener Identitäten unterschiedlich bzw. ungleich beurteilt und behandelt werden und nicht Dinge, Argumente und Inhalte, dann wird das Grundanliegen der Gleichheit, das seit der Aufklärung den Ausgangspunkt aller hier geschilderten Entwicklungen bildete, ad absurdum geführt. Denn dessen Grunderkenntnis ist nun einmal, dass Unterschiede zwar unvermeidbar sind, weil kein Mensch dem anderen gleicht, dass aber die Gruppenidentität oder bestimmte Abstammungsmerkmale keine Sonderrechte, Sonderbehandlungen und -beurteilungen nach sich ziehen dürfen. Was allein zählt, ist die je eigene Kombination aus Wille (Neigung), Eignung oder dem stichhaltigeren Argument.

Daraus folgt, dass, auch wenn man der hier beschriebenen Welt- und Kultursicht eine positive Absicht unterstellen wollte, immer noch die These bleibt, dass der zugrunde liegende Gleichheitsgedanke nicht verwirklicht werden kann, wenn er hinter seine eigenen Ansprüche zurückgedrängt wird.

Gleichheit, die fest verankert ist in lebensweltlicher Realität, lässt sich letztlich auf vier Punkte reduzieren:
1. Alle Menschen haben exakt den gleichen Wert und die gleiche Würde. Sie sind daher vor Gott und dem Gesetz gleich.
2. Menschen sind sowohl einzeln als auch in Gruppen unterschiedlich, sie bringen verschiedene Voraussetzungen mit, haben unterschiedliche Neigungen und leisten auch unterschiedlich viel in verschiedenen Bereichen (Eignungen). Das ist kein Schöpfungsdefizit, sondern Schöpfungsvielfalt.

3. Daraus folgt, dass auch Minderleistung Wert und Würde von Menschen nicht antastet und dass Menschen oder Gruppen in diesen Fällen die Solidarität der Gesellschaft erfahren sollen, deren Teil sie sind.
4. Gleichzeitig bedeutet dies, dass kein Mensch, nur weil er eine bestimmte Identität hat oder ein bestimmtes Gruppenmerkmal trägt bzw. einer speziellen Gruppe zugerechnet wird, die je nach Konjunktur eine besonders lautstarke Lobby hat, auf Kosten anderer besondere Anrechte geltend machen kann. Gruppenzugehörigkeit und Identität dürfen im Miteinander der Gleichheit keine bestimmende Rolle spielen, denn das wäre nichts anderes als Feudalismus oder sogar Rassismus im neuen oder auch nur gewendeten Gewand.

Interreligiöser Dialog als Gegenstand moralischer Wertung

Erwägungen zu deutschen Diskursen um Kirche, Islam und Gesellschaft

Henning Wrogemann

Von Dialog ist in den Medien allerorten die Rede. Dialogisch zu sein, das gilt als ein Gütesiegel. Vor allem im Zusammenhang der Politik kommt der Begriff des Dialogs geradezu allgegenwärtig vor. Man möchte »im Dialog bleiben«, vor allem mit solchen »Partnern«, die sich auf bestimmte Fragen hart und kompromisslos geben, etwa Erdogan, Orbán oder Putin. Man mag fragen: Was eigentlich wird hier unter Dialog genau verstanden? Und: Welche kommunikativen Signale werden mittels des Begriffs »Dialog« in die Öffentlichkeit ausgesandt? Offensichtlich geht es nicht nur um den Dialogbegriff als solchen, sondern auch um seinen symbolischen Mehrwert. Warum muss es Dialog heißen und nicht: Austausch oder Verhandlung?[1]

Die Vermutung lautet: Weil der Begriff des Dialogs in deutschen Diskursen mit einer Aura umgeben ist, die ihn als ein besonders wertvolles und also angesehenes Handeln auszeichnet. Dialogisch zu sein, das ist gut. Nicht dialogisch zu sein, das ist problematisch. In einem Wort: »Erkläre mir Deinen Dialogbegriff und ich sage Dir, ob Du moralisch handelst.« Im Folgenden ist daher der Dialogbegriff zu differenzieren und sodann seine diskursive Verwendung zu bedenken. Als Beispiel sei die Diskussion um eine Handreichung des Rates der Evangelischen Kirche in Deutschland (EKD) mit dem Titel *Klarheit und gute Nachbarschaft* (2006) gewählt, in der es um die Beziehung der evangelischen Kirche(n) zu islamischen Präsenzen in Deutschland geht.[2] Wie also ist das Verhältnis von Dialog und Moral zu bestimmen?

---

[1] Zum Ganzen: Henning Wrogemann, Religionswissenschaft und Interkulturelle Theologie, Leipzig 2020, bes. 499–610; ders., Theologie Interreligiöser Beziehungen, Gütersloh 2015.

[2] Kirchenamt der EKD, Klarheit und gute Nachbarschaft. Christen und Muslime in Deutschland. Eine Handreichung des Rates der EKD (EKD-Texte 86), Hannover 2006.

1. Dialog als Begriff: Was ist gemeint? – Differenzierungen

Für das Thema interreligiöser Dialoge kann man zunächst grob zwischen pragmatischen und theologischen Dialogen unterscheiden.[3] Unter pragmatischem Dialog wird ein solcher verstanden, der seinem eigenen Anspruch nach nicht theologisch ist, etwa wenn Vertreter verschiedener Religionen nach einem Anschlag zusammenkommen, um Einigkeit zu demonstrieren, wobei theologische Inhalte bewusst ausgeblendet werden. Nicht-theologisch sind auch pragmatische Absprachen vor Ort, etwa in einem Stadtteil, wenn ebenfalls theologisch-weltanschauliche Themen hinter der Pragmatik der Problemlösung völlig in den Hintergrund treten.

Anders liegen die Dinge bei theologisch-religiösen Dialogen. In einem *Kenntnis*-Dialog zwischen zwei (oder mehreren) religiösen Akteuren werden die jeweiligen Profile schlicht als *gegeben* betrachtet. Es werden Vergleiche angestellt, wobei es zur Vergrößerung der eigenen Kenntnis kommt, die mittelbar auch zu graduellen Veränderungen des eigenen Profils führen kann. Die Intention allerdings ist hier lediglich auf ein Mehr an Information ausgerichtet.

Konsens-Dialoge dagegen, etwa zwischen religiös ähnlich eingestellten Vertretern/innen verschiedener Religionen, haben ein anderes Ziel. Die verschiedenen Profile werden eher als zu überwindendes *Problem* betrachtet. Da größere religiöse Nähe oder gar Einheit als Ziel angestrebt wird, haben Konsens-Dialoge eine eigene Ausrichtung. Hier geht es nicht um eine investigative Hermeneutik, sondern um eine assimilative Hermeneutik: Im Dialog soll eine größtmögliche Nähe hergestellt werden.

Wiederum gänzlich anders ist die Intention eines *Kontrovers*-Dialogs, bei dem die verschiedenen Profile weder als Gegebenheit noch als Problem, sondern als *Auftrag* verstanden werden. Es wird weder eine investigative noch eine assimilative, sondern eine argumentative Hermeneutik verfolgt. Ziel ist dann nicht (nur) ein Mehr an Information, auch nicht eine angestrebte Einheit, sondern eine Entscheidung über die in Rede stehende religiöse Wahrheit. Man rechnet damit, dass die religiöse Wahrheit (die in der eigenen religiösen Verortung gesehen wird) sich von selbst durchsetzen werde. Dies aber erfordert, als menschliche Akteure sowohl auf Manipulation als auch das Ausüben von Druck zu verzichten.

Das Fazit lautet, dass es sich beim Thema Dialog um deutlich unterschiedliche Phänomene handelt, pragmatisch oder theologisch, als Kenntnis-, Konsens- oder Kontrovers-Dialog. Was also ist im Einzelfall mit dem Begriff Dialog gemeint? Und welche Form eines Dialogs kann als besonders moralisch angesehen

---

[3] Vgl. Henning Wrogemann, Kenntnis – Konsens – Kontroversität. Kirchliche Papiere zum Verhältnis Christen und Muslime und der Begriff des Dialogs, in: Evangelische Theologie 79 (2019), 183–195.

werden? Wer nutzt den Begriff in welcher Diktion, um mit ihm diskursiv was genau einzufordern oder als allgemein gültig zu behaupten?

2. Dialog als diskursives Instrument: Welche Aura ist erkennbar?

In christlich-kirchlichen Kontexten hat sich in den letzten etwa 50 Jahren eine Dialogszene gebildet, in der, trotz aller Unterschiedlichkeit, ein Idealbild von Dialog kursiert, das in groben Strichen wie folgt umrissen werden kann. Ein interreligiöser Dialog ist erstens ein kommunikatives Geschehen, das unbedingt *auf gleicher Augenhöhe* zu geschehen habe, bei dem es zweitens darum geht, *offen zu sein für das religiös Andere*, drittens darum, *lernbereit zu sein und zu hören*, viertens darum, bereit zu sein, *die eigene Sicht zu revidieren*, sowie fünftens darum, *sich in den/die/das Andere(n) einzufühlen*, um damit sechstens *ein möglichst tiefes Verstehen* zu erreichen.

In der Praxis kann man, von diesem Idealbild inspiriert, nicht selten ein Verhalten christlicher Dialogteilnehmer/innen beobachten, das von einem Willen geprägt zu sein scheint, sich bewusst und vorsätzlich beeindrucken zu lassen. Damit aber scheint der Begriff des Dialogs selbst religiös aufgeladen zu werden, da das Sich-in-einen-Dialog-Begeben als eine quasi-religiöse Handlung erscheint. Als Ausweis der dialogischen Haltung gilt dann, sich innerlich der Option zu öffnen, die Religion des Anderen anzunehmen, auch wenn man diesen Schritt dann letztendlich doch nicht geht. Wahrhaft dialogisch ist, wer fast zur Religion des/der Anderen konvertiert wäre.

Dieses Profil lässt deutlich erkennen, dass die *Aura* des Dialogbegriffs diesen als besonders moralisch erscheinen lässt. Die Kriterien des Verstehens, des Sich-Öffnens, des Anerkennens des religiös Anderen, des darin auf Frieden ausgerichteten Handelns, alles dies kann leicht im Sinne einer besonders moralischen Haltung und Handlung gedeutet werden. Im Hintergrund stehen dann die Kriterien der Herstellung interreligiöser Nähe (Offen-Sein, Anerkennen, Selbstrevision) und des als implizit gedachten Friedens. Kommen wir damit zu den Begriffen Moral und Moralismus.

3. Moral und Moralismus

Für das Thema Moral ist es von grundlegender Bedeutung, den Moralbegriff vom Begriff des Moralismus zu unterscheiden, da ansonsten jede moralische Wertung als Moralismus diskreditiert werden könnte.[4] Was also unterscheidet ein moralisches Urteil von Moralismus? Aus der philosophischen Diskussion sei lediglich auf zwei Arten von Moralismus hingewiesen, die mit den Begriffen Emotion und Partikularität verbunden werden können.

So differenziert Oliver Hallich zwischen moralischen Äußerungen als primären Sanktionen und als sekundären Sanktionen. Demnach ist ein moralisches Urteil, das sich auf Handlungen bezieht, die als verwerflich betrachtet werden, als primäre Sanktion zu bezeichnen. Das moralische Urteil drückt gleichzeitig »moralische Gefühle« aus und identifiziert etwas als verwerflich und damit abzulehnen. Wenn sich jedoch eine moralische Äußerung sanktionierend auf Menschen bezieht, die es *unterlassen*, im Blick auf den betreffenden Sachverhalt ihrerseits moralische Empörung zu zeigen, dann handelt es sich um eine sekundäre Sanktion: Der Moralist gibt durch sprachliche Äußerungen, Mimik und Gestik zu verstehen, dass er missbilligt, dass jemand anders seinerseits keine moralische Entrüstung für den betreffenden Sachverhalt zeigt. Es geht demnach nicht nur um moralische Urteile, sondern darum, dass der Moralist von anderen entsprechende »moralische Beurteilungen einfordert«.[5]

Eine andere Form von Moralismus kann mit dem Begriff Partikularität umschrieben werden. Gemeint ist, dass dabei aus der Bandbreite verschiedener Optionen ein bestimmter Bereich der Moral überbewertet und damit verabsolutiert wird. Fabian Wendt erläutert dies an den Optionen Verantwortungsethik versus Gesinnungsethik, indem er im Blick auf die Migrationsdiskurse Folgendes zu bedenken gibt:

> »[W]enn man eine streng unparteiische, kosmopolitische Perspektive einnimmt, in der es keine partikularen moralischen Bindungen im Bereich der Politik gibt, dann rechtfertigt der Wert des Friedens allein natürlich noch nicht, dass ein Staat Einwanderung beschränkt [...]. Doch könnte es sein, dass eine Politik der radikalen Grenzöffnung im Namen der globalen Verteilungsgerechtigkeit oder des individuellen Rechts auf grenzüberschreitende Bewegungsfreiheit in vielen Ländern aus verschiedenen Gründen Frieden gefährdet und insgesamt in der Welt zu mehr Unfrieden führt. Ob und inwieweit dies der Fall ist, ist natürlich eine offene Frage. Aber wenn man solche Überlegungen vernachlässigt oder in ihrer Bedeutung herunterspielt, ist man ein Moralist [oder eine Moralistin], der den Wert der Gerechtigkeit als eines vermeintlich edleren Werts gegenüber dem Wert des Friedens als eines vermeintlich profaneren Werts überbetont.«[6]

---

[4] Vgl. Christian Neuhäuser/Christian Seidel (Hrsg.), Kritik des Moralismus, Frankfurt a. M. 2020.

[5] Oliver Hallich, Was ist Moralismus? Ein Explikationsvorschlag, in: Neuhäuser/Seidel, Moralismus (s. Anm. 4), 61–82, 67.

[6] Fabian Wendt, Moralismus in der Migrationsdebatte, in: Neuhäuser/Seidel, Moralismus (s. Anm. 4), 406–421, 420.

Was ergibt sich aus der Anwendung dieser Definitionen für das Thema interreligiöser Dialog? Nun zu dem angekündigten Beispiel.

4. Ein Beispiel: Die Diskussion um Klarheit und gute Nachbarschaft

Nach diesen Vorüberlegungen seien am Beispiel der Auseinandersetzungen um die EKD-Handreichung *Klarheit und gute Nachbarschaft* aus dem Jahr 2006 einige Beobachtungen angestellt.[7] Dieser Text wurde von muslimischen wie christlichen Akteuren als für den Dialog wenig hilfreich kritisiert. Mit welchen inhaltlichen Argumenten und diskursiven Strategien?

Als einer der besonders engagierten Kritiker brachte Jürgen Miksch einen Aufsatzband mit dem Titel *Evangelisch aus fundamentalem Grund* heraus, womit der EKD-Handreichung als Anspielung deutlich der Vorwurf gemacht wird, in ihr sei eine fundamentalistische und also unmoralische Haltung erkennbar.[8] Dies wird auch am polemischen Untertitel erkennbar, der lautet:»Wie sich die EKD gegen den Islam profiliert«.[9]

Damit wird erstens auf ein bestimmtes Dialogverständnis mit *moralischer Empörung* reagiert, indem implizit der Vorwurf des Fundamentalismus erhoben wird. Eine diskursive Ausgrenzungsstrategie ist darin leicht zu erkennen. Dabei wird zweitens ein ganz bestimmtes Profil des Dialogbegriffs vorausgesetzt, das allein als moralisch vertretbar gilt. Anderen Dialog-Profilen dagegen wird das Gütesiegel des Moralischen damit aberkannt. Da aber, und dieser Punkt ist von grundlegender Bedeutung, der Dialogbegriff bei den Kritikern nicht differenziert wird, fällt ihr intuitiv unterlegtes Dialogverständnis mit dem Begriff des moralischen Handelns zusammen.

In einer eingehenden Analyse hat Johannes Kandel als einer der Autoren der Handreichung die Diskussion um dieses Papier nachgezeichnet.[10] Der Koordinationsrat der Muslime (KRM) etwa kritisiere, so Kandel, in ironischer Weise,

---

[7] Kirchenamt der EKD, Klarheit (s. Anm. 2).

[8] Jürgen Miksch (Hrsg.), Evangelisch aus fundamentalem Grund. Wie sich die EKD gegen den Islam profiliert, Frankfurt a. M. 2007.

[9] Hier wäre erklärungsbedürftig, was »der« Islam sein soll, und warum »die« EKD sich »gegen« etwas »profiliert« und nicht schlicht »gegenüber«. Angesichts der harmlosen theologischen Aussagen der EKD-Schrift ist die Aufregung von Miksch schwerlich erklärbar, solange man von neutestamentlich-biblischem Zeugnis wie von kirchlichen Bekenntnistraditionen her denkt.

[10] Johannes Kandel, ›Klarheit und gute Nachbarschaft‹. Die Evangelische Kirche im Interreligiösen Dialog, in: P. Hünseler (Hrsg.), Im Dienst der Versöhnung. Für einen authentischen Dialog zwischen Christen und Muslimen, Regensburg 2008, 147–180.

dass in der Handreichung das »Hohelied auf die Mission« gesungen werde, wobei umgekehrt, so Kandel weiter, der Aufruf zum Islam von Verbänden wie Milli Görüsch als selbstverständlicher Teil des eigenen Engagements gesehen werde. Kandel: »Der ›Dialog‹, den der KRM meint und zur Norm erheben will, muss konsequent das *christliche Glaubenszeugnis minimieren*. Daher insistiert der KRM auf einen Dialog, der vor allem auf praktischen Handlungsfeldern *Gemeinsamkeiten* entdecken und entfalten soll.«[11]

Dahinter stehe, so Kandel, »eine wenig dialogfähige Geisteshaltung [...], die sich wie folgt zusammenfassen lässt: Da der Islam als die letzte Offenbarungsreligion Judentum und Christentum siegreich überwunden hat, ist ein ›missionarischer‹ Anspruch der übertroffenen, letztlich im Islam aufgehobenen, christlichen Religion anachronistisch und der ›wahren Religion‹ gegenüber feindselig. Warum sollte nach den letztgültigen Offenbarungen, die Mohammed als dem ›Siegel der Propheten‹ zuteil geworden sind, eine überwundene Religion noch Gelegenheit erhalten, ihre ›falschen‹ Einsichten, z. B. über Jesus als den Sohn Gottes und den dreieinigen Gott, unter Muslimen zu verbreiten? Und warum sollten Muslime eigentlich wollen, etwas über den christlichen Glauben zu erfahren?«[12]

Interessant ist die Beobachtung, dass Personen wie Miksch offensichtlich im Austausch mit muslimischen Verbänden eben diesem spezifisch koranisch-muslimischen Dialogverständnis, einem Dialogverständnis in theologischer Diktion, *nachgeben* und es nicht als »un-dialogisch« verstehen, wenn hier christliche Letztbegründungsansprüche in Frage gestellt werden. Damit kommen Personen wie Miksch den Muslimen tatsächlich näher, was allerdings als gradueller Übergang zur (unverändert beharrenden) muslimischen Position gedeutet werden kann. Dies bedeutet eine graduelle Transformation in Richtung auf islamische Positionen. Warum aber wird der muslimischen Seite etwas zugestanden, was im Blick auf die christliche Seite als fundamentalistisch apostrophiert wird?[13]

---

[11] Kandel, ›Klarheit‹ (s. Anm. 10), 168–169. Für muslimische Mainstream-Positionen, etwa in Ägypten, vgl. Francis Abdelmassieh, Egyptian-Islamic Views on the Comparison of Religions: Positions of Al-Azhar University Scholars on Muslim-Christian Relations, Münster 2020.

[12] Kandel, ›Klarheit‹ (s. Anm. 10), 168.

[13] Zu solchen Aussagen gehört etwa die Feststellung der EKD-Handreichung: »So wertvoll die Entdeckung von Gemeinsamkeiten im christlichen und muslimischen Glauben ist, so deutlich werden bei genauerer Betrachtung die Differenzen. Die Feststellung des ›Glaubens an den einen Gott‹ trägt nicht sehr weit. Der Islam geht von einem eigenen Glauben und Gottesbild aus, auch wenn er auf die Bibel und ihre Lehren verweist. Deren Darstellungen ordnet er seiner neuen Lehre unter, die weder die Trinitätslehre noch das Christusbekenntnis und die christliche Heilslehre kennt. Die evangelische Kirche kann

Ganz anders dagegen der EKD-Text. Kandel resümiert zu Recht: »Es verstimmt den KRM, wenn der bislang so bereitwillige Solidarpartner, die Evangelische Kirche, das eigene Profil betont, dies selbstbewusst zum Ausdruck bringt und das Verhältnis zum Islam auch als Konkurrenzsituation versteht.«[14]

Interessant an dieser Debatte ist die Beobachtung, dass es Personen wie Miksch offensichtlich um Dialog im Sinne eines Konsens-Dialogs geht. Es scheint vor allem der Konsens-Dialog als eine moralische Handlung angesehen zu werden, nicht aber ein Kontrovers-Dialog. (Allerdings erfordert der Konsens-Dialog dann von Christen, dass Eigene zu minimieren und die Superioritätsansprüche der islamischen Seite zu tolerieren.) Einem christlichen Kontrovers-Dialog wird der Charakter des Moralischen abgesprochen, indem mit diskursiven Markern gearbeitet wird, wie etwa »fundamentalistisch«, »exklusivistisch« oder »evangelikal«, um die entsprechenden diskursiven Gegner im christlichen Bereich nicht nur zu kritisieren, sondern sie zu diskreditieren, was den Ausschluss aus dem Diskurs nach sich ziehen kann und offensichtlich auch soll.

5. Interreligiöser Dialog und der Begriff der Gerechtigkeit

Die moralische Empörung, die dem EKD-Papier entgegengebracht wurde, scheint mit einem Dialogverständnis verbunden, das wiederum auf einem bestimmten Verständnis von Gerechtigkeit basiert. Doch auch dieser Begriff ist umstritten. Vereinfachend kann man drei Begriffe unterscheiden, nämlich erstens Gerechtigkeit als *Leistungsgerechtigkeit*, wenn jemand entsprechend seiner Leistung eine Entlohnung bekommt. In wirtschaftlicher Hinsicht ist dieses Verständnis vor allem in marktliberalen Entwürfen verbreitet. Anders das Verständnis von *Verteilungsgerechtigkeit*. Hier liegt der Fokus nicht auf dem Individuum, sondern auf dem Kollektiv. Das Kollektiv handelt gerecht, wenn jedem Einzelnen mög-

---

sich jedoch bei ihrem Glauben an Gott in Christus nicht nur mit einer ungefähren Übereinstimmung mit anderen Gottesvorstellungen begnügen. Glaube ist nach christlichem Verständnis personales Vertrauen auf den Gott der Wahrheit und Liebe, der uns in Christus begegnet. Am rechten Glauben entscheidet sich nach Martin Luther geradezu, wer für die Menschen überhaupt ›Gott‹ heißen darf. Woran der Mensch sein ›Herz hängt‹, das ist sein Gott (vgl. Martin Luther, Großer Katechismus, in: Bekenntnisschriften der evangelisch-lutherischen Kirche, Göttingen 1930/1998, S. 560). Ihr Herz werden Christen jedoch schwerlich an einen Gott hängen können, wie ihn der Koran beschreibt und wie ihn Muslime verehren. Dieses Ergebnis ist zugleich richtungsweisend für die Frage der gemeinsamen Gottesverehrung (vgl. unten Abschnitt 5.2).« Kirchenamt der EKD, Klarheit (s. Anm. 2), 18–19.

[14] Kandel, ›Klarheit‹ (s. Anm. 10), 169.

lichst das Gleiche zugeteilt wird. Gerechtigkeit als Gleichmäßigkeit. Wirtschaftlich gesehen hat dieser Begriff von Gerechtigkeit besonders in sozialistischen Ansätzen seinen Ausdruck gefunden. Wiederum ganz anders das Verständnis in ethnischen Verbänden, das man als *Statusgerechtigkeit* bezeichnen kann: Die soziale Stellung eines Menschen im Geflecht verwandtschaftlicher Beziehungen bestimmt, was gerechte Güterverteilung ist.

Es scheint, dass manche Akteure ihr Verständnis des interreligiösen Dialogs an der Idee der Verteilungsgerechtigkeit orientieren. Demnach sind Dialoge nur dann akzeptabel, wenn sie davon ausgehen, dass die Güter »Wahrheit« und »Heil« möglichst gleichmäßig verteilt sind. Nur dann, wenn man anerkennt, dass alle Religionen mehr oder weniger gleich wahr sind, so die Annahme, handelt man gerecht. Wer umgekehrt für eine Religionstradition ein Prä an Wahrheit und Heil behauptet, wird entsprechend als ungerecht gelabelt und entsprechend sanktioniert. Aber nicht nur das, und hier kommt das Thema Moralismus ins Spiel: Es wird darüber hinaus gefordert, dass anderslautende Positionierungen auch von allen anderen Menschen als unmoralisch zu kritisieren sind. Der Schritt vom moralischen Urteil zu einer Sache ist das Eine, die Einforderung der *Zustimmung* zu diesem moralischen Urteil durch andere Menschen ist etwas Anderes. Der Schritt zum Moralismus zeigt sich dann darin, dass diskursive Gegner mit dem Label des Fundamentalismus belegt werden. Dieser Zusammenhang kann am Beispiel der Diskussion um das EKD-Papier *Klarheit und gute Nachbarschaft* deutlich beobachtet werden.

Das Ausblenden legitimer anderer Positionierungen lässt erkennen, dass hier auch ein zweiter Begriff von Moralismus angewendet werden kann. Wie am Beispiel der Migrationsfrage aufgezeigt, kann mit der einseitigen Orientierung an Gesinnungsethik jeder moralische Einwand einer Verantwortungsethik ausgegrenzt werden. Das Gleiche geschieht im Blick auf die Dialogthematik: Indem faktisch allein ein Konsens-Dialog als legitim erachtet wird, werden andere Aspekte von Wirklichkeit schlicht ausgeblendet. Dies betrifft zum Beispiel Fragen von Macht und Einfluss. So lässt sich beobachten, dass Vertreter/innen eines Konsens-Dialogs selten bereit sind, über legitime Interessen (etwa religiöse Geltungs- und damit auch Machtansprüche) zu sprechen. Vielmehr werden diese Aspekte regelrecht ausgeblendet. Gesucht wird offensichtlich nach einer Art von Harmonie, die nicht durch kritische Fragen und Geltungsansprüche gestört werden soll.

6. Dialogische Freiheit und der Begriff der Moral

Aus den bisherigen Beobachtungen sei an dieser Stelle die These abgeleitet, dass eine Verbindung der Themen Dialog und Moral dann problematisch wird, wenn sie darauf beruht, nur ein spezifisches Profil von Dialog als moralisch vertretbar zu postulieren. Die mangelnde Differenzierung stellt dabei (oft vermutlich unbewusst) eine diskursive Strategie dar. Demgegenüber sind *kommunikative Mindeststandards* für jedes Dialog-Profil zu fordern, das als moralisch gelten soll. Dies aber bedeutet, verschiedene Dialogprofile nicht nur nach Intention, Ziel und Hermeneutik zu differenzieren, sondern auch nach möglichen emotionalen Befindlichkeiten, die eben nicht nur auf den sehr erklärungsbedürftigen Begriff von Harmonie reduziert werden dürfen. Es geht grundlegend darum, dass es in Dialogen eben auch Streit geben kann und muss, wenn es sich denn um robuste Dialoge handeln soll. Politische Debatten etwa werden mit Leidenschaft geführt, denn sie haben konkrete soziale Auswirkungen: Es geht um etwas.

Dialogische Freiheit bedeutet dann, um Sachfragen um ein Verständnis des guten Lebens mithilfe von Argumenten miteinander zu ringen. Eine solche dialogische Freiheit ist der Grundstein einer freiheitlich-demokratischen und parlamentarischen Gesellschaft. Dabei spielen die *dialogischen Profile* erstens von Verbreiterung und Vertiefung der Kenntnis eine Rolle (Kenntnis-Dialog), zweitens der Suche nach einem Kompromiss bzw. einem Konsens (Konsens-Dialog) sowie drittens der Versuch, andere für die eigene Position zu überzeugen (Kontrovers-Dialog). Warum, so ist zu fragen, sollte es sich bei interreligiösen Dialogen anders verhalten?

7. Moralische Wertung im Verhältnis zu Rationalität, Emotionalität und Toleranz

In politischen Debatten geht es nicht nur um unverbindliche Gespräche, sondern um Inhalte, die sozial spürbare Auswirkungen haben. Es geht um mehrere Optionen, die als diskutabel erachtet werden. Beides gilt auch für interreligiöse Dialoge. Aussagen wie »Ich stimme Deiner Position nicht zu.«, »Ich weise diesen oder jenen Aspekt zurück.« oder »Ich halte Deine Sicht in wesentlichen Punkten für falsch.« müssen als legitim und diskursiv angemessen verstanden werden können. Harte Debatten erfordern es einerseits, sich auf rationale Gehalte zu beziehen und in der Art und Weise der Artikulation divergierender Meinungen *darauf zu verzichten, willentlich Emotionen zu provozieren*, etwa durch eine auch von Dritten als objektiv verletzend wahrgenommene Sprache. Andererseits ist von der kritisierten Seite zu erwarten, darauf zu *verzichten, durch die demonstrative Zur-Schau-Stellung eines Beleidigt-Seins für sich diskursiv die Rolle eines Opfers zu reklamieren*, mit dem Kalkül, bei Dritten Reaktionen moralisch-emotional bedingter (und also nicht rationaler) Unterstützung zu erwirken. Im Blick auf das Verhältnis von Rationalität und Emotionalität wird damit von religiösen Akteuren verlangt, ein großes Maß an *Nüchternheit* walten zu lassen. Das Provozieren von Emotionen als diskursive Strategie ist zu durchschauen und als illegitimer Versuch der Machtausübung zu kritisieren.

Dies aber bedeutet zugleich, jede Art interreligiöser Dialogaktivität nicht nur im Blick auf die darin geäußerten *Inhalte* zu verstehen, sondern darüber hinaus zugleich als *Aktivitäten in einer öffentlichen Arena*, in der diskursiv um Deutungsmacht, Einfluss und Geltung gestritten wird. *Damit aber verliert moralische Wertung als solche ihre Unschuld, da sie als das erkennbar wird, was sie eben auch ist: Mittel zum Zweck.*

In der Diskussion um die Handreichung *Klarheit und gute Nachbarschaft* wäre darauf zu achten gewesen, ob es nicht gerade die konservativen Moscheeverbände sind, die sich »beleidigt« geben, also solche, die das eigene Recht auf die Verbreitung ihres Verständnisses von Islam besonders vehement vertreten, wohingegen Vertreter/innen eines moderaten Islam womöglich kein Problem mit der Handreichung gehabt haben. Da aber Moscheeverbände, die nur einen kleinen Teil der Bevölkerung muslimischen Glaubens vertreten, qua Organisationsform eine öffentlich lautere Stimme haben, fehlt die Stimme der zu vermutenden schweigenden Mehrheit moderater Muslime in diesem Diskurs. Wahrnehmungsverzerrungen sind dann die logische Folge.

8. Moralisierung, Moral und die Zukunft des Dialogs

Was ließe sich nach den bisherigen Ausführungen zur Zukunft des interreligiösen Dialogs sagen? Es wurde erstens dafür plädiert, die Verschiedenheit unterschiedlicher Dialogprofile nach deren Intention, Kontext, Hermeneutik und Ziel ernst zu nehmen und damit differenziert vom Phänomen »Dialog« zu sprechen. Zweitens wurde kritisiert, dass es bei Moralisierungen im Bereich der Dialog-Thematik oft darum geht, das eigene Dialogverständnis als das einzig wirklich dialogische Profil zu behaupten. Drittens wird dabei diskursiv auf ein moralisches Gefühl abgehoben, das mit dem Phänomen eines behaupteten »Beleidigt-Seins« von Akteuren arbeitet. Es werden dabei die beleidigten Akteure als Opfer stilisiert, dagegen diejenigen Dialogakteure, denen eine Störung religiöser Harmonie vorgeworfen wird, als diskursive Gegner ausgegrenzt und damit ausgeschlossen, indem ihnen eine fundamentalistische Haltung zur Last gelegt wird. Dies gelingt indes viertens nur durch eine Art Naturalisierung des eigenen Dialogprofils, indem unterlegt wird, das eigene Dialogverständnis müsse der beteiligten Öffentlichkeit unmittelbar einleuchten.

Gegenüber dieser diskursiven Strategie sei hier dafür plädiert, erstens anzuerkennen, dass es verschiedene und in ihrer Verschiedenheit legitime Dialogprofile gibt. Zweitens ist darauf zu insistieren, der Unterscheidung von Rationalität und Emotionalität große Bedeutung beizumessen, da Emotionen keineswegs unschuldig sind. Emotionen und der Verweis auf Emotionen sind vielmehr machtvolle Instrumente im diskursiven Kampf um Anerkennung und Deutungshoheit.

Diesen Zusammenhängen wird innerhalb politischer Diskurse zu Recht immer wieder Aufmerksamkeit zuteil. Es ist darauf zu insistieren, dass interreligiöse Dialoge keine in irgendeiner Weise heilige Sondersphäre darstellen, sondern nach ganz ähnlichen Prinzipien funktionieren. Der Tendenz, interreligiöse Dialoge religiös zu überhöhen, einer Tendenz, die insbesondere bei Vertretern/innen religionspluralistischer Ansätze zu beobachten ist, ist zu widersprechen. Vielmehr ist für Nüchternheit zu werben und das Spielen mit Emotionen als das zu sehen, was es (auch) ist, nämlich der Versuch, diskursive Macht auszuüben. Dass die Behauptung eines religiösen Beleidigt-Seins leicht zur Rechtfertigung religiöser Gewalt missbraucht werden kann, ist seit etlichen Jahren eine traurige Realität. Daher sollten Akteure, die im interreligiösen Dialog tätig sind, diesen Dialog gleichzeitig als etwas verstehen, das dem gesellschaftlichen Zusammenleben dienen kann dergestalt, dass für *Humor* und ein gewisses Maß an *religiöser Selbst-Distanzierung* geworben und ein entsprechendes Verhalten eingeübt wird. Ein moralisches Handeln im Dialog zeichnet sich dann dadurch aus, für sich und andere ein höheres Maß an Frustrationstoleranz zu gewinnen, welches unabdingbare Voraussetzung dafür ist, einander wirklich zuzuhören.

Zur Moralisierung gesellschaftlicher Diskurse

Ein Debattenphänomen in theologisch-ethischer Perspektive

Christoph Raedel

Wir schreiben den März 2022. Die Fridays-for-Future-Bewegung kommt mit ihren öffentlichen Demos nach erzwungener Corona-Pause allmählich wieder in Fahrt. So auch die Ortsgruppe Hannover. Für einen am 25. März geplanten »Klimastreik« hat sie die (weiße) Musikerin Ronja Maltzahn und ihre Band eingeladen. Doch kurzfristig wird sie wieder ausgeladen. Warum? In der Ausladung, die Maltzahn durch einen Post öffentlich macht, wird das mit ihrer Frisur begründet: Sie trägt Dreadlocks. Es sei nicht vertretbar, »eine weiße Person mit Dreadlocks auf unserer Bühne zu haben«, heißt es darin.[1] Denn Menschen mit Dreadlocks würden sich »den Teil einer anderen Kultur aneignen, ohne die systematische Unterdrückung dahinter zu erleben«. Wenn die Musikerin sich die Dreadlocks abschneide, dann dürfe sie auftreten. Auf die Kritik, die nach Veröffentlichung der Ausladung in den sozialen Medien einsetzt, rudert die Ortsgruppe zurück, entschuldigt sich aber lediglich für die »grenzüberschreitende Formulierung« des Ultimatums, dass Maltzahn sich die Haare abschneiden müsse, um auftreten zu dürfen. In der Sache selbst aber bleibt Fridays for Future Hannover unerbittlich.

Nun kann man es tatsächlich so sehen, dass die afroamerikanischen Dreadlocks im 20. Jahrhundert zu einer politischen Botschaft wurden. Sie gelten vielen als Zeichen des Protests gegen die Unterdrückung der schwarzen Bevölkerung und damit quasi als Identitätsmarker. Im Klima identitätspolitischer Debatten ist nun ein Streit darüber ausgebrochen, ob auch Menschen anderer Hautfarbe Dreadlocks tragen dürfen, die das zumeist aus ästhetischen, nicht aus politischen Gründen tun. Die Frage lautet: Handelt es sich dabei unvermeidlich um eine Form »kultureller Aneignung« durch Menschen, die die Unterdrückungs- und Diskriminierungserfahrungen Schwarzer nicht am eignen Leib erfahren?

---

[1] Diskriminierende Frisur? Fridays for Future löst eine Debatte über Dreadlocks und kulturelle Aneignung aus, in: Frankfurter Allgemeine Zeitung, 25.3.2022. Die wörtlichen Zitate sind dieser Meldung entnommen.

Wir merken an diesem Beispiel: Auch Frisuren sind politisch, jedenfalls wenn sie symbolisch aufgeladen werden und sobald für den identitären Symbolcharakter eine exklusive Deutung beansprucht wird. Haben wir es hier mit berechtigten moralischen Erwägungen zu tun, in denen eine Musikerin etwas unsanft auf ihre Vorbildfunktion für andere hingewiesen wird, oder mit einem moralisierten Diskurs, in dem ein einziges Personenmerkmal, in diesem Fall die Dreadlocks, mit einer Deutung überfrachtet wurde, die sich die Musikerin ausdrücklich nicht zu eigen macht? Der Vorgang mag auf den ersten Blick wie ein Luxusproblem postmaterieller Milieus erscheinen. Doch steht er für eine Entwicklung, die Anlass zur Sorge gibt: Die Debattenkultur in Deutschland verschärft sich und immer neue Konfliktlinien brechen auf. Zudem jagt seit einigen Jahren eine Krise die nächste: Flüchtlingskrise, Klimakrise, Pandemiekrise. Der Krisenmodus ist die neue Normalität, die zeitlich mit einer wahrnehmbaren Moralisierung gesellschaftlicher Debatten einhergeht. Vor diesem Hintergrund werde ich im ersten Teil dieses Vortrags erläutern, was unter Moralisierung zu verstehen ist (1), bevor ich in theologisch-ethischer Perspektive zeigen möchte, dass moralisierende Exklusionsdynamiken durchbrochen werden, wenn Menschen ihre moralischen Selbstbehauptungsstrategien zugunsten der Selbstprüfung vor Gott aufgeben (2), wenn sie in zwischenmenschlichen Verhältnissen, statt einander zu richten, sich von Christus als Glieder seines Leibes aufrichten lassen (3), und wenn Christen sich in gesellschaftlichen Debatten mit einem klaren Christuszeugnis vernehmen lassen, weil sie das der Welt gemäß dem Sendungsauftrag ihres Herrn schuldig sind (4).

1. Zum Befund der Moralisierung gesellschaftlicher Debatten[2]

Die spätkapitalistischen Gesellschaften des Westens haben seit den globalen Systemumbrüchen um 1990 erhebliche kulturelle Wandlungsprozesse durchlaufen. Die sozioökonomischen Konflikte früherer Jahrzehnte – die mit mehr oder weniger hohen Arbeitslosenraten, der Ausweitung prekärer Arbeitsverhältnisse und drohender Verarmung einzelner Bevölkerungsgruppen wie älteren Menschen und Alleinerziehenden einhergingen – sind nicht verschwunden, sie werden aber inzwischen von kulturellen sowie identitätspolitischen Konflikten deutlich überlagert.[3] Die Konfliktlinien verlaufen zwischen Gruppen bzw.

---

[2] Für die kritische Durchsicht und Kommentierung einer ersten Textfassung danke ich Annabelle Schmidt, deren Hinweise mir geholfen haben, mich auf die tatsächlich zielführenden Überlegungen zu konzentrieren und mich verständlicher auszudrücken.

[3] Vgl. Andreas Reckwitz, Die Gesellschaft der Singularitäten. Zum Strukturwandel der Moderne, Berlin ³2020, 371–428; Johannes Richardt (Hrsg.), Die sortierte Gesellschaft.

Gruppenidentitäten, die vor allem über ein unterschiedliches *kulturelles* Kapital verfügen, dem freilich in der Regel ein bestimmtes Maß an sozioökonomischem Kapital korrespondiert. Auf der einen Seite steht die in ethnischer Hinsicht und bezüglich geschlechtlicher Identitäten *diverse,* im Blick auf das kulturelle Kapital (man nehme den Marker Bildungsabschluss) bemerkenswert *homogene* Gruppe der gehobenen Mittelschicht, die von David Goodhart als »Anywheres« bezeichnet werden.[4] Sie leben zumeist in einem urbanen Umfeld, verdienen mit geistiger Tätigkeit ihr Geld und folgen einem kosmopolitischen Weltbild. Weithin aus diesem Milieu rekrutieren sich, was für unseren Zusammenhang wichtig ist, die Journalisten und Meinungsmacher der führenden öffentlich-rechtlichen Medien. Sie definieren sich über eine »achieved identity«, für die entscheidend ist, was man erreicht bzw. sich selbst erarbeitet hat (Abschlüsse, Schlüsselpositionen, Einfluss auf die veröffentlichte Meinung). Auf der anderen Seite finden sich Menschen, Goodhart spricht von »Somewheres«, die verglichen mit der sehr homogenen erstgenannten Gruppe über durchschnittlich geringere Bildungsabschlüsse sowie ein geringeres Einkommen verfügen, auch im ländlichen Raum leben und in ihren Lebenshaltungen stärker auf ihr jeweiliges lokales Umfeld ausgerichtet sind. Sie stützen sich auf eine »ascribed identity«, für die wichtig ist, verbindlichen Gemeinschaftsgefügen zuzugehören (Familie, Vereine, feste Orte, Rituale etc.), und sehen ihre Anliegen in den gesellschaftlichen Diskursen nicht angemessen berücksichtigt. Die damit bezeichnete Repräsentationslücke hat sich dadurch weiter vergrößert, dass in den Parteien des linken Spektrums der Einfluss der »identitären Linken« zulasten der älteren sozialen Linken bestimmend geworden ist.[5]

Im Übergang von den primär sozioökonomischen zu den stärker identitätspolitischen Konflikten haben sich Verschiebungen in der Konflikt- bzw. Debattenkultur ergeben, die unterschiedlich beurteilt werden.[6] Ging es in den sozioökonomischen (und politischen) Auseinandersetzungen um Fragen der (ökonomischen) *Lebenssicherung,* so dominieren heute sehr viel stärker Fragen der *Lebenskultur* den Diskurs. Verhandelt werden also postmaterialistische Werte: eine Willkommenskultur für Migranten, eine Akzeptanzkultur für sexuelle Minderheiten etc.

Zur Kritik der Identitätspolitik, Frankfurt a. M. 2018; Francis Fukuyama, Identität. Wie der Verlust der Würde unsere Demokratie gefährdet, Hamburg 2020.

[4] Vgl. David Goodhart, The Road to Somewhere. The New Tribes Shaping British Politics, London 2017.

[5] Vgl. Sahra Wagenknecht, Die Selbstgerechten. Mein Gegenprogramm – für Gemeinsinn und Zusammenhalt, Frankfurt a. M./New York 2021. Wagenknecht spricht von der »Lifestyle-Linken«.

[6] Vgl. Tanjev Schultz (Hrsg.), Was darf man sagen? Meinungsfreiheit im Zeitalter des Populismus, Stuttgart 2020.

In einem neueren Aufsatzband zum Thema wird Moralismus als »eine Überzogenheit in moralischen Dingen« definiert,[7] also als eine der jeweiligen Sache unangemessene Intensivierung moralischer Auseinandersetzungen. Ein moralisches Urteil kann dabei entweder seinem *Inhalt* oder seiner *Form* nach überzogen sein,[8] also moralisch beurteilen, was eine solche Beurteilung nicht verlangt,[9] oder berechtigterweise urteilen, dies aber in unangemessener Weise tun.[10] Mit Wolfgang Merkel bezeichne ich hier als Moralisierung »eine selbstgerechte Stilisierung der eigenen moralischen Position, um eine andere moralische Position herabzusetzen«[11] und so die eigene moralische Überlegenheit zur Schau zu stellen. In der Moralisierung von Debatten findet somit eine charakterliche Haltung Ausdruck, hinter der ein konkreter propositionaler Gehalt zurücktritt, den es freilich gibt und der als eigene »Position« umschrieben wird.

Eine solche Moralisierung befördert auch die *Polarisierung* von Debatten. Polarisiert wird eine Debattenkultur durch den Druck zur »Vereindeutigung« und dem damit verbundenen Verlust an Mehrdeutigkeit und Vielfalt.[12] In den westlichen Gesellschaften gab es über viele Jahrzehnte Überlappungen der Interessen verschiedener sozioökonomischer Gruppen, weil sie lebensweltliche Bezüge miteinander teilten (im Fernsehen z. B. war das Programmangebot schmaler, die Zuschauerschaft heterogener; Schrebergartenkolonien waren sozial durchmischt usw.). Doch diese Überlappungen werden kleiner, die kulturellen Orientierungen sowie Lebensstilmarker vielfältiger.[13] Es bilden sich immer mehr und dafür kleinere Gruppen, in der digitalen Welt als »Blasen« bezeichnet. Überlappungen zwischen Gruppen sind geeignet, gesellschaftliche Konflikte zu moderieren, doch in dem Maß, wie diese Überlappungen geringer werden, entstehen identitäre Gruppen, die ein bestimmtes Thema mit symbolischer Bedeutung aufladen und

---

[7] Corinna Mieth/Jacob Rosenthal, Spielarten des Moralismus, in: Christian Neuhäuser/Christian Seidel (Hrsg.), Kritik des Moralismus, Berlin ²2021, 35–60, hier 35.
[8] Vgl. ebd.
[9] Ein Beispiel wären ungefragte Urteile über die Freizeitaktivitäten oder privaten Lebensverhältnisse eines Arbeitskollegen, mit dem mich nicht mehr als das Arbeitsverhältnis verbindet.
[10] Hier wäre das Beispiel eine berechtigte Zurechtweisung meines Kindes für ein Fehlverhalten in der Öffentlichkeit, bei der das Kind vor Fremden bewusst beschämt bzw. gedemütigt wird.
[11] Vgl. Wolfgang Merkel, Neue Krisen. Wissenschaft, Moralisierung und die Demokratie im 21. Jahrhundert, in: Aus Politik und Zeitgeschichte 71/26–27 (2021), 4–11, hier 9.
[12] Vgl. Thomas Bauer, Die Vereindeutigung der Welt. Über den Verlust an Mehrdeutigkeit und Vielfalt, Ditzingen ⁸2018.
[13] Zum »Cleavage«-Konzept vgl. Seymour Martin Lipset/Stein Rokkan, Cleavage Structures. Party Systems and Voter Alignments. An Introduction, in: dies. (Hrsg.), Party Systems and Voter Alignments, New York 1967, 1–64.

auf eine Vereindeutigung der Gruppenidentität drängen, weil es um eine wichtige und gute Sache, wie den Kampf gegen Diskriminierung, das Eintreten für Minderheitenrechte etc. geht, dem alles andere unterzuordnen sei.

In theologisch-ethischer Sicht ist zunächst einmal ernst zu nehmen, dass in der Moralisierung gesellschaftlicher Debatten menschliche Ängste und Sehnsüchte an die Oberfläche treten: Kein Mensch möchte moralisch abgehängt werden, alle sehnen sich danach, zu einer Gruppe zu gehören, die dem Guten verpflichtet ist, auch wenn vage bleibt, was genau das Gute ist. Das gilt nicht, obwohl, sondern *weil* die religiösen Bindungen schwächer geworden sind. Zugespitzt gesagt: »Allein der Glaube an das Gute scheint die letzte Gewissheit all jener zu sein, die ansonsten an gar nichts mehr glauben. Moral ist unsere letzte Religion.«[14] Dabei verlangt es einem Menschen weniger Kraft ab, zur (gefühlten) Mehrheit zu gehören als zu einer Minderheit, die unter moralischen Rechtfertigungsdruck gerät.

Vor diesem Hintergrund sollen im Folgenden Auswege aus der Moralisierungsfalle aufgezeigt werden, wobei eine theologisch-ethische Perspektive leitend ist. Es geht mir also darum herauszuarbeiten, inwieweit gemeinschaftlich-christliche Glaubenspraktiken einen Beitrag zur Überwindung einer identitätspolitisch-moralistischen Aufladung gesellschaftlicher Debatten leisten können.

2. Von der Selbstbehauptung zur Selbstprüfung vor Gott

Eine Triebkraft der Moralisierung ist der Wille, sich von anderen Menschen zu unterscheiden, mehr noch: von ihnen abzuheben. Gesellschaftliche Diskurse sind geradezu eine Einladung, sich der eigenen moralischen Überlegenheit zu vergewissern. Die Vereindeutigung gesellschaftlicher Diskurse macht es den Beteiligten in vielen Fragen von weitreichender Bedeutung auf den ersten Blick einfach: Weil Menschen im Mittelmeer bei der Überfahrt nach Europa ertrinken, ist es eine Pflicht, die Grenzen zu öffnen. Über ein Verständnis von Familie als Mutter – Vater – Kind ist die Geschichte hinweggegangen, weil es heute einfach eine Vielfalt an Lebensformen gibt. Und die Impfung gegen das Corona-Virus schützt dich selbst und andere, also lass dich impfen! Das Empfinden, bei einer großen Sache auf der richtigen Seite zu stehen, ist von nicht zu unterschätzender Bedeutung für die moralische Selbstbehauptung. Wer auf der Seite des Guten steht, ist erst einmal vom Begründungszwang entlastet. Von der Warte der moralischen Überlegenheit aus lässt sich die Landkarte der Moral vermessen und bestimmen, wer im moralischen Diskurs auf der Seite der Guten steht und wer

---

14   Alexander Grau, Die neue Lust an der Empörung, München 2020, 14.

nicht. Diese Tendenz begegnet in Verbindung mit ganz unterschiedlichen Überzeugungen, sie findet sich am Schreibtisch wie am Stammtisch.

Die in der Selbstbehauptung implizierte Verortung, selbst auf der richtigen Seite zu stehen, hat einen synchronen und einen diachronen Vektor. Der synchrone Vektor markiert das Verhältnis zur *Gegenwart*, der diachrone das zur *Geschichte*.

(a) Die moralische Selbstverortung orientiert sich in *synchroner* Perspektive an Einstellungen und Handlungsmustern, die ausweislich der veröffentlichten, als seriös bezeichneten Meinung, »breite Akzeptanz« in der »Mitte« der Gesellschaft finden, wobei sich der Eindruck solcher Akzeptanz durch beständige Wiederholung wirksam verstärken lässt. Die Behauptung breiter gesellschaftlicher Akzeptanz erlaubt es, Abweichler an den Rand zu drücken, genauer noch: sie dort zu verorten, wo sie bereits dadurch sind, dass die Mitte neu justiert wird. In der Mitte entfällt weithin die Begründungspflicht für die vertretene Überzeugung, wobei dies praktisch vor allem auf der Ebene einzelner gesellschaftlicher Milieus und sozialer, v. a. digitaler Diskursräume gilt.[15] Für wertkonservative Überzeugungen wächst die Begründungspflicht folglich in dem Maße, wie die (behauptete) gesellschaftliche Mitte nach links rückt.[16]

(b) In geschichtlich *diachroner* Perspektive orientiert sich die Selbstverortung, auf der Seite der Guten zu stehen, am Geschichtsparadigma vom »notwendigen und unendlichen Fortschritt«.[17] Nach Robert Spaemann ist der Fortschrittsgedanke selbst uralt, als modernen Mythos bezeichnet er jedoch die Annahme, »es gäbe so etwas wie einen universalen Fortschritt, also einen Fortschritt, der keinen Preis hat, der prinzipiell nicht mit Rückschritten, mit Verschlechterungen unter anderen Aspekten bezahlt werden muß, sondern der schlechthin Fortschritt ist«,[18] wobei ein solcher Fortschrittsbegriff letztlich inhaltslos sei.[19] Gleichwohl hat der Mythos vom universalen Fortschritt eine machtvolle Dynamik entfaltet, erweist sich doch die Behauptung, bestimmte

---

[15] So entfällt beispielsweise in dominant links-alternativen Studentenmilieus inzwischen jeder Rechtfertigungsdruck, was eine vegetarische bzw. vegane Lebensweise angeht, während diese Lebensweise in einem traditionellen Milieu weiterhin begründungspflichtig ist.

[16] Vgl. Ulrich Greiner, Heimatlos. Bekenntnisse eines Konservativen, Reinbek bei Hamburg 2017.

[17] Vgl. Robert Spaemann, Philosophische Essays. Bibliographisch ergänzte Aufl., Stuttgart 2012, 235.

[18] A. a. O., 236.

[19] Vgl. a. a. O., 237.

Überzeugungen seien »von gestern«, also hoffnungslos überholt, als affektiv hochwirksam. Wer möchte »von gestern« sein, ein »Ewiggestriger« gar?[20]

Dem Bestreben, sich des eigenen Gutseins dadurch zu vergewissern, dass ich mich von anderen Menschen moralisch absetze, ist mit einem theologisch grundsätzlichen Einspruch zu begegnen. So geht Dietrich Bonhoeffer die moralische Unterscheidung von Gut und Böse als das weithin verstandene Ziel aller ethischen Bemühungen frontal an,[21] wenn er sagt: »Die christliche Ethik erkennt schon in der Möglichkeit des Wissens um Gut und Böse den Abfall vom Ursprung.«[22] Für Bonhoeffer ist die Frage nach der Unterscheidung von Gut und Böse erst im Horizont von Schöpfung, Sündenfall und der Versöhnung in Christus zu verstehen. Denn erst vor diesem Horizont begreift sich der Mensch in der Unterscheidung, die sein Leben zu begründen und seine Lebensführung anzuleiten vermag: der Unterscheidung von Schöpfer und Geschöpf. Alle von Menschen vorgenommenen Unterscheidungen sind umfangen und werden überboten von dem kategorialen Unterschied zwischen dem lebensschaffenden und sündenvergebenden Gott, der einzig und ungeteilt gut ist, und dem von Gott entzweiten, in Christus aber mit Gott versöhnten Geschöpf Mensch.

Mit dem Griff nach der Frucht vom Baum der Erkenntnis wird die Vernunft »halbiert« (Max Horkheimer): Sie kann »wie Gott Gutes und Böses, Förderliches und Abträgliches unterscheiden«, ist aber blind geworden »für die Erkenntnis dessen, was Gott und Mensch voneinander unterscheidet. Sehend geworden, wurde Adam blind für die Beschaffenheit seines Verhältnisses zu Gott«.[23] Damit geht dem Menschen dasjenige Verhältnis verloren, in dem er unbedingte Anerkennung aus grundloser Güte findet. Und das wiederum setzt den Menschen auf die Spur, Anerkennung vor sich selbst und anderen zu finden, koste es, was es wolle. Weiß er sich nicht von Gott gehalten, dann muss der Mensch seine Existenz, dann muss er sich selbst behaupten.

Es geht hier nicht darum, die Moral als Praxis des Urteils zu diskreditieren. Mit Bonhoeffer ist jedoch darauf hinzuweisen, dass Moral zur religiösen Übung wird, wenn sich das menschliche Urteilen nicht im Horizont von Gottes Urteil über *alle* Menschen verortet, wie es in der Christus-Offenbarung ergeht. In theologischer Perspektive ist dem Menschen aufgetragen, das Böse durch Gutes zu *überwinden*, sich also von diesem Muster des Heilshandelns Gottes leiten zu

---

[20] Vgl. Christoph Raedel, Die Fortschrittsfalle. Zur Moralisierung gesellschaftspolitischer Debatten, in: Die Politische Meinung 65, Mai/Juni 2020, 72–78.

[21] Vgl. Dietrich Bonhoeffer, Ethik, DBW 6, Gütersloh ²1998, 301–341 (Die Liebe Gottes und der Zerfall der Welt).

[22] A. a. O., 301.

[23] Christof Gestrich, Die Wiederkehr des Glanzes in der Welt. Die christliche Lehre von der Sünde und ihrer Vergebung in gegenwärtiger Verantwortung, 2., verb. Aufl., Tübingen 1996, 109.

lassen. Verblasst demgegenüber die Gewissheit, dass Gott den Menschen geschaffen und in Jesus Christus die Sünde auf sich genommen hat, dann muss die Selbstbehauptung in dem verzweifelten Bemühen gipfeln, sich anderen Menschen überlegen zu fühlen.

Diesem Bemühen gegenüber ist festzuhalten: Gemessen am »unendlichen Abstand« (Kierkegaard) zu Gott werden ökonomische, kulturelle, ethnische oder moralische Unterschiede klein. Es ist dem Menschen verwehrt, sich durch moralische Überlegenheit über andere zu definieren, weil alle Menschen vor dem der Welt überlegenen Gott stehen. Der Moralist bräuchte daher den Mut, sich die moralischen Kategorien seiner Selbstbehauptung aus der Hand nehmen zu lassen, um von Gott her in Christus ein neues Leben zu empfangen, dem das Prädikat »gut« deshalb gebührt, weil es die geistgewirkte Teilhabe am Leben des dreieinigen Gottes ist, der wahrhaft gut ist.

Der moralischen Selbstbehauptung setzt die biblische Überlieferung die Selbstprüfung entgegen, in der sich der Beter von Gott anschauen und im Licht des Handelns Gottes prüfen lässt. An diese Praxis erinnert zu werden, haben auch Christen nötig, weil ihnen die Versuchung der Selbstbehauptung nicht fremd ist. Wir müssen daher hinter die Christentums-Geschichte zu den biblischen Texten zurückgehen. So bittet David in Psalm 139,23 f.: »Erforsche mich, Gott, und erkenne mein Herz; prüfe mich und erkenne, wie ich's meine. Und sieh, ob ich auf bösem Wege bin, und leite mich auf ewigem Wege.« Wichtig ist hier bereits die Form des Gebets, das vertrauensvoll an Gott gerichtet wird. Der Beter konstituiert sich nicht selbstreflexiv, sondern bedarf Gottes als des Gegenübers, der ihn besser kennt als er sich selbst. Die Wahrheit über sein Leben bis hin zu den verborgenen Motiven seines Urteilens erfährt der Mensch, wenn er sein Herz Gott öffnet und sich dem prüfenden Blick Gottes aussetzt.

Doch warum richtet es den Beter nicht zugrunde, wenn Gott seinen prüfenden Blick auf ihn richtet? Entscheidend ist hier, dass der Beter es nicht mit einem menschlichen Richter zu tun bekommt, sondern mit Gott, der Sünde ans Licht bringt, um sie zu vergeben, der zurechtweist, um auf dem rechten Weg zu leiten. Gottes Prüfen nimmt der Selbstbehauptung ihren illusionären Grund – ich bin in Wirklichkeit nicht besser als die anderen –, Gott gibt dem Selbst aber dafür einen Grund, der trägt und hält: Er gibt sich in seinem Sohn in die Niedrigkeit des Menschseins hinein und stellt sich besonders zu den Nichtprivilegierten. Aus der Erfahrung, auf Gott angewiesen zu sein, erwächst der Wille, sich nahe bei Gott zu halten, anders gesagt: sich von Gott auf dem rechten Weg führen zu lassen.

Die Selbstprüfung ist nicht entlarvend, sondern befreiend, weil Gottes unbestechliches Urteil frei davon macht, sich in seinem Selbstwert vom Urteil anderer Menschen abhängig zu machen. Sie bedeutet den Verzicht darauf, eigenen Identitätskonstruktionen einen Höchstwert zuzuerkennen, weil solche Absolutsetzungen ein Anliegen maßlos werden lassen. Wer ich bin und wie es um mich in Wahrheit steht, das klärt sich weder in der moralischen Selbstüberhöhung noch in der Bestätigung durch Gleichgesinnte, sondern einzig im Angeredet-Werden durch Gott, der die Herzen prüft und lenkt.

3. Vom Richten zum Aufrichten: Gottesdienst als Lebensform

Zum Phänomen der Moralisierung gesellschaftlicher Debatten gehört wie eingangs gesagt auch die Polarisierung, die zu einer Vereindeutigung von Gruppenidentitäten führt.[24] Je homogener die Gruppe, umso schärfer lässt sich zwischen »drinnen« und »draußen« unterscheiden und für diese Unterscheidung mit aller Leidenschaft eintreten. Die Leidenschaft ist ein Indiz dafür, dass es einer identitätspolitisch konfigurierten Gruppe um ein höchstes zu erstrebendes Gut geht, sie sich also um ein gemeinsames Strebens-Ziel sammelt. Der andere wird um dieses gemeinsamen Zieles willen geliebt, und zwar als ein Gleichgesinnter.

Aus theologischer Sicht entscheidet über das Wohl und Wehe einer solchen Gruppe, *welchem* Anliegen sie ihr Herz schenkt, worauf also ihr leidenschaftliches Bestreben gerichtet ist. Handelt es sich um das Gut, das Gott den Menschen bestimmt hat, nämlich als in Christus mit Gott versöhnte Geschöpfe untereinander Gemeinschaft zu haben, und zwar Gemeinschaft in der Verschiedenheit der Prägungen, Sichtweisen und Präferenzen, die es gibt? Oder wird von der Ausrichtung auf das höchste Gut, wie die christliche Tradition sie nicht zuletzt unter dem Einfluss von Augustinus lehrt, lediglich die *Struktur* bewahrt (das Begehren), als höchstes aber ein Gut bestimmt, das diesen Rang nicht verdient?[25] Das geschieht, wenn z. B. die Sicherung der sexuellen, ethnischen oder religiösen Identität, das Streben nach einem bestimmten kulturellen oder soziökonomischen Status die Identität einer Gruppe bestimmt.

Hier ist der Grund dafür anzugeben, warum das »Volk Gottes« als Gemeinschaft der Christen nicht letztlich doch eine identitätspolitische Gruppe neben

---

[24] So erlaubt es Identitätspolitik beispielsweise, eine in vieler Hinsicht sehr heterogene Bevölkerungsgruppe wie die Angehörigen sexueller Minderheiten als die »LGBTQ-Community« mit sehr klar umrissenen Anliegen erscheinen zu lassen, ohne auf den voraussetzungsreichen Charakter solcher sozialen Konstruktionen zu reflektieren. Identitätspolitik erlaubt es auch, alle Menschen, die aus unterschiedlichsten Gründen und in unterschiedlicher Weise Kritik an unkontrollierter Zuwanderung äußern, als »fremdenfeindliche« Menschen zu homogenisieren.

[25] Hier ist angespielt auf Augustins Ordnung des Begehrens, für die er die Unterscheidung zwischen dem Genießen Gottes und dem Gebrauch der geschaffenen Güter entwickelt. Die Verkehrung der moralischen Ordnung liegt dann darin, sich Gottes dafür zu bedienen, um die irdischen Güter zu genießen, ihnen also einen Höchstwert zuzubilligen; vgl. Augustinus, De doctrina christina, I,4; III,10 und öfter.

anderen ist. Die strukturellen Ähnlichkeiten sind nicht zu übersehen: gemeinschaftliche Praktiken, Symbol- und Bekenntnishandlungen, geteilte und gelebte Überzeugungen. Der Unterschied liegt zum einen darin, dass in den spätmodernen Gruppenidentitäten ein geschöpflicher Aspekt des Menschseins verabsolutiert und damit pervertiert wird, und zum anderen darin, dass dieser Aspekt in seiner zu dieser vergehenden Welt gehörenden Weise aufbewahrt werden soll. Die Identität von Christen ist es demgegenüber nach biblischem Zeugnis, »neue Schöpfung« in Christus zu sein (2 Korinther 5,17). Sie gründet damit im Versöhnungshandeln Gottes und versteht sich vom noch Ausstehenden, Kommenden her, der Vollendung von Gottes Neuschöpfung. Das neue Leben in Christus gibt es dabei nur durch ein Sterben des alten Lebens hindurch, also durch eine von Gottes Geist gewirkte Verwandlung bzw. Erneuerung. Das Geschöpfliche wird auf diesen Akt der Neuschöpfung hin bewahrt und wird erst von dieser her ins Recht gesetzt. Weil all dies von Gott her geschieht und in der Niedrigkeit Christi Gestalt gewonnen hat, verbietet sich christlicher Identität auch ein moralischer Überlegenheitsdünkel.

Wird nun ein relativ niederes zum höchsten Gut erklärt, dann wird es schwer, eine Einheit von Menschen zu leben, die sich in geschöpflichen Hinsichten voneinander unterscheiden. Vordringlich wird dann, die eigenen Reihen zu schließen und Ambiguitäten in der Selbst- und Fremdwahrnehmung auszuschalten. Die imaginierte Gruppenidentität muss wirkungsvoll inszeniert werden. Die Welt teilt sich in die zwei Kategorien des Gleichgesinnten und des Gegners, wobei Letzterer durch Exklusion aus dem gesellschaftlich akzeptierten Werte-Horizont oder Meinungs-Korridor bekämpft wird. Innerhalb der Gruppe auftretende Spannungen oder Meinungsverschiedenheiten führen nicht zur Infragestellung des Ziels, sondern zur Bildung neuer Identitäten und immer kleinerer, aber wiederum in sich homogener Überzeugungsgruppen.[26] Dieser Tendenz arbeitet leider auch die Neigung unter Evangelikalen zu, sich in immer kleineren Überzeugungsgruppen zu sammeln und gegenüber Andersglaubenden primär im Gestus des (verbalen) Angriffs zu kommunizieren. Kommt zu diesen Tendenzen die soziale Entmischung von Wohnquartieren und die Bildung von Echokammern in den sozialen Medien hinzu, dann wird es für die am Diskurs Beteiligten immer seltener und schwieriger, Nichtgleichsinnte als das zu erleben, was sie auch und vor allem sind: Menschen, die wie man selbst die Freuden und Bürden des Lebens kennen, deren Leben Kontinuitäten und Brüche aufweist, kurz: in das Antlitz eines Menschen zu blicken, der von Gott geschaffen und geliebt ist, ohne dafür so sein zu müssen wie ich selbst.

---

[26] Das ist aktuell gut am Feminismus zu sehen, der sich über der Beurteilung der Frage streitet, inwieweit Transfrauen (die biologisch Männer sind) Zugang zu Räumen haben sollen, die ausschließlich Frauen vorbehalten sind. Zur Auseinandersetzung vgl. Kathleen Stock, Material Girls. Warum die Wirklichkeit für den Feminismus unerlässlich ist, Berlin 2022.

Ich hatte schon darauf hingewiesen, dass auch christliche Gemeinschaften in der Gefahr stehen, solche Entwicklungen abzubilden, statt ihnen zu widerstehen. Ich bin dennoch überzeugt davon, dass gerade die Praxis der Feier des Gottesdienstes einen Beitrag zur Heilung vom Moralismus leisten kann.[27] Der Gottesdienst steht dabei für ein Set christlicher Praktiken des Glaubens, in denen Gottes Geist wirkt und durch die die Glaubenden Christus gleichgestaltet werden. Ich nenne drei Punkte, die hier von Bedeutung sind.

(a) Die zum Gottesdienst versammelte Gemeinde bekennt Jesus Christus als König und Herrn der Welt. Indem sie dies tut, widerspricht sie jeder Form »der Totalisierung des Politischen«.[28] Politische Akteure haben dem Kommen des Gottesreiches gerade darin zu dienen, dass sie auf das Gemein*wohl* ausgerichtet sind und keine *Heils*versprechen abgeben wie die Reinigung der Welt von allem Übel. Wird Christus als Heil der Welt anerkannt, dann ist damit auch »soteriologisch aufgeladenen Erwartungen an die Politik eine heilsame Begrenzung« verschafft.[29]

Solche Heilserwartungen müssen nicht im Gewand messianischer Terminologie daherkommen. Sie begegnen auch z. B. im Gewand einer Verwissenschaftlichung politischer Entscheidungen und gesellschaftlicher Diskurse,[30] die mit der Tendenz einhergeht, abweichende Auffassungen zur Angemessenheit und Wirksamkeit bestimmter politischer Maßnahmen als unbegründet abzutun und Kritikern moralisch niedere Motive zu unterstellen. Demgegenüber hält die Verkündigung von Gottes Wort die Unterscheidung wach, wonach keine politische Entscheidung der Beurteilung und Kritik entzogen werden darf, weil ihr kein Heilscharakter eignet.[31]

---

[27] Zum Folgenden vgl. Bernd Wannenwetsch, Gottesdienst als Lebensform. Ethik für Christenbürger, Stuttgart 1997; ders., Die ethische Dimension der Liturgie, in: Martin Klöckner/Angelus A. Häußling/Reinhard Meßner (Hrsg.), Theologie des Gottesdienstes, Bd. 2, Regensburg 2008, 359–401 (Gottesdienst der Kirche. Handbuch der Liturgiewissenschaft Teil 2, Band 2).

[28] Wannenwetsch, Die ethische Dimension der Liturgie (s. Anm. 27), 377.

[29] A.a.O.

[30] Merkel, Neue Krisen (s. Anm. 11), 7.

[31] Es sagt viel über die Polarisierung der Debatte aus, dass ich mich an dieser Stelle faktisch genötigt sehe, zu erwähnen, diese Einschätzungen als jemand zu treffen, der gegen COVID-19 geimpft, also kein Impfskeptiker ist. In der Diskussion um die Corona-Pandemie sind Kritiker *bestimmter* politischer Entscheidungen unter solchen Druck geraten, dass sie ständig betonen, sie seien ungeachtet ihrer Kritik weder Impfgegner noch Verschwörungstheoretiker – und im Übrigen geimpft. Selbst geimpft zu sein, wird hier zum Bekenntnisakt, um sich in den meinungsführenden Kreisen überhaupt legitim äußern zu dürfen, selbst wenn die Motive für die Impfung ganz anderer Natur sind.

Den Gottesdienst der ersten Christengemeinden zeichnete aus, dass der Zugang nicht auf bestimmte Gruppen beschränkt war, also nicht über den Vorweis bestimmter Qualifikationen oder Statusmerkmale reguliert wurde. Paulus spricht in Galater 3,28 davon, dass in der Kirche Christi die ethnischen, sozialen und geschlechtlichen Unterscheidungen – zwar nicht verschwinden, aber – für die gemeinsame Gottesverehrung irrelevant werden. Der christliche Gottesdienst bildet dieses *Ethos der Versöhnung* in dem Maße ab, wie in ihm ein versöhntes Miteinander von Angehörigen gesellschaftlich unversöhnter Gruppen gelingt. Damit ist dem Gottesdienst ein bleibender Maßstab gegeben.

Die Verschiedenheit in der Feier des Gottesdienstes wird in den Charismen anschaulich. Sie dienen nicht als Identitätsmarker, also dazu, Christen voneinander zu unterschieden oder gar übereinander zu erheben, sondern weisen Christen in der Gemeinschaft einen Platz an, weil kein einzelner alles empfangen hat, was die Gemeinde braucht. Die Gemeinde ist *ein* Leib »nicht *trotz* der Vielfalt seiner Glieder, sondern gerade *infolge* der Vielfalt seiner Glieder«.[32] Charismen dienen also nicht der Selbstbehauptung, sondern der Selbsthingabe im Dienst unter denen, die als Glieder zueinander gehören.

Mein erster Punkt lautet: Gilt das innigste Bestreben nicht einem verabsolutierten irdischen Gut, sondern *dem allein guten Gott*, der sich in Christus offenbart hat und im Heiligen Geist vergegenwärtigt, dann wird es möglich, Einheit in der Verschiedenheit von Prägungen und Präferenzen, wie sie im Politischen auch unter Christen bestehen, zu leben. Der Gottesdienst ist, recht gefeiert, ein Gegenentwurf zum Zerfallen der Gesellschaft in immer mehr und immer kleinere homogene Überzeugungsgruppen, weil in ihm der Grund der Einheit durch das Versöhnungswerk Christi und das Wirken des Heiligen Geistes gelegt ist.[33]

(b) Zum christlichen Gottesdienst gehören weiter das Bekenntnis des Glaubens und die Fürbitte der Gläubigen. Das *Bekenntnis*, so führt Wolfhart Pannenberg aus, »ist zunächst ein Akt des einzelnen, durch welchen jeder Glaubende seinen Glauben öffentlich bekundet. In der Öffentlichkeit des Bekennens ist aber die Möglichkeit *gemeinsamen* Bekennens begründet, das sich auch als Einstimmen in das Bekenntnis anderer vollziehen kann. In solchem gemeinsamen Bekennen kommt die Vergewisserung der Gemeinsamkeit des Glaubens zum Ziel.«[34] Auch hier setzt eine Kernpraktik des Glaubens den Einzelnen und die Gemeinschaft zueinander ins Verhältnis, insofern der Getaufte im Modus persönlichen Bekennens in den überlieferten Glauben der Kirche einstimmt und sich

---

[32] Eckhard Schnabel, Der Brief des Paulus an die Römer Kap. 6–16, Witten 2016, 597.
[33] Es kann nicht verschwiegen werden, dass der Weg zahlreicher evangelikaler Gemeinden, die sich in den Jahren 2020/21 über dem Umgang mit den Corona-Maßnahmen zerstritten oder gespalten haben, die Wahrheit dieser Behauptung verdunkelt.
[34] Wolfhart Pannenberg, Systematische Theologie, Bd. 3, Göttingen 1993, 129.

»definitiv als zu Jesus gehörig« erklärt.[35] Definitiv ist diese Zugehörigkeit, weil sie von Gott ermöglicht und im Wort der Verheißung verbürgt ist, auf das – im Unterschied zu manchem menschlichen Wort – unbedingter Verlass ist.

Stimmt der Christ im Bekenntnis in den überlieferten Glauben der Kirche ein, so erhebt er in der *Fürbitte* seine Stimme für Kirche und Welt. Fürsprache, so schreibt Bernd Wannenwetsch, »besteht nicht primär in spektakulären Aktionen, die sich zudem rasch erschöpfen, sondern im ›beharrlichen‹ Eintreten für andere Menschen, wie dies in der Fürbitte eingeübt wird (Eph 6,18)«.[36] Der Fürbitte zu bedürfen, ist die Preisgabe der Selbstbehauptung, ist das Eingeständnis, sich nicht selbst zu genügen, ist der Verzicht auf moralischen Überlegenheitsdünkel. Ihr kommt damit auch eine den Gemeindegottesdienst entgrenzende Bedeutung zu. Denn die Fürbitte gilt nicht nur einzelnen Menschen und der Kirche Jesu Christi, sondern auch der Welt. Der Testfall des Gebets ist dabei die Fürbitte für die »Feinde«,[37] also für diejenigen, die den der Gemeinde aufgetragenen Dienst als eine Bedrohung eigener Macht- oder Überlegenheitsansprüche sehen. Ausdrücklich fordert das Neue Testament zudem zur Fürbitte für Verantwortungsträger in Staat und Gesellschaft auf (1 Timotheus 2,2).

Fürbitte tun heißt anzufangen, »Menschen im Lichte Gottes zu sehen«.[38] Die Fürbitte ist eine Übung des Glaubens, bei der wir die Haltung des Verdachts verlernen und zulassen, dass Vertrauen wachsen kann. Es ist eine Übung, den anderen, gerade auch den weltanschaulichen Gegner, als einen Menschen zu sehen, dem im Evangelium das ewige Leben angeboten ist.[39] So sind die Sprache und der Gegenstand der Fürbitte bzw. des Gebets im weiteren Sinne Maßstab dafür, in welcher Weise Diskurse geführt, also über andere und mit anderen geredet wird.

Mein zweiter Punkt lautet daher: Im Glaubensbekenntnis sowie in der Fürbitte ist ein *Ethos des Sprechens* grundgelegt, an dem das Reden über andere Menschen und das Reden mit ihnen Maß zu nehmen hat. Der andere Mensch ist,

---

[35] A.a.O., 131.
[36] Wannenwetsch, Die ethische Dimension der Liturgie (s. Anm. 27), 385. Die Beharrlichkeit und Stetigkeit in der Fürbitte betont Friedrich Mildenberger, Das Gebet als Übung und Probe des Glaubens, Stuttgart 1968, 61 f.
[37] Wannenwetsch, Die ethische Dimension der Liturgie (s. Anm. 27), 386.
[38] Reinhard Deichgräber, Wachsende Ringe. Die Bibel lehrt beten, Göttingen ²1985, 66.
[39] Eindrücklich formuliert Augustinus: »Wünsche ihm [dem Feind], daß er mit dir zusammen das ewige Leben habe. Wünsche ihm, daß er dein Bruder sei. Wenn du also einen Feind liebst und wünschest, er möge dein Bruder sein, dann liebst du einen Bruder, wenn du ihn liebst. Denn du liebst in ihm nicht, was er ist, sondern was du möchtest, daß er es sei.« Unteilbar ist die Liebe. Predigten des Heiligen Augustinus über den ersten Johannesbrief, eingeleitet und übersetzt von Hermenegild M. Biedermann, Würzburg 1986, 135.

unabhängig von seinen Überzeugungen und seinen Lebenspräferenzen, als ein vor Gott lebender, des anderen bedürftiger Mensch anzuerkennen, dessen harter Panzer der Unduldsamkeit und Überzeugungsstärke vielleicht gerade diese Bedürftigkeit verbirgt. Es ist theologisch unmöglich, sich über andere oder gegenüber anderen Menschen so zu äußern oder ihnen so zu begegnen, dass die Kraft der Fürbitte versiegt. Wo das doch geschieht, braucht es die Korrektur der Diskurskultur, nicht den Verzicht auf das Gebet.

(c) Zum Ethos der Versöhnung und dem Ethos der Sprechens kommt drittens ein *Ethos des Verzichts*. Für Bonhoeffer stellen Richten und Lieben zwei sich ausschließende Gegensätze dar, weil das Richten blind, die Liebe dagegen das Auge hell macht. Er schreibt:

> »Im Richten bin ich blind gegen mein eigenes Böses und gegen die Gnade, die dem Anderen gilt. [...] Ginge es mir beim Richten wirklich um die Vernichtung des Bösen, so würde ich das Böse dort suchen, wo es mich eigentlich bedroht, nämlich bei mir selbst. Suche ich aber das Böse beim Andern, so wird gerade darin offenbar, daß ich auch in solchem Richten mein eigenes Recht suche.«[40]

Für Bonhoeffer sind die Pharisäer der eindrückliche Typus eines Menschen, der sich der Wahrheit Gottes über sein Leben nicht stellt. Für ihn »besteht das Gute im Urteilen, dessen letzter Maßstab der Mensch selbst ist«.[41] Ein solcher Mensch ist »nur Urteil, Gericht, Vorwurf, Anklage gegen die Anderen«.[42] Wer richtet und aburteilt, bezeugt und verstärkt damit die Entzweiung von anderen Menschen bzw. bestimmten Menschengruppen. Was Bonhoeffer im Weiteren anspricht, hat seit dem Aufkommen des Internets eine bis dato ungeahnte Reichweite bekommen: der öffentliche Charakter der Beschämung. Wer die Ebene der persönlichen Zurechtweisung verlässt und öffentlich über andere richtet, der möchte, dass das Urteil »gesehen, beurteilt, als gut [...] anerkannt« wird.[43] Die Moralisierung gesellschaftlicher Debatten hat auch mit der digital entgrenzten Öffentlichkeit zu tun und verschärft sich durch die damit verbundene Möglichkeit, sich anonym zu beteiligen, also Selbstbestätigung zu erhalten, ohne für die (negativen) Folgen des eigenen Handelns einstehen zu müssen.[44] Sie verkürzt das

---

[40] Dietrich Bonhoeffer, Nachfolge, DBW 4, München 1989, 179.
[41] Bonhoeffer, Ethik (s. Anm. 21), 316.
[42] A.a.O.
[43] A.a.O.
[44] Negative Folgen sind der Ansehensverlust, der sich einstellt, wenn berechtigte Urteile in unangemessener Sprache oder unberechtigte Urteile, die sich im Nachhinein als solche erweisen, öffentlich vorgebracht werden. Zur historischen Entwicklung öffentlicher Beschämung vgl. Ute Frevert, Die Politik der Demütigung. Schauplätze von Macht und Ohnmacht, Frankfurt a. M. 2017.

Personsein damit um eine grundlegende Dimension, nämlich die der persönlichen Verantwortung und das Einstehen für das, was man sagt, tut oder unterlässt.

Wir müssen sehr genau hinhören, wenn Bonhoeffer hier vom Verzicht auf das Richten des anderen als Ausdruck christlicher Liebe spricht. Solche Aussagen wären missverstanden, wenn mit ihnen eine Praxis legitimiert werden soll, bei der unter dem Vorzeichen der geschwisterlichen Liebe Machtmissbrauch oder übergriffiges Verhalten in der Gemeinde gedeckt und die Opfer zum Verstummen gebracht werden sollen. Bonhoeffer hat deutlich gesehen – und in seinem Buch *Gemeinsames Leben* ausgeführt –, dass »gerade dort, wo eine Gemeinschaft rein geistlicher Art zusammentritt, die Gefahr unheimlich nahe [ist], daß nun in diese Gemeinschaft etwas Seelisches mit hineingebracht und mit untermischt wird«,[45] dass also ein rein geistliches Liebes-Ethos behauptet und die komplexe Ebene seelisch-leiblicher Beziehungen zwischen Menschen samt deren (möglicher) missbräuchlicher Verkehrung negiert wird. Bonhoeffer geht es, wenn er vom Verzicht auf das Richten spricht, um den Verzicht auf Selbstinszenierung auf Kosten der Wahrheit des eigenen Lebens, die im Kreuz Christi offenbar wird. Bonhoeffer will sagen: Demjenigen, der (mir) Unrecht getan hat oder sich gegen Gottes Gebote verfehlt hat, begegnet der Christ nicht in freier Unmittelbarkeit, sondern vermittelt durch die Person des Versöhners. Damit bezieht der Christ, so Bonhoeffer, nicht eine Position, »von der aus der Andere angegriffen wird, sondern er tritt in der Wahrhaftigkeit der Liebe Jesu zu dem Anderen mit dem bedingungslosen Angebot der Gemeinschaft«,[46] weil er selbst sein Heil der Gemeinschaft mit Christus verdankt.

Ich möchte es so formulieren: Das Ethos des Verzichts bezeichnet den Verzicht darauf, andere zu beschämen in der Absicht, sie mundtot zu machen oder herabzuwürdigen, um selbst würdiger dazustehen. Das Gericht unter Christen, schreibt Bonhoeffer, »wird im brüderlichen Zurechthelfen, im Aufrichten, auf den rechten Weg bringen, Ermahnen und Trösten bestehen«.[47] Christliches Richten, das dem Urteil Gottes nicht vorgreifen will, besteht also im Aufrichten der Geschwister und der Menschen, die von der Not ihres Lebens niedergedrückt sind im Zeichen des Kreuzes Christi, das jedem menschlichen Überlegenheitsdünkel wehrt.

Die Überwindung der dem Menschen eigenen Scham aber »gibt es nur im Ertragen eines Aktes letzter Beschämung, nämlich des Offenbarwerdens vor Gott«, gibt es nur »in der Beschämung durch die Vergebung der Sünde, das heißt durch die Wiederherstellung der Gemeinschaft mit Gott und dem Menschen«.[48] Weil die Vergebung den Beschämten bedeckt, ist Gottes Zuwendung zum Men-

---

[45] D. Bonhoeffer, Gemeinsames Leben. Das Gebetbuch der Bibel, DBW 5, München 1987, 33.
[46] Bonhoeffer, Nachfolge (s. Anm. 40), 178.
[47] Bonhoeffer, Ethik (s. Anm. 21), 318 f.
[48] Bonhoeffer, Ethik (s. Anm. 21), 308.

schen in Jesus Christus kategorial von der gnadenlosen Bloßstellung im öffentlichen, heute zumeist digitalen Raum zu unterscheiden.

Mein dritter Punkt lautet somit: Der Praxis öffentlicher Beschämung, wie sie moralisierte gesellschaftliche Diskurse oft kennzeichnet, setzt der Gottesdienst die Haltung des Aufrichtens entgegen, die sich aus der Kraft der Vergebung speist. Sie besteht im Verzicht darauf, Gottes Urteil vorgreifen zu wollen, und darin, den Umgang miteinander davon bestimmen zu lassen, dem Niedermachen Andersdenkender und Andersglaubender im Wissen darum zu begegnen, dass mein eigenes Leben vielleicht nicht im Licht der medialen Öffentlichkeit steht, es aber unverhüllt vor Gott ausgebreitet ist.

4. Vom Dominieren zum Dienen: Kirche und Gemeinde in der Welt

Das bis hierhin Gesagte könnte den Eindruck erwecken, dass der theologische Beitrag zur Entmoralisierung gesellschaftlicher Diskurse im Ruf an die Kirche zum Rückzug aus der Welt liegt. Sie soll Gottesdienst feiern und ist damit bei der ihr eigenen Sache. Zwar ist der Gottesdienst tatsächlich die der Kirche eigene Sache, dennoch bestünde dieser Eindruck zu Unrecht. Das wird schon am Gottesdienst selbst deutlich, der bekanntlich mit der Segnung und Sendung der Gemeinde schließt. Doch dem möglichen Missverständnis ist noch mehr entgegenzusetzen. Dazu folge ich in diesem Schlussteil zwei Aussagelinien.

Die Kirche ist erstens nicht zum Rückzug aus der Welt gerufen, weil die Zusage, dass sie »Salz der Erde« und »Licht der Welt« ist (Matthäus 5,13–14), nur dann Sinn ergibt, wenn Christen- und Bürgergemeinde nicht deckungsgleich sind. Christen feiern Gottesdienst in der Welt, und zwar als die verdichtete Gestalt der Lebenshingabe, die Paulus als den »vernünftigen Gottesdienst« (Römer 12,2) bezeichnet. Entscheidend ist nun aber die Weise, in der die Kirche ihrer Bestimmung genügt, als Sozialgestalt des Evangeliums die Erneuerung zu antizipieren, die Gott der von ihm geschaffenen Welt verheißen hat.

Sozialgestalt des Evangeliums zu sein, kann zweitens nur bedeuten, Staat und Gesellschaft mit dem Evangelium zu *dienen*, nicht sie zu *dominieren*. Nur gepaart mit der Demut verweist der Bekennermut auf den Christus, der als der Herr arm und gering wurde, um die Menschen in die Gemeinschaft mit Gott einzuladen. Karl Barth hat in seiner *Kirchlichen Dogmatik* mit der ihm eigenen Deutlichkeit ausgedrückt, was der Kirche Jesu Christi aufgetragen ist und woran sie sich in dieser Welt zu halten und zu orientieren hat. Er schreibt:

> »[D]er Gemeinde ist das *Evangelium* aufgetragen: die gute, die fröhliche Botschaft von Jesus Christus, von der wirklichen Tat und von der wahren Offenbarung der Güte, in der Gott sich selbst zum Gott des Menschen, den Menschen zu seinem Menschen

machen wollte und gemacht hat. Dieses große Ja ist ihre Sache. Einen anderen Auftrag neben diesem hat sie nicht. [...] Er verlangt ihre ungeteilte Aufmerksamkeit und Hingabe schon darum, weil er, sein Sinn, seine Höhe, Tiefe und Weite, weil der rechte Weg zu seiner Ausführung in jeder neuen Zusammensetzung der Gemeinde, in jeder besonderen Zeit und Situation ihrer Geschichte in größter Sammlung und Willigkeit neu begriffen und ergriffen sein will.«[49]

Barth verweist die Kirche damit an das Evangelium, insofern es einzig ihr anvertraut ist. In ihrem Auftrag kann die Kirche also nicht durch andere gesellschaftliche Akteure vertreten werden. Darin liegt ihre spezifische Verantwortung. Barth weist die Kirche zudem an die Macht, die in der Verkündigung von Gottes Wort liegt und an deren Stelle keine anderen Machtäußerungen treten dürfen. Die Kraft Gottes erweist sich gerade in der Schwachheit des Wortes vom Kreuz, auch wenn es verlockender sein mag, auf den Erweis theologischer Schlüssigkeit oder gesellschaftlicher Relevanz der Kirche zu setzen.

Es kommt der Kirche somit nicht zu, in gesellschaftlichen Debatten einen privilegierten Platz einzufordern. Privilegierungen begründen noch keine Plausibilitäten. Vielmehr soll sie sich vom Vertrauen in die Selbstdurchsetzungskraft des Wortes Gottes leiten lassen. Christen erkennen die Pluralität der Gesellschaft an, sind aber überzeugt davon, dass diese Pluralität auf einem dem Menschen unverfügbaren Grund steht, nämlich Gottes Schöpferhandeln, der die Menschen ins Dasein ruft und sie in der Unterschiedlichkeit der Begabungen beauftragt, das Gemeinwesen zu erhalten und zu gestalten. Von der Christengemeinde wird Treue zu ihrem Auftrag erwartet, auch wenn das nach menschlichen Effizienzkriterien wenig ertragreich aussehen mag. Das wandernde Gottesvolk verliert nicht aus den Augen, dass Gott selbst nach seiner Verheißung einen neuen Himmel und eine neue Erde schaffen wird, »in denen Gerechtigkeit wohnt« (2 Petrus 3,13).

Was soll mit diesem Insistieren auf dem *einen* Auftrag der Kirche gesagt sein? Nicht gesagt ist damit, dass die Verkündigung des Evangeliums den gesellschaftlichen bzw. humanitären Einsatz von Christen ersetzen oder verdrängen soll. Im Gegenteil: Sie befähigt sie zu diesem Einsatz, indem die Kirche selbst *keine* Moralagentur ist, sondern Sozialethos des Evangeliums. Das schließt ein, dass sich Kirchen öffentlich erklären, wenn Entwicklungen in Staat und Gesellschaft die Fundamente des Lebensschutzes gefährden; dieses Eintreten für eine Kultur des Lebens ist aber etwas anderes als der Versuch, sich gegenüber der Gesellschaft als zivilreligiöse Moralinstanz zu profilieren. Genauer: Die Kirche darf nicht der Versuchung erliegen, die politische Relevanz der christlichen Botschaft sowie die gesellschaftliche Verantwortung der Kirche(n) durch Ausweis der moralischen Nützlichkeit des Glaubens auszuweisen und auf diese Weise der Marginalisierung von Glaube und Kirche in der Öffentlichkeit ent-

---

[49] Karl Barth, Kirchliche Dogmatik, III/2, 916.

gegentreten zu wollen.⁵⁰ Zu groß ist die Gefahr, dass dies um den Preis einer Moralisierung und oft zugleich Politisierung der Verkündigung geschieht. Denn die christliche Botschaft erschöpft sich nicht in der »Goldenen Regel« oder dem Doppelgebot der Liebe, sondern handelt, wie Ulrich Körtner zu Recht feststellt, »von der Vergebung der Sünden und von der Versöhnung zwischen Gott und den Menschen [...], die allein Gottes Gabe ist«.⁵¹ Vielmehr sollten die Kirchen der Totalisierung, Polarisierung und Moralisierung gesellschaftlicher Diskurse mit dem Anstoß des Evangeliums entgegentreten. Die Spirale der Moralisierung zu durchbrechen, wird (ihnen) nur gelingen, wenn sie aller Welt bezeugen, dass die Erlösung von Selbstbehauptung und Selbstaffirmation in der Begegnung mit Jesus Christus liegt. Diese Begegnung verändert alles, weil das neue Leben in dem gründet, was Menschen nicht verdient haben, sondern was ihnen unverdient zuteilwird: die Gemeinschaft mit Gott in Christus.

---

⁵⁰ Zum Programm der »Öffentlichen Theologie« vgl. Florian Höhne/ Frederike van Oorschot (Hrsg.), Grundtexte Öffentliche Theologie, Leipzig 2015.

⁵¹ A.a.O., 158f. Wird diese Versöhnungswirklichkeit nicht theologisch ausgewiesen, bezeugt und als hier und jetzt erfahrbar erbeten, werden kirchliche Verlautbarungen moralisierend. Ein eklatantes Beispiel dafür ist der 2012 zunächst als EKD-Grundlagentext geplante, dann aber wegen kritischer Stimmen im Rat der EKD nur unter Autorennamen erschienene Text zur Sexualethik (Peter Dabrock, Unverschämt – schön. Sexualethik: evangelisch und lebensnah, Gütersloh 2015). Was der Band bietet, ist zwar keine theologische Grundlegung der Ordnung des Lebens der Geschlechter, dafür aber fünf moralische Kriterien für sexuelle Beziehungen: Freiwilligkeit, Respekt der Andersheit, Schutz der Beteiligten, Chancengleichheit und Bereitschaft zur Treue. Für solche Einsichten bedarf es freilich keiner eigenständigen Stimme der Kirche. Diese Kriterien können auch im Kontext einer guten professionellen Partnerschaftsberatung einleuchten.

Die Pharisäer als Lehrer einer ganzheitlichen Moral
Umfassend motivierend und orientierend für das ganze Leben des ganzen Volkes

Roland Deines

Die Pharisäer gelten in der christlichen Welt selten als Vorbilder. Sie sind vielmehr in der populären Wahrnehmung die sprichwörtlichen Heuchler, die als Moralapostel[1] anderen den Spaß verderben, den sie selbst dann doch heimlich genießen. Was Heinrich Heine über das christliche Pastorenpersonal dichtete, dass es öffentlich Wasser predigt, aber heimlich Wein trinkt, gilt für viele auch für die Pharisäer. Hat nicht Jesus über sie gesagt:

> »Denn sie reden, aber machen nicht. Sie schnüren schwere und kaum zu tragende Lasten und legen sie auf die Schultern der Menschen, sie selbst aber wollen sie nicht mit ihrem Finger berühren. Alle ihre Werke aber tun sie, um von den Menschen gesehen zu werden. Denn sie machen ihre Phylakterien breit und ihre Gebetsfäden lang, und sie lieben den Vorsitz bei den Gastmählern und die Vorsteherersitze in den Synagogen, dazu das Grüßen auf den öffentlichen Plätzen und dass sie von den Menschen als ›Rabbi‹ angesprochen werden.«[2]

In dieser scharfen Verurteilung liegt der Grund, warum Pharisäer und Heuchler in manchen Kontexten fast synonym verwandt wird. Pharisäer sind Heuchler, weil sie zwar reden, aber selbst nicht tun, was sie sagen, eben Wasser predigen, aber selbst Wein trinken. Dieser Vorwurf ist, wie wir sehen werden, überzogen und zugespitzt. Aber es ist eine Form von Polemik, mit der bis heute der herausfordernde bzw. appellative moralische Gestus anderer abgewehrt wird. Diejenigen, die moralische Forderungen stellen, sollen sich zuerst selbst daran

---

[1] Wie eng die beiden Begriffe »Pharisäer« und »Moralapostel« zusammengedacht werden, und zwar von Journalisten und dem predigenden Personal auf den Kanzeln, zeigt die Eingabe derselben in eine Internet-Suchmaschine, die gleichmäßig Zeitungsartikel und Predigten aufführt.

[2] Mt 23,3–7. Vgl. auch 23,28: »So auch ihr. Ihr erscheint zwar äußerlich den Menschen als Gerechte, innen aber seid ihr angefüllt mit Heuchelei und Gesetzlosigkeit« (ἀνομίας; die Zürcher Bibel 2007 übersetzt hier mit: »Verachtung für das Gesetz«).

halten, bevor sie andere zum gleichen Verhalten mit moralischen Gründen auffordern. Diese Reaktion findet sich quer durch alle moralischen Diskurse der letzten Jahre: Wer für offene Grenzen in Bezug auf Flüchtlingsströme war, musste sich von denen, die das anders sahen, sagen lassen, dass sie doch selbst erst einmal anfangen sollten, Flüchtlinge bei sich daheim oder wenigstens in ihrem eigenen Quartier aufzunehmen, anstatt die damit verbundenen Belastungen auf die Allgemeinheit abzuwälzen (bzw. auf die Quartiere, die sowieso schon unter starkem sozialem Druck leiden). Die Klimaaktivistin Greta Thunberg wird sofort der Heuchelei bezichtigt, wenn sie einmal nicht mit Fahrrad oder Bahn unterwegs ist. Wohlfeil ist im Moment auch der Heucheleivorwurf gegen die katholische Kirche und insbesondere die Priester, weil sie als Vertreter einer von vielen als zu eng empfundenen Sexualmoral selbst nicht nur die Grenzen des Anstands, sondern auch des Strafrechts in ihrem Verhalten überschritten haben. Offene Grenzen, Klima, soziale Gerechtigkeit, sexuelle Normen – das waren bis vor kurzem die Themen, die nicht nur moralische Debatten, sondern auch ein gerüttelt Maß an moralischer Empörung und Verurteilung evozierten. Immerhin – alle diese Debatten betreffen Fragen von zentraler Bedeutung, über die man in der Tat kontrovers diskutieren kann und soll.

Davon zu unterscheiden sind m. E. die Identitätsdiskurse der letzten Jahre, bei denen primär um Anerkennung und Respekt für besondere Lebensentwürfe und Verhaltensweisen gerungen wird. Hier spielen Sprachregelungen und Sprachzensur eine wichtige Rolle, für deren Akzeptanz und Durchsetzung nicht nur mit fundierten Argumenten, sondern auch mit Shitstorms (das Wort hat es immerhin in den Duden geschafft) und dem Unterdrücken (Stichwort »cancel culture« – noch nicht im Duden) von anderslautenden Positionen gekämpft wird. In diesen geht es allerdings häufig nur sekundär um eine umfassende Moral, die alle Bereiche des Lebens sinnstiftend ordnet und auf ein Ziel hin orientiert. Stattdessen geht es primär um die gesellschaftliche und rechtliche Akzeptanz eines Partikularinteresses, für das mit erbitterter Leidenschaft gekämpft wird, wobei die Wertung der verschiedenen Positionen sich von der Polarität zwischen »Richtig« und »Falsch« zu einer von »Gut« und »Böse« verschiebt. Will man sich in dieser Gemengelage auf das inzwischen gefährlich dünne Eis moralischer Überlegungen begeben, dann empfiehlt es sich vorauszuschicken, was im Nachfolgenden als Moral bzw. moralisch zu verstehen ist. In Anlehnung an Eilert Herms verstehe ich Moral als das Ergebnis eines Strebens, das auf einer *umfassend motivierenden und orientierenden Gewissheit* zu einer dadurch bestimmten, kohärenten, voraussehbaren Verhaltensweise führt.[3]

Möglicherweise sind die fehlende *umfassende Moralität und orientierende Gewissheit* dieser Partikularinteressen die Ursache dafür, dass solcherart nachrangige Diskurse versuchen, durch eine moralisch überhöhte Präsentation des

---

[3] Vgl. Eilert Herms, Art. Moral, in: RGG[4] 5, 2002, 1484–1486, 1484.

eigenen Anliegens (z. B. in der Forderung von »Respekt«) diesem eine vorrangigere Bedeutsamkeit in der öffentlichen Wahrnehmung zu erkämpfen. Dabei wird verweigerte Anerkennung oder verweigerter Respekt als moralisch »böse« und damit nicht (mehr) zu dulden qualifiziert, obwohl es dabei doch nur um eine von der eigenen verschiedene ethische Urteilsbildung aufgrund einer anderen *umfassend motivierenden und orientierenden Gewissheit* geht. Aber diese liberale Gelassenheit, die dem anderen Freiheit zu einer anderen begründbaren Position lässt, fehlt vielfach in der medial inszenierten Gegenwart, was dazu führt, dass Begriffe wie Tugendterror, Hypermoral und Moraldiktatur zum gängigen Vokabular derer geworden sind, die dieser beständigen Moralisierung von eher zweitrangigen Fragen überdrüssig sind.[4]

Gleichzeitig erleben viele die Gegenwart als eine Zeit der Verrohung und des Zerfalls von Ordnung und Sitte, d. h. des Systems einer lebensdienlichen Moral, die das gemeinschaftliche Leben in einem guten Sinn einfach und überschaubar macht. Das fängt mit Alltagshöflichkeit an und hört bei Rücksichtnahme, Zurückhaltung und Bescheidenheit noch lange nicht auf. Dass Rettungsdienste heute Polizeischutz brauchen, weil sie von Passanten angepöbelt, belästigt oder gar angegriffen werden, ist etwas, das vor 20 Jahren noch kaum vorstellbar war; das Gleiche gilt für rücksichtsloses Rasen nicht nur auf Autobahnen, sondern in den Städten, wo regelrechte Autorennen durchgeführt werden; die mutwillige Zerstörung und Verschmutzung öffentlichen Eigentums – Bahnhöfe sind hier die Aushängeschilder einer traurigen Wirklichkeit für viele Städte, dazu der Missbrauch von sozialen Absicherungssystemen auf der einen Seite und rücksichtsloses Gewinnstreben auf Kosten der Allgemeinheit auf der anderen und vieles andere mehr sind umgekehrt ein Indiz dafür, dass es bei manchen eher zu wenig als zu viel moralisches Verhalten gibt. Oder eben: dass die vorhandenen Moralitäten – schon der Plural ist verdächtig und benennt das Problem – nicht mehr eine für alle (oder doch wenigstens für viele) verbindliche *umfassend motivierende und orientierende Gewissheit* darstellen, sondern *de facto* Partikularmoralitäten sind, die sich aber selbst als Monomoralität verstehen (der eine

---

[4] Dieser Zwiespalt zwischen ethischem Relativismus und der Intoleranz einer »Ethik der Authentizität« wird von Charles Taylor, Ein säkulares Zeitalter, Frankfurt a. M. ²2020, 807, dahingehend beschrieben, dass »Intoleranz« die einzige Sünde ist, »die nicht toleriert wird«. Das bedeutet ferner, dass »niemand das Recht hat, sich um meines Wohls willen in meine Angelegenheiten einzumischen«. Erlaubt ist dies einzig da, wo es darum geht, »andere vor Schaden zu bewahren« (ebd.), d. h. wo das eigene Verhalten andere als schädlich empfinden. Dass dies zu einem Dauerkonflikt zwischen Individuen führt (den dann die staatliche Gerichtsbarkeit klären soll), ist leicht erkennbar, insbesondere wenn jede empfundene Kritik (und Nichtzustimmung gilt hier bereits als Kritik) an einem selbstgewählten Lebensentwurf bereits als Schädigung in Form von Diskriminierung oder *hate speech* justiziabel werden kann.

Punkt, an dem sich Gut und Böse entscheidet) und darum notwendigerweise – aber eben auch tragischerweise – ihre unbedingte Durchsetzung erstreben *müssen*.

Die Pharisäer als Moralagenten für das Volk

Es lässt sich mit einer gewissen Berechtigung fragen: Was hilft die Beschäftigung mit den Pharisäern in einer solcherart aufgeheizten gegenwärtigen Diskussion? Viel – weil wir es mit »Moralaposteln« zu tun haben, deren Einfluss, deren Wirkung, deren Erfolg und deren Grenzen beschreibbar sind. Die Problematik gegenwärtiger moralischer Diskurse ist, dass keiner sagen kann, wer am Ende recht haben wird. Es sind unabgeschlossene Diskussionen, deren Langzeitwirkungen noch nicht erkennbar sind. Historische Prozesse dagegen lassen sich überblicken und bis zu einem gewissen Grad auch bewerten. Darum kann Geschichte eine Hilfe sein, in der Gegenwart Entscheidungen zu treffen, die mehr berücksichtigen als nur das unmittelbare Geschehen. Geschichte ist das Langzeitgedächtnis der ethischen Urteilskraft und darum auch der moralischen Besinnung. Das ist auch darum wichtig, weil bei Fragen der Moral häufig die Wendung zu hören oder zu lesen ist: »Man kann doch heute/im 21. Jahrhundert nicht mehr« dies oder das sagen oder tun. Das ist aber gerade in ethischen Debatten wenig überzeugend. Wäre es nicht hilfreicher zu fragen, warum manche ethischen Überzeugungen die Moral der jüdisch-christlich geprägten Welt über mehr als zwei Jahrtausende geprägt haben? Ist das Neue wirklich immer das moralisch Überlegene?[5] Wir löschen in zwei Generationen das moralische Gedächtnis und Empfinden von zwei Jahrtausenden aus. Das kann man als Fortschritt ansehen, muss man aber nicht. Darum Geschichte. Weil Geschichte demütig macht und weil Geschichte zeigt, wozu Menschen fähig sind, im Guten wie

---

[5] Die Geschichte der Irrtümer in allen Humanwissenschaften mit teils tragischen Folgen ist lang, wird aber vielfach ignoriert, weil man zwar die wenigen bleibenden Errungenschaften hervorhebt und darüber die vielen Fehldiagnosen jeglicher Art und das durch sie verursachte Leiden vergisst. Wobei das Haltbarkeitsdatum der »bleibenden« Ergebnisse z. B. in den noch sehr jungen und dennoch an Irrtümern reichen Sexualwissenschaften noch lange nicht ausgemacht ist, vgl. dazu Volkmar Sigusch, Sexualitäten. Eine kritische Theorie in 99 Fragmenten, Frankfurt a. M. 2013, 33: »Sexualität« ist demnach eine um 1800 konstruierte Objektivierung eines »Subjektvermögens«, d. h. ein Abstraktum, das als »gesellschaftliche Form [...] erst seit etwa 200 bis 300 Jahren [...] und zwar nur in Europa und Nordamerika als ein allgemein Durchgesetztes und isoliert Dramatisiertes« existiert. Zur Geschichte s. ders., Geschichte der Sexualwissenschaft, Frankfurt a. M. 2008.

im Bösen.⁶ Zudem lässt der Rückblick auf die Geschichte manchmal doch ein – zumindest vorläufiges, zumindest nach menschlichem Maß bemessenes – Urteil darüber zu, wer nun eigentlich am Ende recht hatte.

Aus einer theologischen Perspektive ist dieses Ende, wo es um Recht und Unrecht geht, jedoch durchaus doppeldeutig: Da ist das Ende in dieser Welt, d. h. welche Position wird in zwanzig, hundert oder in tausend Jahren als die angemessene, als die moralische angesehen werden? Wer wird also vor dem Forum zukünftigen Wahrheitsbewusstseins als gerechtfertigt dastehen? Aber das ist nur die eine Seite, und letztlich für eine theologische Existenz die falsche. Denn eine christliche, sich an der Weisung von Jesus orientierende Moralität will nicht vor dem Forum gegenwärtigen oder zukünftigen Wahrheitsbewusstseins anerkannt werden, sondern sie will im Jüngsten Gericht bestehen. Sie ist geprägt von der Mahnung Jesu: »Was hilft es dem Menschen, wenn er die ganze Welt gewinnt« – d. h. wenn er die Anerkennung der Menschen erringt –, »aber Schaden nimmt an seiner Seele« – d. h. dadurch die Anerkennung bei Gott verliert. Die etwas sperrige Formulierung von Eilert Herms über die *umfassend motivierende und orientierende Gewissheit* bringt die Bedingtheit (im Sinne von: von Bedingungen abhängig) von Moral, die mehr sein will als ideologischer Opportunismus, hilfreich auf den Punkt. Denn zur Moral gehört, vereinfachend gesagt, ein umfassendes Weltbild, das dem eigenen Handeln motivierend und orientierend zugrunde liegt. Meine These ist, dass die Pharisäer ein solches umfassendes Weltbild besaßen, das durch Paulus mit Modifikationen auch für den christlichen Glauben grundlegend wurde.

Darum zunächst ein knappes Update, wer eigentlich die Pharisäer waren.⁷ Sie werden erstmals als eine von drei Schulrichtungen oder Denktraditionen

---

⁶ Zu einer Verteidigung des Guten im Menschen s. den aktuellen Bestseller von Rutger Bregman, Im Grunde gut. Eine neue Geschichte der Menschheit, Hamburg ⁷2022, der als Gegenentwurf zu Richard Dawkins, Das egoistische Gen, Heidelberg ²2007 (engl. Original: The Selfish Gen, Oxford 1989, seither zahlreiche Neuauflagen), zu verstehen ist.

⁷ Ich verzichte im Folgenden auf eine detaillierte Auseinandersetzung mit den Quellen und der entsprechenden Literatur und verweise stattdessen auf meine Beiträge zur Pharisäerforschung: Roland Deines, Die Pharisäer. Ihr Verständnis im Spiegel der christlichen und jüdischen Forschung seit Wellhausen und Graetz, WUNT 101, Tübingen 1997; Pharisäer und Pietisten – ein Vergleich zwischen zwei analogen Frömmigkeitsbewegungen, in: JETh 14 (2000), 113–133; Art. Pharisäer, in: TBLNT² 2, 2000, 1167–1178 (Neuausgabe 2022 in einem Bd.); Die Pharisäer und das Volk im Neuen Testament und bei Josephus, in: Christfried Böttrich/Jens Herzer (Hrsg.), Josephus und das Neue Testament. Wechselseitige Wahrnehmungen. II. Internationales Symposium zum Corpus Judaeo-Hellenisticum, WUNT 209, Tübingen 2007, 147–180; Art. Pharisees, in: John J. Collins/Daniel C. Harlow (Hrsg.), Dictionary of Early Judaism, Grand Rapids 2010, 1261–1263; The Social Profile of the Pharisees, in: Ders., Acts of God in History. Studies To-

innerhalb des nachexilischen Judentums – neben den Sadduzäern und Essenern – für die Zeit um 150 v. Chr. genannt, in einem Werk des jüdischen Historikers Josephus, das allerdings erst in den 90er Jahren des 1. Jahrhunderts n. Chr. geschrieben wurde. Für Josephus lässt sich die Geschichte des jüdischen Volkes ab der zweiten Hälfte des 2. Jahrhunderts v. Chr. nicht mehr darstellen, ohne auf die Pharisäer Bezug zu nehmen. Er ist darum für die pharisäische Geschichte die Hauptquelle. Die zweite wichtige Quelle ist das Neue Testament: zum einen, weil alle vier Evangelien Jesus in engem Kontakt und teilweise heftiger Auseinandersetzung mit den Pharisäern schildern, zum anderen, weil eine der wichtigsten Gestalten des frühen Christentums, der Apostel Paulus, sich selbst als Pharisäer bezeichnet. Im Brief an die Philipper (3,5 f.) schreibt er:

»[Ich bin] am achten Tag beschnitten worden [wie es das Gesetz vorschreibt], aus dem Volk Israel, genauer aus dem Stamm Benjamin, Hebräer von Hebräern [d. h. auch seine Eltern waren vollgültige Israeliten], in Bezug auf die Torah ein Pharisäer, in Bezug auf den Eifer [um die Torah] ein Verfolger der Gemeinde, in Bezug auf die Gerechtigkeit gemäß der Torah blieb ich ohne Tadel.«

Das ist das älteste literarische Dokument, in dem das Wort »Pharisäer« (Φαρισαῖος) begegnet. Der Kontext macht deutlich, dass es positiv gemeint ist. Wer von sich sagen kann, dass er als Pharisäer untadelig war, kann damit in der jüdischen Welt des 1. Jahrhunderts Eindruck machen. Denn das Prestige der Pharisäer in der damaligen jüdischen Welt war hoch – und es war berechtigt.

Josephus berichtet, dass die Pharisäer den größten Einfluss auf das Volk besaßen, sodass sogar die Sadduzäer, die mehrheitlich aus den Vermögenden und der Tempelaristokratie bestanden, sich in Bereichen des öffentlichen Lebens nach ihnen richten mussten:

»Infolge dieser Lehren [gemeint ist ihre Vorstellung vom Gericht und ihr Glaube an ein Weiterleben nach dem Tod] gelten sie beim Volk am überzeugendsten, sodass sämtliche gottesdienstliche Verrichtungen, Gebete wie Opfer, nur nach ihrer Auslegung [der biblischen Vorschriften] dargebracht werden. Ein so herrliches Zeugnis der Tugend gaben ihnen die [Bewohner der] Städte wegen des Bestrebens für das allen Bessere in Bezug auf die Lebensweise und der [zugrunde liegenden] Überzeugungen.

---

wards Recovering a Theological Historiography, WUNT 317, Tübingen 2013, 29–52; Art. Pharisees, in: Loren T. Stuckenbruck/Daniel M. Gurtner (Hrsg.), T&T Clark Encyclopedia of Second Temple Judaism, London 2020, Bd. 2, 602–606. Zur aktuellen Diskussion s. Joseph Sievers/Amy-Jill Levine (Hrsg.), The Pharisees, Michigan 2021.

[Die Sadduzäer dagegen], wenn immer sie ein Amt antreten, vertreten sie – unfreiwillig und aus Notwendigkeit – das, was ihnen der Pharisäer sagt (προσχωροῦσι δ᾽ οὖν οἷς ὁ Φαρισαῖος λέγει), weil anders die Menge sie sonst nicht dulden würde.«[8]

Dieses Lob der Pharisäer, dass ihnen Josephus nach Meinung mancher Josephusforscher eher unwillig einräumen musste,[9] gilt es im Auge zu behalten, wenn man die Pharisäer und ihre moralische Kompetenz und Attraktivität verstehen will. Darum die Frage:

Was haben die Pharisäer richtig gemacht?

Woher kommt dieser Einfluss beim Volk, den nicht nur Josephus behauptet, sondern der sich auch in den Evangelien und der Apostelgeschichte beständig nachweisen lässt? Die Antwort des Josephus ist, dass sie anerkanntermaßen das *koinon*, das gemeinsame Wohl des Volkes Israel im Blick hatten: Sie liebten sich untereinander (während die Sadduzäer untereinander stritten) und »rangen um Einigkeit bzw. die gleiche Gesinnung für das Gemeinwohl«.[10] D.h., die Pharisäer waren willens und in der Lage, auf der Basis einer geteilten Weltanschauung (der Torah) Regeln zu formulieren, die vielen im Volk halfen, sich im Rahmen die-

---

[8] Josephus, Ant XVIII 15.17 (Übersetzung RD). Die Übersetzung dieser Stelle ist nicht einfach und ist in den gängigen Ausgaben eher paraphrasierend. In der veralteten, aber noch immer nicht ersetzten deutschen Standardausgabe von Heinrich Clementz, die erstmals 1899 erschien (als leicht bearbeiteter Nachdruck: Flavius Josephus, Jüdische Altertümer, Wiesbaden [4]2015), lautet die Stelle: »Infolge dieser Lehren besitzen sie beim Volke einen solchen Einfluss, dass sämtliche gottesdienstliche Verrichtungen, Gebete wie Opfer, nur nach ihrer Anleitung dargebracht werden. Ein so herrliches Zeugnis der Vollkommenheit gaben ihnen die Gemeinden, weil man glaubte, dass sie in Wort und Tat nur das Beste wollten.« Die Sadduzäer dagegen, »wenn sie einmal dazu genötigt sind, ein Amt zu bekleiden, so halten sie es mit den Pharisäern, weil das Volk sie sonst nicht dulden würde«.

[9] Zu nennen ist hier insbesondere Steve Mason, der von »Josephus's disdain for Pharisees« aufgrund ihres »baleful influence« schreibt, den er ihnen nur darum einräumen musste, weil sie »a reputation for precision in legal interpretation« beim Volk besaßen, so in: Josephus's Pharisees, in: Sievers/Levine (Hrsg.), The Pharisees (s. o. Anm. 7), 80–111, 108 f. Auch das oben angeführte Zitat ist nach seiner Interpretation eine als scheinbares Lob verkleidete Kritik (104 f.). Diese Analyse basiert auf seiner großen Arbeit: Steve Mason, Flavius Josephus on the Pharisees, StPB 39, Leiden 1991.

[10] Bell II 166: καὶ Φαρισαῖοι μὲν (a) φιλάλληλοί τε καὶ (b) τὴν εἰς τὸ κοινὸν ὁμόνοιαν ἀσκοῦντες. Das für »Eintracht« gebrauchte ὁμόνοια (*homónoia*) fehlt im Neuen Testament, ist aber in der frühchristlichen Literatur weit verbreitet und bedeutet »Einmütigkeit« bzw. »Eintracht« (lat. concordia), vgl. Bauer/Aland, WNT[6], 1153 f.

ser Weltanschauung richtig, hilfreich und förderlich für das eigene und gesellschaftliche Wohl zu verhalten. Sie »überlieferten dem Volk gewisse Satzungen aus der väterlichen Tradition, welche nicht aufgeschrieben waren in den Gesetzen des Mose« (νόμιμά τινα παρέδοσαν τῷ δήμῳ οἱ Φαρισαῖοι ἐκ πατέρων διαδοχῆς, ἅπερ οὐκ ἀναγέγραπται ἐν τοῖς Μωυσέως νόμοις). Und diese Gebote waren nach pharisäischer Auffassung »zu halten« (τηρεῖν, Ant XIII 297) und »zu beachten« (φυλάσσειν, Ant XIII 296). Die dem Volk Israel anvertraute Offenbarung Gottes, die in Gestalt der Torah vorlag, und die daraus erwachsene, teilweise jahrhundertealte Praxis und Deutung sind die Quellen einer hilfreichen Moralstrategie: Sie basiert auf einem vorhandenen Konsens (indem die Torah und ihre Befolgung ein von ganz Israel geteiltes Ideal war), der ihres Erachtens aber noch nicht ausreichend und von allen mit entsprechenden Taten aktiviert worden ist. Ziel ihres Bestrebens war, die Menschen dazu zu gewinnen, gemäß dieser lebensdienlichen Offenbarung Gottes das persönliche Leben und die religiöse Gemeinschaft des Volkes zu gestalten. Daraus lässt sich ein erster wichtiger Gedanke entnehmen: Eine Moral, die Menschen anzieht und verpflichtet, braucht einen gesellschaftlichen Konsens im Sinne einer *umfassend motivierenden und orientierenden Gewissheit*.

Im christlichen Kontext sind diese pharisäischen Satzungen zumeist negativ konnotiert, weil es (noch) mehr Vorschriften und (noch) mehr Bürden sind als im Alten Testament selbst.[11] Aber das Unbehagen an den vielen bzw. sehr präzisen Geboten ist eine sehr protestantische Sichtweise, die in keiner Weise antikem Denken entspricht. Da sind die Gebote, die eine Gottheit erteilt, Ausdruck ihres Beziehungswillens, d. h. je mehr Gebote, desto inniger die Beziehung. Was die Pharisäer durch ihre Gebotsauslegung geschafft haben, war *die Beanspruchung jedes Einzelnen*, d. h. aus der Kollektivreligion des antiken Judentums wurde eine Individualreligion, die unterschiedliche religiöse Anliegen umfassend auf einer alle verbindenden Grundlage formulierte.[12] Die mit der Hellenisierung einhergehende Individualisierung der Gesellschaft wurde als Chance begriffen, das ganze Gesetz dem ganzen Volk, und d. h. eben: jedem Einzelnen, als Aufgabe und Verpflichtung zuzuweisen bzw. anzubieten. Nicht länger sind allein die Priesterschaft und der Tempel für die Interaktion zwischen Gott und seinem Volk, an der Segen oder Fluch hing, verantwortlich, sondern jede Frau und jeder Mann in Israel. Dem Einzelnen ist es anheimgestellt, den Weg des Lebens oder den Weg des Verderbens zu gehen. Und diese Entscheidung galt es nun immer wieder neu

---

[11] Dazu kommt, dass sich Jesus in Mk 7,5–23 par. Mt 15,1–20 scharf gegen diese pharisäischen Traditionen ausspricht, aber s. dazu unten Anm. 18.

[12] Röm 12,1 f. und Kol 3,17 können als paulinische Entsprechungen gelesen werden. Ziel ist umfassendes Ausgerichtetsein der gesamten Existenz auf den einen Herrn hin, wobei das pharisäische Medium die Torah ist, deren Erfüllung der an Jesus gläubig gewordene Pharisäer Paulus im Evangelium sieht.

zu treffen, sie war hineinverwoben in den Alltag von Frauen, Männern und Kindern. Die Reinheit des Essens einzuhalten, jeden Tag neu, auch unter Gefahr des eigenen Lebens, war die Entscheidung des Einzelnen und seiner Familie (1. Makk 1,62 f.; 2. Makk 6,18–7,42). Die Verzehntung der Feldfrüchte, das Absondern der Priester- und Opferanteile: Das stand in der Verantwortung des Einzelnen. Die Einhaltung der Reinheitsgebote im ehelichen Bereich und vieles andere mehr waren nun der individuelle Beitrag des Einzelnen zu seinem eigenen Gottesverhältnis wie zu dem seines Volkes. Im Laufe der Zeit zogen andere Bereiche nach, so vor allem das bisher weitgehend in priesterlicher Verantwortung stehende Gebet, das Schriftstudium und Formen des gemeinsamen Gottesdienstes außerhalb des Tempels. Neben den Tempel traten zunehmend die Synagogen, es bildeten sich religiöse Vereinigungen, und geistliche Privat- und Erbauungsliteratur entstand neben den kanonischen Texten. Die Schriftgelehrten, die nicht notwendig Priester waren, etablierten sich als neuer geistlich-religiöser Stand, der im Bereich der praktischen Alltagsreligiosität in Konkurrenz zu den Priestern stand und das Volk im Befolgen und Verstehen der Gebote anleitete.

Die Pharisäer und ihre Schriftgelehrten waren offen für neue Methoden und Sehweisen im Umgang mit der überlieferten Tradition. Sie waren bereit (und fähig), neues Traditionsgut aufzunehmen und zu legitimieren und Bestehendes an die veränderte Lebenswelt anzupassen. Getragen waren sie von einer das ganze Volk umfassenden *Heilsverheißung*, die es nicht länger nur kollektiv, sondern im Leben jedes Einzelnen einzulösen galt. Darum gehörten zu ihren zentralen Lehren die Hoffnung auf die Auferstehung der Toten, und damit verbunden ein persönlich-individuelles Gericht. In der Frage nach dem freien Willen vertreten sie eine Mittelposition zwischen den Sadduzäern (freier Wille) und den Essenern (Determination), d. h. die Verantwortlichkeit für das eigene Tun ist Grundlage der pharisäischen Ethik.[13]

Das pharisäische Profil lässt sich am ehesten als »volksmissionarisch« beschreiben.[14] Die Torah, von den Pharisäern sehr *weitherzig* als Grundordnung der Schöpfung und des Lebens verstanden, wurde von ihnen in einer Weise gelesen und interpretiert, dass sowohl die intellektuellen Anfragen mit ihrer Hilfe beantwortet als auch die existenziellen Bedürfnisse der neuen Zeit durch sie gestillt werden konnten. Das Textbuch der alten Groß-Erzählung Israel erwies sich, neu interpretiert, als erstaunlich aktuell und den konkurrierenden griechischen

---

[13] Vgl. Josephus, Ant XIII 171–173.
[14] Vgl. Deines, Die Pharisäer (s. Anm. 7), 543–549; Albert I. Baumgarten, The »Outreach« Campaign of the Ancient Pharisees. There is No Such Thing as a Free Lunch, in: Benjamin Isaac/Yuval Shahar (Hrsg.), Judaea-Palaestina, Babylon and Rome. Jews in Antiquity, TSAJ 147, Tübingen 2012, 11–28.

Modellen sogar vielfach überlegen.¹⁵ Dadurch bekam die pharisäische Bewegung Schwung, Einfluss, Ansehen, und sie gewann große Teile des Volkes: weil sie auf die Herausforderungen des Hellenismus die überzeugendsten Antworten gab, indem sie Altes und Neues harmonisch miteinander vermittelte.

Sowohl Josephus als auch das Neue Testament bezeugen, dass die Pharisäer und die mit ihnen verbundenen pharisäischen Schriftgelehrten in den Synagogen Einfluss hatten und diesen auch ausüben wollten. Die Christenverfolgung des Pharisäers Saulus/Paulus, die ebenfalls zum Bild des Pharisäismus und seinem Streben nach öffentlicher Durchsetzung gehört, kann dazu als Beispiel dienen. Diese Verfolgung fand in den Synagogen statt.¹⁶ Es gilt aber bei Josephus wie beim Verfolger Paulus zu beachten, dass die pharisäische Einflussnahme nicht persönliche Motive verfolgte, sondern dass die zugrunde liegende Motivation das Heil Israels war. Paulus sah die »Heilsgüter Israels« durch die judenchristliche Verkündigung bedroht.¹⁷ In gleicher Weise ist auch den von Jesus bzw. Matthäus gescholtenen Pharisäern zuzubilligen, dass es ihnen nicht in erster Linie um das eigene Geltenwollen ging, sondern um das der von ihnen vertretenen *Lehre*, der sie durch ihr Verhalten und Wirken Respekt und Anerkennung zu verschaffen suchten.¹⁸ Denn für die Pharisäer galt, was Paulus selbst in Römer 2,13 anmahnt:

---

15   Diese Fähigkeit, die Torah mit den Herausforderungen der Zeit zu verbinden, ist nicht nur bei den Pharisäern zu beobachten, sondern ist ein Phänomen des hellenistischen Judentums insgesamt, vgl. Roland Deines, Bildung im hellenistischen Judentum, in: Peter Gemeinhardt (Hrsg.), Was ist Bildung in der Vormoderne?, SERAPHIM 4, Tübingen 2019, 245–267. Allerdings waren es hauptsächlich die Pharisäer, die daran interessiert waren, dass dieses Verständnis auch beim Volk ankam, vgl. Deines, Die Pharisäer (s. Anm. 7), 639 (Register s.v. Pharisäische Theologie/- Frömmigkeit/- - Individualisierung der F.); ders., Pharisäer und das Volk.

16   Apg 9,2; 22,19; 26,11, vgl. auch 6,9. Später ist es dann Paulus selbst, der als Verkündiger von Jesus als Messias dafür die Prügelstrafe in der Synagoge erlitten hat (2 Kor 11,24), vgl. dazu Thomas Schmeller, Der zweite Brief an die Korinther (2 Kor 7,5–13,13), EKK VIII/2, Neukirchen-Vluyn u. Ostfildern 2015, 256f.

17   Martin Hengel, Der vorchristliche Paulus, in: Ders., Paulus und Jakobus, Kleine Schriften III, WUNT 141, Tübingen 2002, 68–192,176; Karl-Wilhelm Niebuhr, Heidenapostel aus Israel. Die jüdische Identität des Paulus nach ihrer Darstellung in seinen Briefen, WUNT 62, Tübingen 1992, 65.

18   Der Vorwurf der persönlichen Vorteilnahme (Mk 12,38–40: hier sind allerdings die Schriftgelehrten angesprochen, die Parallelen nennen jedoch die Pharisäer), Geldgier (Lk 11,39; 16,14) und Ehrsucht (Mt 23,5–7; Lk 11,43; 14,1.7) gehört zum Genus der Polemik gegenüber einer abgelehnten bzw. bekämpften Position, vgl. Adela Yarbro Collins, Polemic against the Pharisees in Matthew 23, in: Sievers/Levine (Hrsg.), The Pharisees (s. Anm. 7), 148–169. Schon Julius Wellhausen, Die Pharisäer und die Sadduzcäer. Eine Untersuchung zur inneren jüdischen Geschichte, Greifswald 1874 (eine 2., unveränderte Aufl. erschien Hannover 1924), warnte davor, das polemische Genus als

»Gerecht vor Gott sind nicht die Hörer des Gesetzes, sondern die Täter des Gesetzes werden gerechtfertigt sein.«[19]

Auch der Vorwurf, dass die Pharisäer sich um die Gräber der Propheten und Gerechten kümmerten, ist zunächst einmal unpolemisch zu hören (Mt 23,29 f.):

> »Wehe euch, [ihr] Schriftgelehrte und Pharisäer, [ihr] Heuchler! Denn ihr erbaut die Grabmäler für die Propheten und schmückt die Erinnerungsorte der Gerechten, und sagt: Wären wir in den Tagen unserer Väter gewesen, dann wären wir nicht ihre Teilhaber am Blut der Propheten gewesen.«

Was hier erkennbar wird, ist die Benützung des öffentlichen Raums für die Propagierung der eigenen Überzeugungen. Archäologisch sind vor allem Priestergräber bezeugt und dem setzten die Pharisäer die Prophetengräber entgegen als eine Form der Demokratisierung: Nicht nur durch die Priester, die ja nach jüdischem Verständnis aus einem bestimmten Stamm kommen müssen, sodass das Priestertum abgeschlossen und exklusiv ist, redet und handelt Gott, sondern auch durch die Propheten und Gerechten, d. h. potentiell durch alle, die seinen Geboten folgen. Die monumentale Visualisierung der prophetischen Tradition ist also ein Wettbewerb in der öffentlichen Wahrnehmung, bei der die Pharisäer die Berufung durch Gott gegen das genealogische Vorrecht der Priester betonten.[20]

Tatsachenbericht zu missdeuten: »Wenn aber jemand sich durch Matth. 23 verleiten lässt, das Genus Heuchler, welches dort wohlgemerkt als Scheltwort benutzt wird, zum Subjektsbegriff der Pharisäer zu machen, so ist daran nicht das Neue Testament, sondern seine selbsteigene Thorheit schuld« (127). D. h. hier finden Übertreibungen und Verallgemeinerungen statt, die in der Regel nicht völlig aus der Luft gegriffen sind (Polemik braucht zumindest einen Anhalt in der Wirklichkeit), aber den Sachverhalt doch stark verkürzen. Dass es bei allen gesellschaftlich engagierten Bewegungen – und darum auch unter den Pharisäern – Vertreter gibt, die ihre Stellung für eigene Zwecke auszunutzen versuchen, ist weder ein neues noch ein überraschendes Phänomen; auch Paulus muss sich gegen den Vorwurf der persönlichen Vorteilsnahme ausdrücklich verteidigen (1 Thess 2,5 f.); vgl. dazu knapp R. Deines, Art. Heuchelei I. biblisch, in: ELThG² 2, 2019, 1144 f.; Baumgarten, »Outreach« Campaign (s. Anm. 14), 23 f. Zum beständigen Vorwurf der Pharisäer als Heuchler in der Forschungsgeschichte s. Deines, Die Pharisäer (s. Anm. 7), 639 (Register s.v. Pharisäische Theologie/- Gerechtigkeit/- - Heuchelei).

[19] Auch Röm 1,5, die Aufrichtung des »Gehorsams des Glaubens unter allen Völkern« erinnert an pharisäisches Erbe, wenn man für Glaube ein Leben nach der Torah einsetzt. Die pharisäische Entsprechung wäre dann in Mt 23,15 zu finden, wobei die Interpretation dieser Stelle umstritten ist, s. Baumgarten, »Outreach« Campaign (s. Anm. 14), 12 f.; Michael F. Bird, The Case of the Proselytizing Pharisees, JSHJ 2 (2004), 117–137.

[20] Vgl. Deines, Pharisäer und das Volk (s. Anm. 7), 163–166; Albert Baumgarten, Die Gräber der Propheten, in: A. Bebenbender (Hrsg.), Judäo-Christentum. Die gemeinsame

Entscheidend ist für unsere Fragestellung das sich darin bezeugende pharisäische Interesse an einer Wahrnehmung im öffentlichen Raum. Die Monumentalisierung der Prophetengräber stellt eine bewusste öffentliche Sichtbarmachung der präferierten religiösen Tradition dar. Diese dient zugleich der historischen Legitimierung der eigenen Position, indem die Propheten als Vorläufer der eigenen gegenwärtigen Anschauungen beansprucht werden. Weil die Pharisäer sich nicht mit dem Heil des Einzelnen begnügten, sondern fast noch mehr um das Wohl des Gemeinwesens besorgt waren, gingen sie mit ihren Lehren in die Öffentlichkeit und waren auf den Marktplätzen und Synagogen zu finden. Das erklärt sowohl ihre Bedeutung innerhalb der jüdischen Gesellschaft dieser Zeit als auch ihr gelegentliches negatives Image als »Moralapostel«, weil die öffentliche Repräsentanz eines ganzheitlichen Lebensstils nach Gottes Geboten ablehnende Reaktionen derer auslösten, die entweder Gottes Gebote anders auslegten (im jüdischen Kontext die Essener, die Sadduzäer und der revolutionäre zelotische Flügel) oder sich insgesamt weniger darum kümmerten (bzw. kümmern konnten).[21] Wichtig ist jedoch, dass der Konflikt zwischen Pharisäern und Jesus nicht in erster Linie um das pharisäische Bemühen ging, dem Volk Gottes Willen zu vermitteln und vorzuleben (Mt 5,20 und 23,2 f. sind nicht nur in ihrer Abgrenzung, sondern auch in ihrer Zustimmung zu lesen!), sondern darum, ob Jesus der von Gott gesandte Messias ist. Ihre fehlende Bereitschaft, Jesus anzuerkennen, ist aus neutestamentlicher Sicht der Grund für die Schärfe der Auseinandersetzung zwischen Jesusbewegung und pharisäischer Bewegung,

---

Wurzel von rabbinischem Judentum und früher Kirche, Leipzig u. Paderborn 2012, 13–32.

[21] Konflikte zwischen den religiös Engagierten und den weniger Motivierten sind in vielen Religionsformationen zu finden und durchziehen auch die biblische Literatur. Ein intensiver Frömmigkeitsstil, der Zeit, finanzielle Mittel und ein gewisses Bildungsniveau voraussetzt, ist hier besonders gefährdet im Hinblick auf Menschen, die diese Voraussetzungen nicht mitbringen bzw. sich diese nicht leisten können. Das wurde schon im frühen 2. Jh. v. Chr. ausführlich von Jesus Sirach reflektiert, der eine entsprechende Passage seines Werks mit den Worten einleitet: »Die Weisheit des Gelehrten braucht Zeit und Muße, und nur wer nicht geschäftig ist, wird Weisheit gewinnen« (Sir 38,24). Es folgt dann ein Lob der verschiedenen Handwerke, denn »ohne sie wird keine Stadt erbaut« (38,32), aber ihre Meinung in öffentlichen und religiösen Dingen zählt nicht, denn »auf Gesetz und Recht verstehen sie sich nicht« (38,33). Dazu braucht es – nach Meinung des Siraciden – den, der »mit ganzer Seele über das Gesetz des Höchsten nachsinnt« (38,34), dessen Loblied dann in 39,1–11 gesungen wird. Von dieser Position aus ist es dann nur ein kleiner Schritt zu einer Verachtung des einfachen Volkes, »das das Gesetz nicht kennt« (Joh 7,49, vgl. Lk 18,9–12).

indem die Pharisäer als Partei des Volkes den größten Einfluss auf dasselbe ausübten.[22]

Fasst man zusammen, was die Pharisäer richtig gemacht haben, dann lässt sich sagen: Sie überlieferten über mehr als zwei Jahrhunderte hinweg »dem Volk gesetzliche Bestimmungen«, die auf einer vom Volk geteilten Grundlage basierten (Ant XIII 288-298) und von ihnen in einer Weise ausgelegt wurden, dass sie im Alltag für eine Mehrheit praktizierbar waren. Ihre Wettbewerber, Essener und Sadduzäer, hatten dagegen die Möglichkeiten, eine sehr strenge (die zugleich eine teure ist) Gesetzesauslegung zu praktizieren: die Essener, weil sie ein abgeschlossenes Gemeinschaftsleben führten und sich so weit wie möglich von der »Welt« fernhielten (und darum die Pharisäer als Erleichterer der Torah kritisierten); die Sadduzäer, weil sie die den Alltag betreffenden Reinheitsgebote auf Priester und den Tempeldienst bzw. -besuch eingrenzten, während die Pharisäer gerade den gesamten Alltag von Reinheit und Heiligkeit geprägt sein lassen wollten. Damit ist das für das Verständnis des Pharisäismus grundlegende Charakteristikum genannt: Sie bemühten sich um Einfluss auf das religiöse und damit eben auf das moralische Leben des Volkes. Vergleichbares wird in keiner der vorhandenen Quellen für die Essener oder Sadduzäer gesagt. Zugleich reagierten sie von allen jüdischen Gruppen am besten auf die geistigen, geistlichen und politischen Herausforderungen zuerst des Hellenismus und später der römischen Herrschaft. Sie lehrten das jüdische Volk eine Moral, die das Ergebnis des Bemühens war, auf einer umfassend motivierenden und orientierenden Gewissheit zu einer dadurch bestimmten, kohärenten, voraussehbaren Verhaltensweise anzuleiten. In den Worten des Josephus liest sich das Ergebnis dieses Programms so:

> »Die meisten Menschen sind so weit davon entfernt, nach ihren eigenen Gesetzen zu leben, dass sie sie beinahe gar nicht kennen; sondern erst, wenn sie sich verfehlt haben, erfahren sie von anderen, dass sie das Gesetz übertreten haben. [...] Bei uns hingegen könnte man jeden Beliebigen nach den Gesetzen fragen, er würde sie alle mit größerer Leichtigkeit aufsagen als seinen eigenen Namen. Jedenfalls, durch Memorieren vom ersten Verständigwerden an besitzen wir sie sozusagen in unsere Seelen eingraviert; selten kommt es vor, dass einer sie übertritt, ausgeschlossen aber ist, dass einer sich der Strafe entzieht durch Entschuldigung. Dies hat vor allem die bewundernswerte Eintracht (ὁμόνοιαν) bei uns zustande gebracht. Dass wir eine und dieselbe Auffassung von Gott haben, aber auch in der Lebensführung und in unseren Gewohnheiten (τῷ βίῳ δὲ καὶ τοῖς ἔθεσι[23]) nicht voneinander unterschieden sind,

---

[22] Vgl. Collins, Polemic against the Pharisees (s. Anm. 18), 151: »The Gospel of Matthew never rejects the Jewish people as a whole but only those in authority who lead the people away from Jesus.«

[23] Dieses Wort ist ein Dativ Plural von τὸ ἔθος *(tó éthos)*, »Herkommen«, »Brauch«, »Sitte«, wobei im jüdischen Kontext dieses Ethos immer von der Torah geprägt ist.

bewirkt die schönste Übereinstimmung der Menschen in ihrem Ethos (ἐν ἤθεσιν). Denn nur bei uns wird man weder Reden über Gott hören, die einander widersprechen [...], noch wird man in den Alltagsgeschäften einen Unterschied sehen, sondern gemeinsam sind bei uns die Verrichtungen aller (κοινὰ μὲν ἔργα πάντων) und eine ist die Lehre, die mit dem Gesetz übereinstimmt, was Gott betrifft, indem sie besagt, dass jener alles beaufsichtigt. Und bezüglich der alltäglichen Verrichtungen (sagt er), dass all das Übrige ein Ziel haben muss, nämlich die (ausgeübte) Frömmigkeit (τέλος ἔχειν τὴν εὐσέβειαν); das könnte man sogar von Frauen hören und vom Hauspersonal.«[24]

Diese Passage stammt aus der Verteidigung (Apologie) der jüdischen Tradition, die Josephus sich gezwungen sah zu schreiben, weil einige, wie er im Vorwort dazu schreibt, den Ausführungen in seinem Hauptwerk, den *Jüdischen Altertümern* (lat. *Antiquitates*, die eine Geschichte des jüdischen Volkes von der Schöpfung bis in die Gegenwart darstellen) misstrauten. Einer der Gründe dafür war, dass seine griechischen Leser ihm vorhielten, dass trotz des angeblich hohen Alters des jüdischen Volkes und seiner heiligen Schriften die griechischen Autoren davon kaum etwas berichteten; und da, wo sie es täten, wäre das Bild des jüdischen Volkes und seiner Sitten deutlich negativer als bei Josephus (Contra Apion I 2–4). In diesem kurzen Werk unternimmt Josephus darum noch einmal einen Altersbeweis für die jüdische Überlieferung und widerlegt die falschen Berichte der griechisch-schreibenden Historiker. Dazwischen gibt es immer wieder beschreibende Passagen wie die oben zitierte, in denen er die Idealität der jüdischen Gemeinschaft und ihrer Gesetze betont.

Allerdings nennt Josephus hier keine der jüdischen Parteien, was manche Forscher dazu veranlasst, darin einen Beweis für deren relative Bedeutungslosigkeit zu sehen.[25] Nun setzt aber, wie das Vorwort zu *Contra Apionem* deutlich macht, dieser kurze und spätere Text die *Antiquitates* voraus, in denen er den pharisäischen Einfluss auf die breite Bevölkerung und ihre religiöse Prägung bereits dargestellt hat. Geht man also von solcherart orientierten Lesern aus, dann liegt es nahe, in dieser idealen Beschreibung der Gesetzesfrömmigkeit eben doch die Wirkung des pharisäischen Einflusses auf das Volk zu sehen. Dafür spricht zudem, dass in dieser Passage zwei Begriffe auftauchen, die Josephus in einer früheren Beschreibung ebenfalls für die Pharisäer verwendet hat: Sie sind um »Eintracht«, ὁμόνοια (*homónoia*), bemüht und haben das allen Gemeinsame im Blick.[26] Darüber hinaus ist für ihn »praktizierte Frömmigkeit« (εὐσέβεια) ein weiteres Stichwort, das in Bezug auf Pharisäer in seinem Werk begegnet (Bell I

---

[24] Josephus, Contra Apionem II 176–181. Zu Text und Übersetzung s. Folker Siegert (Hrsg.), Über die Ursprünglichkeit des Judentums / Contra Apionem, SIJD 6/1, Göttingen 2008, 182 f.

[25] Vgl. Mason, Josephus's Pharisees (s. Anm. 9), 81.

[26] Bell II 166, s. o. Anm. 10.

108.110). Aber selbst wenn man den Vorbehalten von Mason und anderen recht gäbe und hier also nicht an die Pharisäer gedacht wäre, dann bleibt dennoch bestehen, dass diese Schilderung sich wie ein pharisäisches Ideal liest.[27] Und für die Pharisäer gilt, dass ihre Frömmigkeit »ein Ziel« hatte, nämlich in allen Dingen »Gott zu gefallen« (Ant XIII 289). Damit verbunden ist die Erwartung des Gerichts, die dem individuellen Leben eine unvergleichliche Bedeutung und Würde zumisst. Darauf beruhte – das ist zumindest mein Ansatz in der Pharisäerforschung – ihr Ansehen und ihr Einfluss auf die jüdische Gesellschaft. Es lohnt sich nun aber ebenfalls noch zu fragen:

Was haben die Pharisäer falsch gemacht?

Für das Neue Testament ist die entscheidende Kritik an den Pharisäern nicht ihr Moralismus oder ihre Gesetzlichkeit, im Gegenteil. In Mt 23,2f. ermahnt Jesus seine Jünger auch:

> »Auf den Lehrstuhl des Mose haben sich die Schriftgelehrten und die Pharisäer gesetzt. Alles nun, was auch immer sie euch sagen mögen, tut und beachtet! Aber nach ihren Werken handelt nicht.«

Was sie lehren, können und sollen auch die Jesusanhänger übernehmen. Dennoch sind die Pharisäer diejenigen, die in den Evangelien im Hinblick auf Jesus (nicht im Hinblick auf das ethische oder moralische Verhalten) die gegnerische Seite repräsentieren, aber der Grund dafür liegt nicht in der Moral, sondern im Anerkennen bzw. Nichtanerkennen von Jesus als dem von Gott gewiesenen Weg zum Heil. Sie verschließen »das Himmelreich vor den Menschen«, indem sie selbst nicht hineingehen und die anderen daran hindern (Mt 23,13). Das wird den Pharisäern deshalb vorgeworfen, weil im Grunde nur ihnen im Neuen Testament – und damit ganz in Übereinstimmung mit Josephus – die Fähigkeit zur religiösen Beeinflussung des jüdischen Volkes zugeschrieben wird. Aber auch abgesehen von dieser soteriologischen, d.h. das Heil betreffenden Frage, lassen sich bei den Pharisäern auch die Phänomene beobachten, die mit einem intensiven moralischen Engagement offenbar sehr eng verbunden sind. Es geht also im Folgenden nicht um typische *pharisäische* Fehler, sondern um Gefährdungen, denen ethisch ernsthafte Menschen erliegen können.

Der erste Punkt ist dabei die Verwendung der falschen Mittel zur Durchsetzung einer an sich guten Absicht. Das zeigt sich bei den Pharisäern daran, dass

---

[27] Dass die Pharisäer großen Einfluss auf Frauen hatten, ist ebenfalls deutlich, s. T. Ilan, The Attraction of Aristocratic Women to Pharisaism During the Second Temple Period, in: HThR 88 (1995), 1–33.

sie ab einem bestimmten Punkt in ihrer Geschichte bereit waren, zur Durchsetzung ihrer Überzeugungen auch Gewalt anzuwenden. Es gab, wenn man so will, eine Allianz zwischen Thron und Synagoge, und das ist am Ende zumeist für die religiöse Seite verhängnisvoll. Die Korrumpierung des eigenen Anliegens durch Macht ist zum ersten Mal für die Zeit der hasmonäischen Königin Salome Alexandra (76–67 v. Chr.) bezeugt. Die Zeit unmittelbar davor ist von bürgerkriegsähnlichen Zuständen geprägt, wobei auch die Pharisäer auf Seiten der Gegner des jüdischen Königs Alexander Jannai aktiv involviert waren. Diesem wurden vom Volk »Gesetzesübertretungen« (Bell I 107: παρανομίαι) vorgeworfen, womit wohl gemeint ist, dass er die von den Pharisäern unterstützten Gesetzesbestimmungen und Auslegungstraditionen des jüdischen Gesetzes annullierte zugunsten einer weltoffeneren Sachpolitik, die den Kontakt und Handel mit der nichtjüdischen Welt und damit das judäische Ansehen bei derselben beförderte. Unbesiegt in diesem Krieg und blutige Rache an seinen Gegnern nehmend, gab er vor seinem Ableben seiner Frau und Nachfolgerin auf dem Thron den Rat, sich mit den Pharisäern zu versöhnen, um ihre eigene Herrschaft nicht zu gefährden. Das scheint der klugen Königin auch gelungen zu sein, denn ihre rund neunjährige Herrschaft gilt als eine letzte Blütezeit des hasmonäischen Staates. Im Kontext ihres Regierungsantritts führt Josephus auch die Pharisäer ein:

> »Mit ihr nahmen an Macht zu (die) Pharisäer, eine Gruppe unter den Juden, von der man glaubte (bzw. die das Ansehen hatte, vgl. Gal 2,6), dass sie frömmer als die anderen seien und die Gesetze genauer auslegten.«[28]

Josephus berichtet weiter, dass Salome Alexandra ihnen aufgrund ihrer eigenen Frömmigkeit, die im Gegensatz zu der ihres Mannes pharisäisch geprägt war, zu viel Macht einräumte. In kurzer Zeit wurden sie zu den »Verwaltern des ganzen (Staates)« (διοικηταὶ τῶν ὅλων, Bell I 112). Ihre neugewonnene Macht nutzten die Pharisäer jedoch nicht nur, um die abgeschafften »Gesetzesvorschriften aus der väterlichen Überlieferung« wieder in Geltung zu setzen, sondern auch, um sich durch Hinrichtung und Vertreibung an denen zu rächen, die unter Alexander Jannai gegen sie gekämpft hatten und ihm den Rat gegeben hatten, 800 seiner Gefangenen zu kreuzigen, worunter offenbar auch Pharisäer waren.[29] Die Pharisäer sind auch hier als die beim Volk einflussreichste religiöse Gruppe vorausgesetzt, deren Beteiligung an der Macht den religiösen Konflikt zwischen den

---

[28] Josephus, Bell I 110. Zu dieser Stelle s. Deines, Pharisäer und das Volk (s. Anm. 7), 174–176; ders., Social Profile (s. Anm. 7), 40–42: In diesem letztgenannten Aufsatz habe ich zu zeigen versucht, dass die Pharisäer nicht aus eigenem Antrieb nach politischer Macht und Einflussnahme strebten, sondern dazu eingeladen wurden (»becoming unintentionally politically influential«).

[29] Josephus, Bell I 111.113f.; Ant XIII 409–411.

Hasmonäern und dem Volk hätte heilen können (Ant XIII 399–406). Das eigentlich Tragische in dieser Situation ist jedoch, dass sie die ihnen eingeräumte Macht dazu missbrauchten, ihre persönliche Rachsucht zu befriedigen. Das erklärt m. E. auch den scheinbar schwankenden Ton des Josephus in seiner Schilderung der Pharisäer. Er ist da kritisch und scharf, wo sie ihr Prestige und ihren Einfluss auf das Volk für politische Ziele einsetzen, positiv jedoch bezüglich ihres religiösen Engagements.[30]

Nimmt man die auffallend negative Darstellung des Josephus in diesem Abschnitt[31] als Ausgangspunkt, dann leidet die Attraktivität der Pharisäer da, wo sie das Gruppen- und Binnenethos der pharisäischen Bewegung nicht mehr als einladendes, vorbildhaftes und nachzueiferndes Vorbild praktizierten, sondern zum moralischen Maßstab für das ganze Volk machen wollten und auf Unwillige mit sozialem Druck und Stigmatisierung reagierten. Es führt zudem zur Verhärtung auf Seiten derer, die diese Form der Gebotsauslegung und -anwendung ablehnen. So sind die »Sünder«, denen die Pharisäer im Neuen Testament gegenüberstehen, solche, die sich nicht an ihre Satzungen hielten. Auch Paulus als Verfolger der ersten Jesusanhänger repräsentiert diesen »zelotischen« Zug, der häufig hochreligiösen Gruppen zu eigen ist.[32] Die Pharisäer sind an Jesus auch darum gescheitert, weil er diese Alterierung der Schuld nicht mitmachte, indem er nicht die Sünder bekämpfte, sondern ihre Schuld auf sich nahm. An die Stelle der Anschuldigung tritt die Einladung zur Umkehr, d. h. das Eingestehen des eigenen Versagens bzw. Zurückbleibens hinter der Forderung Gottes ist die Voraussetzung eines veränderten Verhaltens. Es ist diese Einsicht in die eigene Unvollkommenheit, Erlösungsbedürftigkeit und Erfahrung der Gnade (Rechtfertigung nicht nur des Gottlosen, sondern gerade des ernsthaft Frommen), die Menschen vor jenem verhängnisvollen moralischen Rigorismus bewahrt, der die Schuld am Scheitern immer nur bei anderen sieht.

---

[30] Das wird bestätigt durch eine weitere Episode, die Josephus vom Hof des Herodes berichtet (Bell I 571; Ant XVII 41–49). Auch da scheinen einige Pharisäer ihr religiöses Prestige zugunsten von politischen Ränkespielen eingesetzt zu haben.

[31] Sie ist vielfach der Grund dafür, dass die Zugehörigkeit von Josephus zur pharisäischen Partei, wie er sie in seiner Autobiographie beschreibt (Vita 12), abgesprochen wird, indem die betreffende Stelle als lediglich politisch-pragmatisches Zugeständnis verstanden wird, vgl. Mason, Josephus's Pharisees (s. Anm. 9), 105–107 (zu Bell I 107–109 s. ebd., 93 f.). Andere sehen hier eine Abhängigkeit des Josephus von einer pharisäerfeindlichen Quelle, die er ohne große Änderungen übernommen habe, aber das muss hypothetisch bleiben.

[32] Vgl. dazu Ruth R. Tietjen, Religiöser Eifer. Philosophische Annäherung an ein komplexes Phänomen, in: Johannes Woyke (Hrsg.), Eifer Gottes – Eifern für Gott. Radikalismus und Fanatismus in der biblischen Tradition und ihrer Auslegungsgeschichte, BThSt 181, Göttingen 2020, 51–80.

Der zweite Punkt lässt sich als Konformitätszwang beschreiben, der sich besonders in Krisenzeiten bemerkbar macht und dazu führt, dass der Druck auf Gebots- oder Moralverweigerer verschärft wird. Die pharisäische Moralität ist – gut biblisch – eingebettet in einen vorausgesetzten Tun-Ergehens-Zusammenhang. D. h. rechtes Verhalten auf menschlicher Seite wird durch Segen von Gott belohnt. Wenn jedoch die erhofften Ziele nicht eintreten, wenn also der umfassende Schalomzustand für das Volk nicht erreicht wird (oder ein früherer Idealzustand verloren erscheint), dann besteht die Gefahr, dies denen anzulasten, die weniger entschieden sind. Das Nichterreichen der positiven Ziele bzw. Utopien, die sich als Versprechen an Gebotsstrukturen binden, ist dann die direkte Folge der Verweigerungshaltung der Nichtengagierten. Der Messias kommt erst, wenn ganz Israel einmal den Sabbat in der rechten Weise halten würde.[33] Wo dieses Denken Raum gewinnt, da werden alle, die den Sabbat oder irgendein anderes Gebot nicht nach der rechten Lehre halten, zu Verhinderern des großen Ziels. Das ist der Anfang eines toxischen Klimas in einer Gesellschaft, weil nun Heuchelei zur Signatur des moralischen Verhaltens wird. Man macht etwas, weil man es muss oder man sich Vorteile davon verspricht, aber nicht mehr aus Einsicht und intrinsischer Überzeugung. Dazu gehört, was Josephus, wie oben zitiert, über die Sadduzäer sagt, die nur aus Zwang und um ihres gesellschaftlichen Ansehens willen sich an die pharisäischen Satzungen hielten.

Wenn auf diese Weise ein religiöses Gruppen- bzw. Binnenethos zu einer allgemeinen Gesetzgebung oder zu einer generellen moralischen Forderung erhoben wird, sobald man die Macht dazu hat, dann verwandelt sich dieses von einer Attraktion, die andere »anzuziehen«, zu überzeugen und zu begeistern vermag, zu einer »Etho(s)kratie« (oder eben: Moraldiktatur), die anderen – ob sie wollen oder nicht – ein Verhalten aufzwingt, für das sie sich nicht ohne Druck von außen entschieden hätten. Damit werden auch an sich »gute« Gesetze zu schlechten, die Menschen gegen sich aufbringen, weil sie die Menschen nicht überzeugen, sondern zwingen.

Dieser Konnex ist auch in den gegenwärtigen moralischen Debatten sichtbar: Das Klima kann darum nicht gerettet werden, weil immer noch zu viele Autos fahren, weil immer noch zu viel Fleisch gegessen wird usw. D. h. die ehrgeizigen Ziele zur Rettung der Welt werden verfehlt, weil es eine träge Masse von Menschen gibt, die nicht willig ist, das Richtige nicht nur zur Kenntnis zu nehmen, sondern auch zu praktizieren. Es findet eine Alterierung statt: Die anderen sind schuld, dass ... – und hier kann jeder seine eigene apokalyptische Bedrohung einsetzen.

---

[33] In der späteren rabbinischen Literatur gibt es mehrere Weisen, die Ankunft des Messias zu beschleunigen (bzw. durch Unterlassen zu verzögern): durch Buße, durch die Erfüllung einzelner oder aller Gebote, durch Torahstudium oder Wohltätigkeit. Belege bei Bill. I 599–601.

Was lässt sich von den Pharisäern lernen?

Die Pharisäer sind zwar – aus einer christlichen Perspektive – an ihrer Haltung zu Jesus gescheitert. Aber sie sind als innerjüdische Moralpartei nicht gescheitert, sondern haben durch ihre Auslegungstradition dem jüdischen Volk seine moralische Identität bis weit ins 19. Jahrhundert hinein gewährleistet. Es war zwar immer wieder strittig, wie der Gott geschuldete Gehorsam im Alltag und im Detail gelebt werden sollte – aber es war nicht strittig, dass dieser Gott durch seine Gebote eine umfassend motivierende und orientierende Gewissheit bot. Zu dieser umfassenden Motivierung gehörte für die Pharisäer die Hoffnung auf das ewige Leben und damit verbunden auf das Gericht, in dem die Gerechten belohnt und die Ungerechten und Frevler bestraft werden. Das war umfassend motivierend, wenn auch nur für den, der diesen Glauben an die kommende Welt teilte. Das wussten auch die Pharisäer, weshalb sie im Volk für ihre Überzeugungen aktiv warben und dieselben sichtbar vorlebten. Weil der Maßstab für das Gericht die Torah war, darum war auch eine umfassende Orientierung möglich. Die Lehren der Pharisäer waren in sich konsistent, auf ein transparentes Bezugssystem gerichtet und umfassend orientierend. Das erklärt den anhaltenden Erfolg dieser pharisäisch inspirierten jüdischen Frömmigkeit, die nicht nur die kulturelle Auseinandersetzung mit der griechisch-römischen Welt bestand, sondern es dem Judentum auch ermöglichte, die Katastrophe der Tempelzerstörung im Jahr 70 geistig und theologisch zu bewältigen. Im Gefolge und in Anlehnung an pharisäische Praxis waren es in erster Linie die rabbinischen Lehrer ab dem 3. Jahrhundert, die der jüdischen Welt ein *umfassend motivierendes und orientierendes Lebensprogramm* anbieten konnten, das es dem jüdischen Volk ermöglichte, seine Einheit und Zusammengehörigkeit aufgrund einer gemeinsamen moralischen Bestimmtheit über die Jahrhunderte hinweg zu bewahren. Auch hier brachte die Aufklärung das Zerbrechen der alten Ordnung und die Fraktionierung der jüdischen Gesellschaft, in der gegenwärtig – wie auch im Christentum – verschiedene Moralitäten gegeneinanderstehen.

Vor dem religiösen Rigorismus wurden die Pharisäer durch zwei unterscheidend kennzeichnende Lehren bewahrt: ihre Haltung zur Willensfreiheit und damit zur Verantwortlichkeit des Menschen für sein Tun, und ihre Eschatologie. Weil sie an die Auferstehung der Toten und an ein individuell-persönliches Gericht über alle Taten glaubten, konnten sie in ihren guten Zeiten mit der Unvollkommenheit der irdischen Ordnung umgehen, ohne ihren Gestaltungswillen und moralischen Antrieb zu verlieren. Das unterscheidet sie von den modernen Moral-Rigoristen, die keine Hoffnung haben, sondern im Gegenteil den Impetus ihres Handelns aus einer absoluten Hoffnungslosigkeit ziehen (Klimakatastrophe, Weltuntergang, apokalyptische Szenarien). Der Wegfall des Jüngsten Gerichts bedeutet im Umkehrschluss, dass Gerechtigkeit in dieser Welt unter allen Umständen erreicht werden muss, weil es darüber hinaus keine Hoffnung gibt.

Daraus folgt: Buße und Bekehrung im Sinne einer Selbsteinsicht und eine ins Leben hineinreichende Eschatologie (Gericht als Gnade und Geschenk) sind die beiden Einsichten, die der moralischen Überforderung und dem daraus resultierenden moralischen Totalitarismus wehren können. Das ist aber eine religiöse Dimension, von der eine säkulare Gesellschaft nichts wissen will. Wie dennoch in einer pluralistischen Gesellschaft überzeugend eine von Gottes Gebot und Ordnungen geprägte Moralität praktiziert werden kann, die nicht zum Moralismus und zur Herrschaft über andere verkommen will, soll in den abschließenden Punkten immerhin angedeutet werden:

- Das moralisch Gute kann nicht durch Gesetz erreicht werden; Gesetze können nur das zur allgemeinen Sicherheit/Freiheit Notwendige durchsetzen, insofern es in diesen Fragen eine Art vorinstitutionellen Konsens gibt (Schutz des Eigentums; Schutz der Unversehrtheit des Lebens; Schutz der notwendigen Güter des Lebens), der aber in der Regel getragen sein muss von gemeinsamen Erfahrungen und fundamentalen Überzeugungen, die die Gesetzgebung nur begrenzt begründen kann.
- Eine positive Moralität entsteht, wo ohne Zwang aus innerem Antrieb ein Ethos gelebt wird, das auf einer *umfassend motivierenden und orientierenden Gewissheit* basiert. Umfassend motivierend und zugleich orientierend – das ist, was den modernen Partikularmoralitäten fehlt, weil sie weder auf einer geteilten Weltanschauung noch auf einem gemeinsamen Ziel aufbauen. Die Pharisäer dagegen wussten sich mit ihrem Volk in den Zielen, Begründungen und moralischen Gütern in Übereinstimmung.
- Moral lebt vom Konsens und kann in einer pluralistischen Gesellschaft nicht länger als verbindlich für alle postuliert werden, weil es Moral ohne ein zugrunde liegendes Weltverständnis nicht gibt. Darum kann Moral nur durch Überzeugungsarbeit kommuniziert und praktiziert werden. Überzeugung aber kann da gelingen, wo das moralisch Gute in überzeugender Weise vorgelebt wird, indem es freiwillig und in Freiheit gelebt und praktiziert wird. Moralische Positionen überzeugen nicht durch staatlichen Zwang oder Gesetzgebung, sondern bewirken nur eine erzwungene, geheuchelte Konformität, die Druck auslöst und das Miteinander erschwert.
- Für Christen gilt dann ebenfalls, dass sie für ihre Überzeugungen nicht mittels Kampf für oder gegen ein Gesetz eintreten sollten, sondern durch eine gewinnende Praxis des Lebens und des Glaubens, die diese (schlechten) Gesetze erst gar nicht zur Anwendung kommen lässt.
- Von den Pharisäern lernen bedeutet darum keinen ethischen Fatalismus und keine Passivität, sondern ein Wirken in der Welt und für die Welt in der Überzeugung, dass es Menschen hier besser geht, wenn sie sich an Gottes Gebote halten. Zugleich ermöglicht die Hoffnung auf Gericht und ewiges Leben, dass Leiden, Einschränkungen und Unvollkommenheiten ertragen

werden können, weil sie die vollkommene Gerechtigkeit und ihre Vollendung in Gottes Hand wissen.

Zurück zur Frage des Symposiums: Wie viel Moral verträgt der Mensch? Die Antwort: mehr als man glaubt, weil es gutes Leben ohne Moral nicht gibt. Partikularmoralitäten allerdings, die sich auf ein Thema fokussieren und denen ein umfassend motivierendes und orientierendes Bezugssystem fehlt, sind dafür jedoch nicht geeignet. Sie erzeugen erzwungene Anpassungen, aber keine Früchte, die dem Leben dienen. Weniger wäre in diesem Fall mehr.

Gnadenlose Moral und grenzenlose Freiheit
Signaturen der Moderne und der Widerstand des Christlichen

Gerold Lehner

Lassen Sie mich mit einer Verunsicherung beginnen: Krieg ist böse.[1] Diese Aussage wird hohe Zustimmung finden. Und doch würde man im selben Atemzug zugestehen, froh darüber zu sein, dass Staaten gegen Adolf Hitler zu den Waffen gegriffen haben. Formulieren wir unsere moralische Qualifizierung des Krieges also differenzierter: Ein Angriffskrieg ist böse. Nun hat sich allerdings die NATO unter der Führung der USA im zerfallenen Jugoslawien in die kriegerischen Auseinandersetzungen eingemischt, als es zu Massakern an der Bevölkerung kam. Die Gemengelage war (und ist immer noch) einigermaßen kompliziert. Dennoch wird für dieses Eingreifen ein hohes Maß an Verständnis aufgebracht. Ohne damit eine Wertung betreffend das vorige Beispiel abzugeben, könnte man differenzierend fortfahren: Ein nicht provozierter Angriffskrieg ist böse. Dann müsste die Frage lauten: Was genau war in diesem Sinne dann der zweite Irakkrieg?

Um es kurz zu machen: Der Angriff Putins auf die Ukraine ist böse. Diesem Satz kommt beinahe flächendeckend Zustimmung zu. Aber die moralische Qualifizierung alleine bringt nicht weiter. Sie beschert zwar das (manchmal geradezu rauschhafte) Gefühl, Recht zu haben. Aber hilft sie der Ukraine? Hilft sie zum Frieden in Europa? Hilft sie zu einem schwierigen, aber doch immerhin einem Verhältnis zu Russland? Eine moralische Qualifizierung hilft zur Orientierung, aber sie ist (in der Regel) alleine nicht hinreichend, um konstruktiv handeln zu können. Ich selber habe in einem Interview als erste Reaktion auf diesen Angriff gesagt, ich möchte in großer Ohnmacht mit dem Magnificat bitten: Gott, stürze die Tyrannen! Und doch weiß ich, das allein wird die Probleme nicht lösen. Das Böse kann nicht ausgerottet werden. Und Menschen können kein absolutes Verhältnis zum Bösen beanspruchen. Sie sind immer mit im Spiel.

---

[1] Das Symposium der IHL fand nur wenige Wochen nach dem Einmarsch russischer Truppen in die Ukraine statt. Darum habe ich den folgenden Einstieg in die Thematik gewählt und behalte ihn bei – nicht wissend, wie sich die Situation zum Zeitpunkt der Publikation darstellen wird.

Wenn über Putin als den Bösen gerichtet wird, dann müssten die anderen Akteure zugleich selbst auf der Anklagebank Platz nehmen. Aber wer wird dann richten? Der Weltgerichtshof?

Führen wir das Gedankenexperiment weiter: Gesetzt den Fall, in Kanada würde über die nächsten 30 Jahre eine kommunistisch orientierte Partei heranwachsen, die in freien Wahlen eine starke Mehrheit erringt, die Regierung stellt und ein enges wirtschaftliches und militärisches Bündnis mit Russland anstrebt. Ist es glaubhaft, dass die USA dem tatenlos zusehen würden? Wie würde die westliche Welt in einer solchen Situation auf eine Aussage reagieren, dass ein freies Land auch die Freiheit habe, selbstbestimmt seine Bündnispartner zu wählen? Um kein Missverständnis aufkommen zu lassen: Dieser Krieg ist ein Verbrechen. Daran gibt es nichts zu deuten. Aber solange wir nicht bereit sind, auch über die Rolle der EU und der NATO in Bezug auf die Eskalation nachzudenken,[2] so lange wird es auch keine längerfristige Lösung geben. Ein gemeinsames Haus Europa wird es nicht geben, solange der Westen nur die eigenen Interessen sieht und wahrnimmt (und als legitim betrachtet). Das kann zu Recht als unbefriedigend, ungerecht, ja empörend empfunden werden. Aber wir leben nicht in der besten aller Welten. Damit wende ich mich dem gestellten Thema zu: Wie viel Moral verträgt der Mensch? – Und halte als ersten groben Orientierungspunkt fest: Es ist legitim und notwendig, in einem Konflikt wie dem angesprochenen, die moralische Frage zu stellen. Die Frage nach Gut und Böse, Richtig und Falsch vermag in der Auseinandersetzung eine Orientierung zu geben, die für das Handeln mitbestimmend ist. Allerdings ist diese moralische Qualifizierung zugleich problematisch, weil sie zu Vereinfachungen und schematischen Urteilen verführt und imstande ist, die Fronten immer weiter zu verhärten. Moral, so könnte man sagen, ist notwendig, aber nicht hinreichend, um Konflikte konstruktiv zu bearbeiten. Denn: Was man mit Blick auf gesellschaftliche Diskussionen und Prozesse zunehmend beobachten kann, ist, dass die moralische Bewertung eines Sachverhalts imstande ist, eine Dynamik freizusetzen, die am Ende nur mehr Gut und Böse, Wir und Sie, Freunde und Feinde kennt. Moralisierung hat eine Tendenz zur Maßlosigkeit, sie ist in der Emotionalisierung bereit, ganz weit zu gehen und Brücken abzubrechen. Sie hat in letzter Konsequenz die Tendenz zu Dehumanisierung und Dämonisierung des Gegners. Dass sie damit zugleich sich selbst entbirgt als eine, die durch ihr Verhalten gerade nicht mehr moralisch agiert, steht auf einem anderen Blatt. Wie aber ist nun die Frage der zunehmenden Moralisierung in unserer Kultur zu analysieren und zu bewerten? Sind Moral und Moralisierung selbst das Problem und sollten wir auf Bewertungen im Sinne von Gut und Böse verzichten?

---

[2] Vgl. hierzu die Ausführungen von Fritz Pleitgen und Michail Schischkin, Frieden oder Krieg. Russland und der Westen – eine Annäherung, München 2021, 329–342.

Ich versuche zunächst noch etwas breiter in die Beschreibung und Bewertung des Phänomens einzusteigen und möchte vorausschicken, dass ich meine Ausführungen vom Standpunkt eines selbstbewussten Christentums aus formuliere. Eines Christentums, das selbstkritisch genug ist, um Mut und Demut zu vereinen, und das offen genug ist, um von überall her zu lernen, ohne allerdings allem folgen zu müssen. Also eines, um Gottes und der Menschen Willen, widerständigen Christentums.

1. Gnadenlose Moral

Dass wir in einer Zeit leben, in welcher der Ton rauer, die Auseinandersetzungen härter, angriffiger und untergriffiger werden, das entgeht keinem. Das ist nicht nur der knappen Ressource Aufmerksamkeit geschuldet, sondern auch einer zunehmenden Gereiztheit. Wir erleben eine Politikform, die in Österreich in den 1980er Jahren mit Jörg Haider begonnen hat. Feindbilder und Klischees werden stilisiert und gepflegt, unwahre Behauptungen in den Raum gestellt, Lüge wird zum Mittel der Politik. Wir erleben den Aufstieg des sogenannten Populismus, die Gründung neuer Parteien bzw. Bewegungen, die am bisherigen politischen und auch teilweise gesellschaftlichen Fundament rütteln. Wir erleben das Phänomen der Blasen, also abgeschotteter Foren oder Gruppen, begünstigt durch die digitalen Medien, einen (neuen) Tribalismus,[3] eine Gesellschaft der Singularitäten, die einander keine Resonanz mehr gewährt, sondern nur reflexhaft Abwehr bzw. Angriff kennt. Deutlich sichtbar geworden ist all das in der Corona-Krise, in der sich Gräben vertieft haben.

Natürlich ist das keine flächendeckende Diagnose, aber dass diese Phänomene zunehmen, wird man nicht in Abrede stellen können. Und ebenso wenig, dass es sich hier nicht um kurzfristige Erscheinungen handelt. Das mag zwar im Einzelfall so sein (ob etwa die österreichische Partei der Impfgegner, die MFG, »Menschen – Freiheit – Grundrechte«, sich auch nach der Krise halten wird, werden wir sehen), aber aufs Ganze gesehen steigt der Druck, die Polarisierung und die Moralisierung, die mit jener zusammenhängt, weil sie in den Kategorien von Gut und Böse denkt und diese Kategorien auf Gruppen aufteilt: wir gegen sie. Die Klagen über diese Erscheinungen und insbesondere die zunehmende Emotionalisierung und Moralisierung sind zahlreich. Drei Beispiele mögen das belegen.

---

[3] Zum politischen Tribalismus vgl. Amy Chua, Political Tribes. Group Instinct and the Fate of Nations, London 2018. Zur digitalen Dimension: Christoph Türcke, Digitale Gefolgschaft. Auf dem Weg in eine neue Stammesgesellschaft, München 2019.

Norbert Bolz,[4] Philosoph und Medienwissenschaftler, kritisiert den rigorosen Moralismus heftig und sieht in ihm den Protest gegen die funktionale Ausdifferenzierung und damit das Herzstück der modernen Gesellschaft.[5] Während Nicolo Macchiavelli das Politische von Religion und Moral emanzipiert[6] habe, kehre diese mit der Überdehnung des Staates zum Wohlfahrtsstaat und der ökologischen Überforderung wieder zurück,[7] – mit katastrophalen Folgen:

»Denn das Moralisieren macht jede Verständigung unmöglich. [...] Das Syndrom des politischen Moralismus lässt sich auf die Formel bringen: Je schwächer der gesunde Menschenverstand, desto stärker die Gesinnung. Und wo Gefühle statt Argumente die Debatten bestimmen, kommt es ganz unvermeidlich zur Verteufelung der Andersdenkenden.«[8]

Einen Generalangriff gegen die Moral, ja, das Prinzip von Gut und Böse, startet der Vorstandssprecher der »Giordano-Bruno-Stiftung«, Michael Schmidt-Salomon.[9] Ihm geht es um eine Verabschiedung von diesen Kategorien und damit des von ihm so genannten Dreigestirns »Schuld – Sühne – Strafe«, vor allem aber um die Befreiung von dem Wahn des Religiösen und der damit einhergehenden Selbstüberschätzung des Menschen. Verwandt mit dieser fundamentalen Kritik der Moral ist der Ansatz von Bernd-Olaf Küppers, Physiker und Philosoph, der die Wissenschaft aus dem Würgegriff der Moral befreien möchte:

»Das aufgeklärte Wissen ist immer dazu angetan, die bestehenden Machtstrukturen einer Gesellschaft zu untergraben. Die Inhaber der Macht versuchen diesem Konflikt in der Regel auszuweichen, indem sie Zuflucht zur Moral suchen und die Gesellschaft moralisch indoktrinieren. Dies gilt für die politischen wie religiösen Machtstrukturen gleichermaßen. Aber Moral, die das Wissen beherrscht, ist Gift für eine Gesellschaft, deren Zukunft von Wissenschaft und Technik abhängt.«[10]

---

[4] Norbert Bolz, Keine Macht der Moral. Politik jenseits von Gut und Böse, Berlin 2021.
[5] A. a. O., 7.
[6] A. a. O., 9.
[7] A. a. O., 11.
[8] A. a. O., 16.
[9] Michael Schmidt-Salomon, Jenseits von Gut und Böse. Warum wir ohne Moral die besseren Menschen sind, München [7]2019 (2009). Vgl. zur Kategorie des Bösen die entgegengesetzten Ausführungen von Otfried Höffe, Lebenskunst und Moral, oder: Macht Tugend glücklich?, München 2009, 327–339.
[10] Bernd-Olaf Küppers, Wissen statt Moral. Fünf Thesen zur Wissensgesellschaft, Köln 2010, 8. Küppers plädiert damit für eine klare Umwertung der Werte: »Aber Moral darf nicht den Fortschritt des Wissens kontrollieren oder unterdrücken, sondern sie muß dem Wissen stets nachgeordnet sein und ihrerseits der Kontrolle durch Wissen unterliegen.« (9) Das hat weitreichende Konsequenzen: »Die Grenzen zwischen Natürlichem und

Bernd Stegemann, der als Stratege der linken Sammelbewegung »Aufstehen« gilt, sieht in vielen grundlegenden politischen Fragen eine Moral-Falle am Werk, die uns in Aporien manövriert.[11] Das Beispiel, an dem er die Problematik deutlich macht, ist die Flüchtlingskrise des Jahres 2015. Durch sie wurde die lange gültige Unterscheidung zwischen Asyl und Migration aufgehoben. Alle wurden zu Geflüchteten.

»Wer nun weiterhin auf eine Unterscheidung pochte, die doch bis dahin gegolten hatte, der wurde reflexhaft der Menschenfeindlichkeit, des Nationalismus oder gar des Rassismus beschuldigt. [...] Von Geflüchteten zu sprechen, appelliert an das moralische Mitgefühl und vermeidet dadurch die kühle Unterscheidung von berechtigter und unberechtigter Einwanderung. Durch die Aufhebung in einen moralischen Appell erscheint jede weitere Debatte als unmoralisch und kaltherzig.«[12]

»Dieses Beispiel zeigt, wie eine Position, die sich ein wirkungsvolles Paradox aufgebaut hat, jede rationale Kritik vermeiden kann. Wäre das Problem nicht von einer paradoxen Moral verstellt, sondern das tatsächliche Dilemma sichtbar, wäre der Schritt zu einem politischen Realismus möglich. Das Dilemma besteht darin, dass es mit den humanistischen Werten Europas unvereinbar ist, Menschen leiden oder gar sterben zu lassen, zugleich aber die Aufnahme aller Menschen in Not zu einer Zerstörung des humanistischen Europa führen würde. Denn schneller als die Flüchtlinge kämen, entstünden faschistische Bewegungen, die genau dieses verhindern wollten. Und auch die Fähigkeit zur Integration von Menschen, die nicht mit den europäischen Werten vertraut sind, ist in den aufnehmenden Gesellschaften begrenzt. Eine grenzenlose Hilfe für Menschen in Not droht die Gesellschaft zu zerstören, die aufgrund ihrer Werte diese Hilfe gewähren will.«[13]

Künstlichem, Unbelebtem und Belebtem, Mensch und Maschine beginnen sich im Licht des wissenschaftlich-technischen Fortschritts aufzulösen. Dies eröffnet ungeahnte Spielräume für die Gestaltung unserer Zukunft. Zu diesem Zwecke müssen wir uns jedoch von den Fesseln unseres überkommenen Weltverständnisses lösen. Nicht die Bewahrung des Bestehenden, sondern die Ausschöpfung des Möglichen muß fortan das Leitbild unseres Handelns sein. Zugleich müssen wir den Mut haben, die traditionellen Grenzen zu überschreiten.« (117) »Daher muss man die Wissenschaft von allen moralischen Fesseln befreien, die ihre Experimente mit den Ideen einschränken. [...] Das menschliche Wissen kann sich nur frei entfalten, wenn es im Prinzip jede denkbare Entwicklungsrichtung einschlagen darf.« (174) Eine solcherart entfesselte Wissenschaft muss freilich zum Götzen werden, der dann auch seine Opfer verlangen wird. Für einen entgegengesetzten Ansatz sei zumindest hingewiesen auf Vittorio Hösele, Moral und Politik. Grundlagen einer politischen Ethik für das 21. Jahrhundert, München 1997.

[11] Stegemann Bernd, Die Moralfalle. Für eine Befreiung linker Politik, Berlin 2018.
[12] A.a.O., 13.
[13] A.a.O., 14.

Seine Kritik gilt einem Moralismus, der immer neue Grenzen zieht, ohne an der realen (sozialen und materiellen) Wirklichkeit etwas zu ändern, der die Atomisierung der Gesellschaft befördert und dazu dient, sich selber besser zu fühlen und auf der richtigen Seite zu wissen und sich gleichzeitig gegen Kritik zu immunisieren, die dann als unmoralisch qualifiziert und abgelehnt wird. Deshalb formuliert er scheinbar paradox: »Wer das Moralisieren kritisiert, versucht, die ethischen Werte zu retten.«[14]

Und schließlich möge um der fachlichen Vollständigkeit willen darauf hingewiesen sein, dass das Phänomen auch von theologischer Seite gesehen und kritisch betrachtet wird. Beispielhaft dafür verweise ich auf den Wiener Systematiker Ulrich Körtner.[15]

> »Moralisierungen tragen nicht unbedingt zur Versachlichung von Entscheidungen bei. Moral und ihre Sprache sind nämlich ein höchst ambivalentes Phänomen. Sie dienen dem menschlichen Leben und Zusammenleben. Wir Menschen leben nicht einfach unser Leben, sondern wir haben es bewußt zu führen und zu verantworten. Dabei hilft uns Moral. Sie kann aber auch das menschliche Leben beschädigen. Die moralische Unterscheidung zwischen Gut und Böse dient in der Gesellschaft der Zuteilung von Achtung und Missachtung von Personen. Missbilligt werden nicht nur einzelne Taten und Einstellungen. Geächtet werden vielmehr auch Menschen, deren Handlungs- und Lebensweise anderen nicht gefällt. Am Ende heißt es eben nicht nur: ›Das war eine schlechte oder böse Tat‹, sondern: ›Das ist ein schlechter oder böser Mensch.‹«[16]

Wir sehen also, dass die Problemlage weithin erkannt wird und man sie teilweise mit der Kategorie des Moralisierens erfasst und diese Kategorie einer Kritik unterzieht.

Ich gehe noch einmal einen Schritt zurück und weise darauf hin, dass »Moralisieren« keine rechte oder linke, keine fundamentalistische oder liberale Kategorie ist. Sie wird als Waffe von allen Seiten in Gebrauch genommen.

Das lässt sich gerade in der Stellung gegenüber dem Populismus beobachten. Eine Standardreaktion war und ist die moralische Abgrenzung und Verurtei-

---

[14] A.a.O., 187.
[15] Ulrich H.J. Körtner, Für die Vernunft. Wider Moralisierung und Emotionalisierung in Politik und Kirche, Leipzig 2017.
[16] Körtner, Für die Vernunft (s. Anm. 15), 28. »Wir können also ohne Moral nicht leben, so gewiss jede Moral historisch bedingt und wandelbar ist. Gerade deshalb aber ist es so wichtig, die Moral vor ihren Perversionen zu schützen, zu denen die Moralisierung, das heißt die gezielte moralische Aufladung von Konflikten und ganzen Lebensbereichen gehört.« (39)

lung.[17] So sehr sie im Einzelnen auch berechtigt sein mag, so hilflos steht sie dem Phänomen als Ganzem gegenüber, ja sie zeigt vielmehr, dass ihre Reaktion oft genug demselben Muster folgt, welches sie kritisiert. Damit ist keine Rechtfertigung der oben genannten Phänomene ausgesprochen, sehr wohl aber sollten wir beherzigen, was die britischen Politikwissenschaftler Mudde und Kaltwasser betonen:

> »Populism is part of democracy. Rather than the mirror image of democracy, however, populism is the [bad] conscience of liberal democracy. In a world that is dominated by democracy and liberalism, populism has essentially become an illiberal democratic response to undemocratic liberalism. Populists ask uncomfortable questions about undemocratic aspects of liberal institutions and policies [...].«[18]
>
> »While populism often proposes simple solutions to complex problems, anti-populism does so too. [...] the best way to deal with populism is to engage – as difficult as it is – in an open dialogue with populist actors and supporters. The aim of the dialogue should be to better understand the claims and grievances of the populist elites and masses and to develop liberal democratic responses to them. At the same time, practitioners and scholars should focus more on the message than the messenger. Instead of assuming a priori that populists are wrong, they should seriously examine the extent to which the proposed policies have merit within a liberal democratic regime. [...]
>
> Most importantly, given that populism often asks the right questions but provides the wrong answers, the ultimate goal should be not just the destruction of populist supply, but also the weakening of populist demand. Only the latter will actually strengthen liberal democracy.«[19]

Es geht also auch darum, in unseren aktuellen Diskussionen nicht nur die symptomatischen Erscheinungen wahrzunehmen, sondern die ihnen inhärente Tiefendimension, die gleichsam unterirdischen, tektonischen Verschiebungen, auf welche diese Phänomene symptomatisch reagieren. Denn, so sagt es der Wiener Philosoph Konrad Paul Liessmann, »Krisen, wenn es welche sind, holen

---

[17] »Am Beispiel des Umgangs mit der AfD ist diese Dialektik gut zu beobachten. Am Anfang dachten viele, man könne deren Provokationen und Themen dadurch verhindern, dass sie in den Raum des Unsagbaren verschoben wurden. Man griff dabei auf die alte linke Forderung zurück, dass es keinen Raum für Rechts geben dürfe. So wurde eine scharfe Diskursgrenze gezogen, und jeder, der es wagte, sie zu übertreten, wurde mit den Mitteln der sozialen Ächtung bestraft. Die Ausgrenzungen verliefen häufig sehr heftig, was damit begründet wurde, dass sie eine abschreckende Wirkung haben sollten.« Stegemann, Moralfalle (s. Anm. 10), 179 f.

[18] Cas Mudde/Cristobal Rovira Kaltwasser, Populism. A very short Introduction, Oxford 2017, 116.

[19] A.a.O., 118.

die Fiktionen und Illusionen einer Gesellschaft zurück auf den Boden der Realität. Dafür muss man den Blick schärfen.«[20]

Moral wird zunehmend als gnadenlos erlebt. Sie urteilt und verurteilt, grenzt aus, verfestigt Grenzen und zerstört Brücken. Wie aber verhält sich dann Moral zu Moralisierung? Hans-Richard Reuter hat Moral so definiert: »Moral ist ein System von Normen und Verhaltensregeln, die sich an den Grundentscheidungen gut/böse oder schlecht, richtig/falsch, geboten/verboten (oder erlaubt) orientieren und für alle gelten.«[21] Die grundlegende Frage scheint dann zu sein: Ist das Phänomen des Moralisierens so stark mit dem allgemeinen Begriff der Moral verbunden, dass es diesen diskreditiert und delegitimiert?

> »Als wäre sie von einer lästigen Fessel befreit, drängt die Moral in alle Bereiche des Lebens und übernimmt dabei immer mehr die Aufgabe, in einer chaotischen Welt Orientierung zu stiften. So verkehrt sie die Ursache für das Scheitern der Ethik, die in der Ausdifferenzierung der sozialen Systeme begründet liegt, in einen Anlass, genau auf diese neue Komplexität mit Vereinfachungen zu reagieren.«[22]

Diese These ist freilich diskutabel. Sie kann zwar einen negativen Aspekt benennen, weitet ihn aber gleichzeitig massiv aus und bezieht ihn auf die Moral als solche. Es ist nicht von der Hand zu weisen, dass die Moral auch in Bereiche eindringt, von denen man sie vorher tunlichst ferngehalten hatte, etwa in Bezug auf das Finanzwesen und die Marktwirtschaft, ja den Kapitalismus, bzw. die Ökonomie als Ganze. Man kann fragen, ob hier manche Kritik überzogen und moralisierend ist. Aber dass man sie vielfach auf einen moralischen Prüfstand gestellt und komplexe Sachverhalte in ihrer Problematik analysiert hat, kann ich für keinen Schaden halten.[23] Hier, wie so oft, kommt es darauf an, ob die grundsätzliche moralische Fragestellung auch die Selbstkritik einschließt, dass sie also nicht losgelöst von einem scheinbar absoluten Standpunkt aus erfolgt, sondern vom Standpunkt des Verflochten-Seins, des Beteiligt-Seins, des Komplize-Seins. Moral ist insofern relativ, weil sie relational ist, weil sie nicht vom Beziehungsgeflecht abstrahiert. Moral gewährt keinen objektiven Standpunkt. Sie ermöglicht Orientierung, aber diese ist nur dann konstruktiv, wenn ich mich

---

[20] Konrad Paul Liessmann, Lob der Grenze. Kritik der politischen Urteilskraft, Wien 2012, 9.
[21] Hans-Richard Reuter, Grundlagen und Methoden der Ethik, in: Wolfgang Huber/Torsten Meireis/Hans-Richard Reuter (Hrsg.), Handbuch der Evangelischen Ethik, München 2015, 15.
[22] Stegemann, Die Moralfalle (s. Anm. 11), 29.
[23] Die Literatur in diesem Bereich ist in den letzten 20 Jahren sprunghaft angewachsen. Ich verweise nur auf zwei interessante Werke: Nico Stehr, Die Moralisierung der Märkte. Eine Gesellschaftstheorie, Frankfurt a. M. 2007 und Tomas Sedlacek, Die Ökonomie von Gut und Böse, München 2012.

in die Gleichung begebe. Gerade diese Haltung hat das Potential, Moralisierung einzubremsen bzw. zu verhindern.

Ich glaube deshalb, dass wir die Frage nach der Moralisierung nicht auf direktem Wege beantworten können, sondern beachten müssen, aus welchem Kontext dieses Phänomen hervorgeht. Erhellungen scheinen mir nur im Blick auf die ihr zugrunde liegenden Tiefenentwicklungen möglich zu sein. Und damit komme ich zum zweiten Punkt, nämlich der grenzenlosen Freiheit.

2. Die grenzenlose Freiheit

Man kann sagen, dass mit der Renaissance eine neue Freiheitsbestrebung Europas beginnt, die in der amerikanischen Unabhängigkeitserklärung ihr Potential und in der Französischen Revolution ihre Ambivalenz zeigt, und schließlich in der westlichen Welt ab der Mitte der 1950er Jahre ihre politische, ökonomische und kulturkritische Dimension voll entfaltet. Hans Schelkshorn hat in seiner Habilitationsschrift diese europäische Moderne als Entgrenzung gekennzeichnet.

»Die gesellschaftliche Ausdifferenzierung von Wissenschaft, Politik und Ökonomie lässt sich daher im Blick auf die Genese der Moderne weder als Säkularisierungsprozess, d. h. als Verweltlichung religiöser Gehalte, noch als Entmoralisierung zentraler Bereiche des Lebens deuten. [...] Der Versuch, die Moderne als ein komplexes Spiel von Entgrenzungen zu deuten, eröffnet zugleich den Blick auf eine spezifische ›Logik‹ bzw. ›Dialektik‹ neuzeitlichen Denkens. Da in jeder Überschreitung von Grenzen unvermeidlicherweise neue Grenzen gesetzt werden, bildet sich [...] eine Steigerungsdynamik, insofern die neuen Grenzen neue Überschreitungen provozieren.«[24]

---

[24] Hans Schelkshorn, Entgrenzungen. Ein europäischer Beitrag zum Diskurs der Moderne, Weilerswist 2009, 599. »Im Übergang zur Moderne vollziehen sich – soweit stimme ich mit den Verteidigern des Projekts der Aufklärung überein – epochal bedeutende Aufklärungsschübe. In der Neuzeit ereignet sich zwar nicht ›der‹ Durchbruch zur Vernunft – denn Aufklärungsbewegungen gab es auch im antiken und im mittelalterlichen Denken bzw. in zahlreichen Kulturen der Achsenzeit –, dennoch enthalten die frühneuzeitlichen Grundlegungen einer experimentellen Naturwissenschaft, einer universalistischen Moral und des Rechtsstaates gegenüber den Traditionen eines vormodernen Denkens signifikante Realitätsgewinne. Im Zuge der Aufklärungsschübe vollzieht sich jedoch seit der frühen Neuzeit zugleich eine kulturelle Revolution, in der jahrtausendealte Vorstellungen eines humanen Lebens außer Kraft gesetzt werden. Die kulturelle Dimension der Moderne beschränkt sich nicht auf einen bestimmten Sektor im Inneren moderner Gesellschaften, sondern ist von Anfang an in allen Objektivationen aufklärerischer Vernunft präsent.« (21)

Diese Entgrenzungsdynamik entfaltet sich nicht nur im wissenschaftlich-technischen Fortschritt, sondern auch, indem überkommene Wertesysteme, soziale Bindungen, Institutionen etc. als zu überwindende betrachtet werden. Die Euphorie des Fortschritts hat inmitten des hohen Optimismus eine erste Delle erhalten, als 1972 der Bericht des Club of Rome erschien, *Die Grenzen des Wachstums*.[25] Von nun an finden wir für Jahrzehnte (bis heute) zwei gegensätzliche Bewegungen vor: Die Entgrenzung der Märkte, den Neoliberalismus und die Globalisierung auf der einen und die Offenlegung der destruktiven Auswirkungen sowie den Ruf nach Umkehr auf der anderen Seite.

Die Entgrenzungen finden allerdings nicht nur auf dem Gebiet der Ökonomie statt, sondern auch in hohem Maße auf dem Gebiet der Moral bzw. der Ethik. War nach den katastrophalen Erfahrungen des Nationalsozialismus der Wert des menschlichen Lebens außer Frage gestellt worden, so erfolgte nur wenige Jahrzehnte später die Straffreistellung der Abtreibung (die de facto einer Legalisierung gleichkommt) und wiederum einige Jahrzehnte später die Legalisierung des assistierten Suizids. Die Grenzen von Leben und Tod werden ebenso entgrenzt, wie die Bedingtheit menschlichen Lebens, das durch genetische Veränderungen dem menschlichen Zugriff überantwortet wird. Auch so selbstverständliche Gegebenheiten wie das menschliche Geschlecht werden von Gegebenheiten zu Wahlmöglichkeiten dekonstruiert.

Die Entscheidungshoheit darüber, die Freiheit, jene Grenzen zu überschreiten, erhält in zunehmendem Maße das Individuum, der einzelne Mensch. Der Mensch, der in zunehmendem Maße aus seinen traditionellen Bindungen herausgelöst wird und auf sich alleine gestellt ist, gewinnt einen Zuwachs an Freiheit, der ihn ständig herausfordert, eine Wahl zu treffen.[26] Ebendieser Zuwachs an Freiheit ist allerdings zutiefst ambivalent. Nicht die bloße Überwindung der Grenzen, sondern ihre Auflösung erzeugt eine konturlose und fluide Landschaft, in der Orientierung immer schwerer möglich ist. Das Individuum macht die Erfahrung, dass Entgrenzung nicht mit Freiheit gleichzusetzen ist, weil es zu einer Freiheit gezwungen wird, die zu bewältigen es potentiell überfordert – und insofern eben gerade nicht Freiheit ist, sondern, zugespitzt gesagt, umschlägt in Zwang.

---

[25] Dennis Meadows/Donella Maedows/Erich Zahn/Peter Milling, Die Grenzen des Wachstums. Bericht des Club of Rome zur Lage der Menschheit (Orig.: The Limits to Growth), Stuttgart, o. J.

[26] Ich erinnere an die klassische Beschreibung von Peter L. Berger, Der Zwang zur Häresie. Religion in einer pluralistischen Gesellschaft, Freiburg 1992 (Orig.: The Heretical Imperative, 1980).

Es ist nicht zuletzt diese permanente Auflösung von Grenzen und Konturen,[27] welche jene Reaktionen hervorruft, die wir im Sammelbecken der populistischen und fundamentalistischen Bewegungen finden. Diese Reaktionen muten manchmal hilflos, reflexhaft, reaktionär und defensiv an. Sie sind aber gleichsam seismische Reaktionen auf tektonische Verschiebungen und als solche möglicherweise nicht in ihrer konkreten Ausformung, aber in ihrer eruptiven Emotionalität ernst zu nehmen.[28] Meine These ist, dass jenes Phänomen, welches wir als Moralisierung oder auch als Hypermoral bezeichnen, zutiefst in diesen Verschiebungen wurzelt und aus den ausgeführten Spannungen resultiert. Es geht um einen Konflikt, sozusagen einen »Clash of Civilizations« innerhalb der westlichen Welt, in der die Balance von innovatio und conservatio zunehmend zugunsten der Ersteren aufgehoben wurde. Wie wir aber aus der Ursprungsgeschichte wissen, lautete der Auftrag an den Menschen, den Garten »zu bebauen und zu bewahren«. Die Weisheit, die in dieser prägnanten doppelten Zuschreibung enthalten ist, scheint uns verloren gegangen zu sein.

3. Das Scheitern des Liberalismus

Die Verschiebungen, mit denen wir es zu tun haben, treten nicht erst seit kurzem auf. Sie klingen in der Renaissance an, formieren sich in der Aufklärung und

---

[27] Vgl. dazu auch Ulrich Beck, Die Metamorphose der Welt, Berlin 2017, der aufgrund der tiefgreifenden Veränderungen nicht mehr von einem Wandel spricht, der fundamentale Gewissheiten unberührt lässt, sondern von einer Metamorphose, die eben diese auflöst: »Zu diesem Zweck unterscheide ich zwischen Wandel und Metamorphose, genauer gesagt: zwischen dem Wandel der Gesellschaft und der Verwandlung der Welt. Gesellschaftlicher oder sozialer Wandel ist ein eingeführter soziologischer Begriff, dessen Bedeutung jeder kennt. Er hebt auf eine Kerneigenschaft der Moderne ab, nämlich ihre permanente Veränderung, von der grundlegende Konzepte und Gewissheiten allerdings stets unberührt bleiben. Dagegen zieht die Zustandsbeschreibung der Verwandlung, der Metamorphose, den Gewissheiten moderner Gesellschaften den Boden unter den Füßen weg.« (11)

[28] Auf diesen desintegrierenden Zusammenhang verweist auch Michael J. Sandel, Moral und Politik. Gedanken zu einer gerechten Gesellschaft, Berlin 2015, 228: »Kommunitarier erwidern meiner Ansicht nach zu Recht, Intoleranz gedeihe dort am besten, wo Lebensformen durcheinander geraten, Wurzeln ausgerissen und Traditionen zerstört sind. Heutzutage entspringt der totalitäre Impuls nicht so sehr aus den Überzeugungen sicher verankerter Individuen als vielmehr aus der Verwirrung atomisierter, entwurzelter und enttäuschter Individuen, die durch eine Welt taumeln, in der gemeinsame Bedeutungen ihre Kraft verloren haben.«

finden ihre politische Gestalt im Liberalismus[29] – der an seinem eigenen Erfolg scheitert.[30]

Diese These hat Patrick J. Deneen, Professor für Politikwissenschaft an der Universität Notre Dame in Indiana, mit Vehemenz in Bezug auf die Vereinigten Staaten von Amerika vertreten. Da seine These nicht nur einzelne Elemente, sondern eine ganze Bewegung betrifft, möchte ich etwas genauer auf ihn eingehen.

»Jene politische Philosophie, die vor etwa 500 Jahren entwickelt und bei der Geburt der Vereinigten Staaten rund 250 Jahre später in Kraft gesetzt wurde, war eine Wette darauf, dass die Gesellschaft auf eine neue Basis gestellt werden könnte. Sie begriff die Menschen als Individuen, die über Rechte verfügen, sich ihre eigenen Vorstellungen von einem guten Leben machen und diesen nachgehen können. Die Chance auf Freiheit war einerseits am besten durch eine beschränkte Staatsgewalt zu gewährleisten, die ihre Aufgabe darin sah, die Rechte zu schützen, und andererseits durch ein marktwirtschaftliches System, das Raum für Eigeninitiative und persönliche Ambition bot. Die politische Legitimität gründete auf dem gemeinsamen Glauben an einen ›Gesellschaftsvertrag‹, dem auch Neuankömmlinge beitreten können und der laufend durch freie und faire Wahlen bürgernaher Repräsentanten ratifiziert wird. Eine begrenzte, aber funktionsfähige Staatsgewalt, Rechtsstaatlich-

---

[29] Gemeint ist hier in erster Linie der gesellschaftliche und nicht der politische Liberalismus europäischer Prägung. Vgl. Manfred G. Schmidt, Wörterbuch zur Politik, Stuttgart ³2010, 466–468; Rudolf Vierhaus, Art. Liberalismus, in: Geschichtliche Grundbegriffe, hrsg. von Otto Brunner/Werner Conze/Reinhart Koselleck, Bd. 3, Stuttgart 1982, 741–785; sowie die Artikel in der International Encyclopedia of the Social and Behavioral Sciences, ed. by Neil J. Smelser and Paul B. Baltes 13, Amsterdam 2001: A. Gutmann, Art. Liberalism, 8784–8787; D. Langewiesche, Art. Liberalism: Historical Aspects, 8792–8797; R.P. Bellamy, Art. Liberalism: Impact on Social Science, 8797–8801.

[30] Man könnte hier auch auf andere Analysen zurückgreifen, etwa jene von Charles Taylor, Das Unbehagen an der Moderne, Frankfurt a. M. ¹⁰2018 (Englische Erstausgabe 1991: The Malaise of Modernity). Für ihn bestehen die drei Problemfelder im Individualismus (»[...] die dunkle Seite des Individualismus ist eine Konzentration auf das Selbst, die zu einer Verflachung und Verengung des Lebens führt, das dadurch bedeutungsärmer wird und das Interesse am Ergehen anderer oder der Gesellschaft vermindert«, 10), im Vorrang der instrumentellen Vernunft, der es wesentlich um Effizienz und die Vorherrschaft des technischen Expertentums geht, sowie schließlich auf der politischen Ebene in einem »Atomismus«, welcher zu einer Ohnmacht der Bürger gegenüber dem Staat führt (siehe besonders 121 ff.: »Gegen Fragmentierung«). »Die erste Befürchtung betrifft den sogenannten Sinnverlust, das Verblassen des moralischen Horizonts. Bei der zweiten geht es um das Verschwinden der Zwecke angesichts der wuchernden instrumentellen Vernunft. Die dritte gilt einem gewissen Mangel an Freiheit.« (17)
Eine deutlich positivere Bilanz zieht Otfried Höffe, Kritik der Freiheit. Das Grundproblem der Moderne, München 2015, der aber etwa die Kritik Taylors nicht berücksichtigt.

keit, eine unabhängige Justiz, ansprechbare und engagierte Amtsträger sowie freie und faire Wahlen waren einige der Kennzeichen dieser sich etablierenden Ordnung und offenbar äußerst erfolgreichen Wette.«[31]

Genau dieses Modell betrachtet Deneen als gescheitert. Aber worin besteht dieses Scheitern und warum ist es erfolgt? Deneen verkennt keineswegs die Attraktivität des Liberalismus und seiner Zielsetzungen, allerdings hat er sich, seiner Meinung nach, zu Tode gesiegt.

»Über den Liberalismus hinauszugehen heißt nicht, einige seiner profundesten Zielsetzungen zu verwerfen – schon gar nicht die größten Sehnsüchte des Westens: politische Freiheit und Menschenwürde –, sondern sich gegen die verkehrte Wende zu stellen, die er mit der ideologischen Umgestaltung der Welt nach einem falschen Menschenbild genommen hat.«[32]

»Die Wurzeln des Liberalismus lagen in dem Bestreben, eine Vielzahl von anthropologischen Grundannahmen und gesellschaftlichen Normen auszuheben, die als Ursache eines Krankheitsbildes angesehen wurden, als Quelle von Konflikten und als hinderlich für die individuelle Freiheit. Die Fundamente des Liberalismus legten Denker, die ihnen irrational scheinende religiöse und soziale Normen zu demontieren und so einen zivilen Frieden herzustellen suchten, der seinerseits Stabilität, Wohlstand und letztlich auch die individuelle Gewissens- und Handlungsfreiheit fördern würde.«[33]

Dadurch kommt es zu einem neuen Verständnis von Freiheit:

»Eine ganze Reihe von Denkern sollte in den folgenden Jahrzehnten und Jahrhunderten an diese drei wichtigen Umwälzungen anknüpfen, die die Freiheit neu definierten: als Befreiung des Menschen von etablierter Autorität, als Emanzipation von arbiträrer Kultur und Tradition und als Erweiterung der Macht und Herrschaft des Menschen über die Natur durch fortschreitende wissenschaftliche Erkenntnis und wirtschaftlichen Wohlstand.«[34]

Die menschliche Kultur ruht für ihn auf drei Säulen, und eben diese drei Säulen untergräbt der Liberalismus und schafft damit so etwas wie eine Antikultur:

»Die liberale Antikultur ruht auf drei Säulen: erstens auf der vollkommenen Unterwerfung der Natur, die diese zu einem eigenständigen Objekt macht, das der Rettung bedarf [...]; zweitens auf einer neuen Erfahrung von Zeit als einer vergangenheits-

---

[31] Patrick J. Deneen, Warum der Liberalismus gescheitert ist, Salzburg/Wien 2019, 17.
[32] A.a.O., 40.
[33] A.a.O., 45.
[34] A.a.O., 48f.

losen Gegenwart, in der die Zukunft ein fremdes Land ist; und drittens auf einer Ordnung, die den Ort seiner Bedeutung beraubt und austauschbar macht. Diese drei Grundpfeiler der menschlichen Erfahrung – Natur, Zeit und Ort – bilden die Basis der Kultur und der Erfolg des Liberalismus fußt auf ihrer Entwurzelung und Ablösung durch Faksimiles, die denselben Namen tragen.«[35]

Es geht Deneen also darum, herauszustellen, dass die Beherrschung der Natur die Folge einer Grundentscheidung ist, nicht innerhalb dieser Grenzen und entlang von ihnen zu leben und zu wirtschaften, sondern sie in letzter Konsequenz (in der Gentechnik) auseinanderzunehmen und entlang der menschlichen Bedürfnisse neu zu konstruieren. Im Bereich der Zeit erleben wir eine Gegenwartsfixierung, welche die organische Verbindung zur Vergangenheit als unserem Erbe, unserer Kultur auflöst und den Menschen zu einer Eintagsfliege macht. Und Ortlosigkeit bedeutet nicht nur den Bedeutungsverlust realer Orte, sondern auch den Verlust von Gemeinschaft, von lokalem Handeln. Für meine Absicht genügt es, mit Deneen einen Repräsentanten ins Treffen geführt zu haben, der dem Liberalismus kritisch gegenübersteht und auf Fehlentwicklungen aufmerksam macht, die mit dessen fundamentalen philosophischen Positionen zu tun haben. Dass in diesen Analysen die Defizite und Ursachen sehr klar benannt werden, sollte nicht durch möglicherweise problematische Lösungsvorschläge und Allianzen diskreditiert werden.[36]

4. Rückfragen an die Theologie

Wenn diese Diagnosen in ihren Grundzügen stimmen, dann stellt sich eine doppelte Frage. Zum einen, wie stark die oben beschriebenen Erscheinungen auch Kirche und Theologie in Mitleidenschaft ziehen, und zum anderen, welche

---

[35] A. a. O., 99 f.
[36] Einen heftigen Widerspruch hat etwa Karl-Heinz Ott, Verfluchte Neuzeit. Eine Geschichte des reaktionären Denkens, München 2022, 61–70, formuliert. Wesentlich selbstkritischer und differenzierter fällt die Verteidigung des Liberalismus bei Francis Fukuyama, Liberalism and its Discontents, London 2022, aus. Interessant ist, dass er sein Votum für den Liberalismus zugleich mit einem Aufruf verbindet, der Tugend der Mäßigkeit neu Beachtung zu schenken: »If the economic freedom to buy, sell, and invest is a good thing, that does not mean that removing all constraints from economic activity will be even better. If personal autonomy is the source of an individual's fulfillment, that does not mean that unlimited freedom and the constant disrupting of constraints will make a person more fulfilled. Sometimes fulfilment comes from the acceptance of limits. Recovering a sense of moderation, both individual and communal, is therefore the key to the revival – indeed to the survival – of liberalism itself.« (154)

Art von heilsamer Widerständigkeit denn vom Christentum her zu erwarten wäre.

Zum Ersten: Kirche und Theologie reden über die Zeitphänomene als Affizierte. Sie sind Patienten im Lazarett der Moderne und nicht die Ärztinnen oder Ärzte. Auch in Kirche und Theologie gibt es einen Liberalismus, der Affinitäten zum gesellschaftspolitischen Liberalismus aufweist. Und es gibt in Kirche und Theologie Gegenbewegungen, die Berührungspunkte mit den populistischen und sonstigen Phänomenen aufweisen. Dem gegenüber sei daran erinnert, dass sich der kirchliche und theologische Erfahrungshorizont nicht auf die Moderne beschränkt, sondern einen viel größeren Horizont umfasst. Kirchen- und Theologiegeschichte haben ein Lernpotential, das bei weitem nicht ausgeschöpft wird. Beide erschöpfen sich nicht darin, Lernstoff für Prüfungen zu sein, sondern sind wesentlicher und wichtiger Teil unserer gegenwärtigen Identität. Wir existieren als Kirche in einer Kontinuität mit der gesamten Kirche und sind als Gegenwart nicht abgetrennt von der Vergangenheit.

Die Geschichte der Kirche bietet durchaus Beispiele dafür, dass auch jene Fragen, die uns bewegen, naturgemäß auf andere Art und Weise, in der Geschichte der Kirche schon Thema waren. So stellt sich die Frage »Wie viel Moral verträgt der Mensch?« im Kontext der Reformation, als es darum ging, christliche »Standards« (liturgisch, katechetisch und moralisch) zu etablieren, die für alle gelten und deswegen auch kontrolliert werden sollten. Die überaus zahlreichen Kirchenordnungen des 16. Jahrhunderts sind auch als Antworten auf diese Fragen zu verstehen. Im Besonderen ist die Form, mit der Johannes Calvin in Genf ab 1541 diese Thematik behandelt und umgesetzt hat, eine, die heutiges Nachdenken herausfordert und zu der wir uns (bewusst oder unbewusst) verhalten.[37]

Zum Zweiten: Kirche und Theologie leben in der Gesellschaft, partizipieren an und interagieren mit ihr. In einer Zeit, in der die Zeichen mehrheitlich in Richtung einer Anpassung von Kirche und Theologie an die Gesellschaft deuten, sei deshalb bewusst nach der heilsamen Widerständigkeit von Kirche und Theologie in und für die Gesellschaft gefragt. Was kann von ihr Hilfreiches und Provokantes, Heilsames und Widerständiges gesagt und getan werden, das hilft, die Gnadenlosigkeit und die Grenzenlosigkeit zu überwinden? Ich versuche mit drei Aspekten die Richtung meiner Überlegungen anzudeuten.

1. Von Grenzen

Gegenüber der Grenzenlosigkeit als Signum der Moderne hält die Theologie kritisch an der grundlegendsten aller Grenzen fest, nämlich jener zwischen Schöpfer

---

[37] Vgl. dazu Philip Benedict, Christ's Churches Purely Reformed. A Social History of Calvinism, New Haven and London 2002, besonders die Kapitel 3 und 14.

und Geschöpf. Sie widerspricht all jenen Versuchen, Grenzen zu überschreiten oder aufzulösen, wenn es um den Anfang und das Ende des Lebens geht, wenn fundamentale Gegebenheiten des Menschseins zu Machbarkeiten mutieren, wenn das Leben außerhalb dieser Grenzen gesucht wird und nicht innerhalb ihrer gestaltet.[38]

Heilsam für den Menschen und die Welt, in der er lebt, ist nicht so sehr die Überwindung aller Grenzen, sondern das Wachsen an ihnen. Die Entgrenzung des Menschen geht auf Kosten von Welt und Natur, der immer größere Zuwachs an Macht ist keineswegs von Selbstbeherrschung und Selbstbeschränkung ausbalanciert, sondern meint eine Freiheit, deren Preis andere und letztlich auch wir selbst bezahlen werden. Kirche und Theologie stehen deshalb jenem Fortschritt kritisch gegenüber, der sich als durchaus zerstörerisch erwiesen hat und kein Ziel kennt, außer einem Mehr an Konsum und Macht. Es ist wohl der Erfahrung der letzten Jahrzehnte geschuldet, dass über das Thema von Grenzen neu nachgedacht wird. Zu Recht hält Konrad Paul Liessmann diagnostisch fest:

> »Unterscheidungen zu treffen, wird einer Zeit schwer, die sich prinzipiell davor scheut, überhaupt noch Unterscheidungen im Denken zuzulassen – denn unterscheiden bedeutet ausschließen, und das behagt der aktuellen Inklusionsrhetorik wenig. Grenzen zu ziehen, sei es in der Wirklichkeit, sei es im Denken, gilt als unfein. Der Zeitgeist will Grenzen überschreiten, beseitigen, aufheben, zum Verschwinden bringen. Er täuscht sich damit allerdings über die Funktion und Möglichkeiten von Grenzen ebenso wie über die Bedeutung, die diese für die Analyse und Bewältigung von Krisen einnehmen müssen.«[39]

Es ist hier nicht der Ort, seine Überlegungen wiederzugeben, wie Grenzen konstitutiv zum Menschsein, zur Erkenntnis, zur Philosophie und auch zur Ethik gehören. Grenzen sind ambivalent und somit gilt es sorgsam mit ihnen umzugehen.

---

[38] Einschränkend möchte ich aber deutlich machen, dass auch die Überwindung von Grenzen konstitutiv zum Menschsein dazugehört. Der Mensch ist ein Wesen, das auf Wachstum hin angelegt ist, und Wachstum bedeutet die Überwindung von Grenzen ohne die jenes Wachstum in der Entwicklung nicht geschehen kann. Wenn Ludwig Wittgenstein in seinem *Tractatus logico-philosophicus* schreibt, »*Die Grenzen meiner Sprache* bedeuten die Grenzen meiner Welt« (ders., Schriften 1, 4. Aufl., Frankfurt a. M., 1980, 64. Der Satz hat im *Tractatus* die Nummerierung 5.6), dann ist das nicht nur eine Tatsachenfeststellung, sondern beinhaltet auch die implizite Aufforderung, diese Grenzen zu erweitern und damit Welt zu gewinnen. Und dieses Bemühen kennzeichnet sowohl die Philosophie als auch Theologie und Poesie.

[39] Liessmann, Lob der Grenze (s. Anm. 20), 12.

»Grenzen zu überschreiten, gehört zweifellos zu den Dimensionen menschlichen Daseins, die mit der Kreativität, der Neugier, der Offenheit, dem Forschungsdrang des Menschen, aber auch mit seiner Aggressivität, seiner Gier und seiner Destruktivität zu tun haben. Man kann aber Grenzen nur überschreiten, wenn es Grenzen gibt. Weder in der Politik noch in der Moral, noch in der Kunst kann es also darum gehen, Grenzen schlechthin aufzugeben. Sehr wohl aber muss es darum gehen, sich zu überlegen, wo und wann Grenzen gezogen, wie und warum sie überschritten und vor allem, wie mit Grenzen umzugehen sei.«[40]

Andrea Komlosy, Professorin am Institut für Wirtschafts- und Sozialgeschichte in Wien, möchte Grenzen einerseits entmythologisieren und andererseits danach fragen, wie die jeweilige Grenze von der jeweiligen Seite aus gesehen und genutzt wird.

»Grenzen sind kein Ausnahmezustand, sondern eine Grundkonstante im Zusammenleben von Menschen und Gemeinwesen. Dabei treten Grenzziehungen und Grenzüberschreitungen in mannigfaltigen Erscheinungsformen auf. [...]

Ohne Grenzen kann nichts bewahrt und nichts überschritten werden. Die Praxis der Grenze ist viel komplexer, als es die Wunschbilder von ›Grenzen zu‹ und ›No border‹ wahrhaben wollen. Grenze ist ein Instrument in der Ausgestaltung menschlicher Beziehungen und kann somit in jedem Sinne benutzt werden. Es lässt sich ebenso wenig abschaffen wie das Bedürfnis nach räumlicher Bindung und Identifikation – Territorialität –, die im Laufe der Geschichte ebenfalls ganz unterschiedliche Ausprägungen erfuhr.

Der Gebrauch der Grenze schafft Inklusion und Exklusion, er unterliegt Machtverhältnissen, Aushandlungssystemen, gesellschaftlichen Interessen und Entwürfen. Art und Ausformung von Grenzen sind also immer umstritten [...]. In diesem Diskurs wird Grenze zu einer zentralen Kategorie in der Vorstellungswelt der Zeitgenossen. Grenze existiert nicht nur als Strukturierungselement von Raum und sozialer Ordnung, sondern auch in den Köpfen und Emotionen.«[41]

»Da Grenze für viele Hoffnungen und Ängste herhalten muss, wird sie in verschiedenste Richtungen stilisiert, hochgejubelt, dämonisiert, verschleiert. Es ist geradezu paradox, wie in Zeiten, in denen schwerwiegende Fortifikationen von Grenzen vorgenommen werden – zwischen den Wohngegenden der Reichen und Armen, an Staats-, Block-, und Wohlstandsgrenzen –, der Mythos der Grenzenlosigkeit die herrschenden und die widerständigen Interessen gleichermaßen im Banne hält.«[42]

---

[40] A. a. O., 44.
[41] Andrea Komlosy, Grenzen. Räumliche und soziale Trennlinien im Zeitenlauf, Wien 2018, 9.
[42] A. a. O., 10.

2. Welche Moral?

Wie viel Moral verträgt der Mensch? Dass der Mensch Moral im Sinne der Orientierung braucht, dass die Fragen nach Gut und Böse, Richtig und Falsch wichtig sind, gesellschaftlich und für die individuelle und gemeinschaftliche Gewissensbildung, daran ist festzuhalten. Vor aller Differenzierung und Problematisierung steht die Positivität der Gebote, die Orientierung an dem Gesetzten. Darin ist freilich auch die ganze Ambivalenz der Moral und des Gesetzes enthalten. Beide sind notwendig und gut, und beide sind zugleich anklagend und verurteilend.

Wie viel Moral verträgt der Mensch? Ich meine, wir tun gut daran, uns zu erinnern, dass die theologische Denkfigur des Christentums in dieser Frage gerade nicht quantitativ bestimmt ist, sondern sich in Polaritäten ausspricht. Es geht nicht um ein Mehr oder Weniger, sondern darum, um welche Art von Moral es sich handelt, was diese in sich schließt. Im Gegensatz zu einer bloß appellativen Moral ist die christliche Moral (wenn man sie denn so nennen will) von einer Polarität bestimmt. Immer wieder kann man feststellen, dass sie nicht einfach von einem Prinzip ableitbar ist, sondern von Polen bestimmt wird. Polen, die durch ihre Spannung, ihre Polarität einen Raum erzeugen, ein Spannungsfeld, in dem der Mensch sich bewegt und bewegen kann.

Ich nenne als Beispiele etwa die Polaritäten von Rechtfertigung und Heiligung, von Freiheit und Bindung, von Wahrheit und Liebe, von Gerechtigkeit und Gnade, von Individuum und Gemeinschaft. Es ist die Dimension der Polarität, in welcher der christliche Glaube lebt. Vermag er die Spannung nicht zu halten, oder löst er sie einseitig auf, wird er verzerrt, verliert seine Gestalt und mit ihr sein heilsames Potential. Die Reformatoren haben selbstverständlich gewusst und immer betont, dass Rechtfertigung und Heiligung zusammengehören. Zum Indikativ gehört der Imperativ. Luther hat das an prominenter Stelle am Ende seiner Vorrede zum Septembertestament zusammengefasst, betont und graphisch durch ein außergewöhnliches Schriftbild hervorgehoben:

Ja, wo der Glaube ist, kann er nicht an sich halten, er beweiset sich,
bricht heraus, und bekennet und lehret solches Evangelium vor
den Leuten und wagt sein Leben daran. Und alles was
er lebt und tut, das richtet er auf des Nächsten Nutzen
ihm zu helfen, nicht nur auch zu solcher Gnade
zu kommen, sondern auch mit Leib, Gut,
und Ehre, wie er sieht, dass ihm
Christus getan und folgt
so dem Beispiel
Christi nach
Das
meint Christus
da er zuletzt kein anderes
Gebot gab, als die Liebe, daran
man erkennen sollte, wer seine
Jünger wären und rechtschaffene Gläubige.
Denn wo die Werke und die Liebe nicht herausbricht,
da ist der Glaube nicht recht, da haftet das Evangelium noch nicht
und ist Christus noch nicht recht erkannt. Siehe, nun richte dich so
auf die Bücher des Neuen Testaments, dass du
sie auf diese Weise zu lesen
wissest.[43]

Der christliche Glaube ist realitätsbezogen, dem Menschen und seiner Wirklichkeit angemessen und legt ihn zugleich nicht auf diese Wirklichkeit fest, sondern führt ihn immer wieder darüber hinaus an jenes Reich Gottes heran, auf das wir warten und in dem wir gleichzeitig schon leben. Schon Gregor der Große hat in seiner *Regula pastoralis* gewusst, dass verschiedene Menschen zu verschiedenen Zeiten verschiedene (therapeutische) Akzentuierungen dieser Polarität brauchen.[44] Es gibt Phasen, in denen ich mich ganz in der Rechtfertigung bergen kann und muss. Aber es gibt auch die Phasen, die mich herausfordern und in denen es gilt die Kräfte anzuspannen und den guten Kampf zu kämpfen, der uns verordnet ist.

---

[43] Vgl. dazu den Faksimiledruck des Septembertestaments (Leipzig 1972), fol. 2ᵛ der (unpaginierten) Vorrede und den entsprechenden Abschnitt in WA, Deutsche Bibel 6, Weimar 1929, 9 f. (Text ohne die Übernahme der graphischen Gestaltung). Um der besseren Lesbarkeit willen habe ich den Text orthographisch und sprachlich leicht geglättet.

[44] Vgl. die berühmten Aufzählungen im dritten Teil, dem ersten Kapitel (Gregor der Große, Pastoralregel, in: BKV 2. Reihe IV, München 1933, 130 ff.).

Das ist der lebendige Glaube, zu dem wir gerufen sind. Diese Spannung darf nicht aufgelöst werden. Betonen wir allein die Rechtfertigung, dann erschlafft nicht nur die Spannung, sondern auch die Rechtfertigung verändert sich. Sie wird zum »Ich bin ok und du bist ok, so wie wir sind«, und verliert ihre Tiefendimension von Schuld und Gericht und Erlösung, und die darin liegende Erfahrung von Befreiung und Freude. Der Glaube wehrt der Überforderung und der Unterforderung. Er vermag für jeden die Spannung zu halten, auch wenn das eine seelsorgerliche Herausforderung ist, auch wenn sich der Standpunkt zwischen den Polen je und je verändern wird. Der Glaube oszilliert in der Spannung, er ist nicht statisch, sondern dynamisch.

Für unser Thema bedeutet das, dass es eine »gnadenlose Moral« im Raum des Christlichen nicht geben kann. Denn jedes theologische Denken, jedes (moralische) Handeln, jede Existenz weiß sich als in dieser Spannung stehend. Die Moral ist kein Standpunkt von oberhalb oder außerhalb, von dem aus ich einen anderen Menschen be- oder verurteilen könnte. Jede menschliche Moral steht unter dem Verdikt und der Verheißung der Rechtfertigung. Wer das Christentum auf den Maßstab der Moral reduziert, der hat es de facto aufgelöst und in eine harte und gnadenlose Instanz transformiert. Christlicher Glaube existiert in den Polaritäten lebendiger Spannungen, und diese verweisen in letzter Konsequenz auf den dreieinen Gott, der in sich Dynamik ist und nicht Statik, bzw. beides zugleich. Diese Spannungen zu halten und aus ihnen zu leben, könnte in der Praxis tatsächlich eine andere Form des Umgangs miteinander bedingen, eine Kultur der Fehlertoleranz – ohne damit den Fehler für belanglos zu halten; eine Kultur der Vergebung, die aber von der Erkenntnis und dem Bekenntnis von Schuld getragen ist und dadurch nicht leichtfertig wird.

Und wie verhält es sich mit der Freiheit? Bereits Martin Luther hat in seiner Schrift von der Freiheit eines Christenmenschen diese Polarität auf eindrückliche Weise formuliert:

> »Zum ersten. Das wir grundlich mügen erkennen / was eyn Christen mensch sey / und wie es gethan sey / umb die freyheit / die yhm Christus erworben und geben hatt / davon S.Paulus viel schreybt / will ich setzen / dyße zween Beschluß.
>
> Eyn Christenmensch ist eyn freyer herr / über alle ding / und niemandt unterthan.
>
> Eyn Christenmensch ist eyn dienstpar knecht aller ding und yederman unterthan.«[45]

---

[45] Von der Freyheyt eyniß Christen menschen, Wittenberg 1520, Quellen zur Geschichte des Humanismus und der Reformation in Faksimile-Ausgaben, herausgegeben von Bernhardt Wendt, München, o. J. In der lateinischen Originalversion: »Christianus homo, omnium domius est liberrimus, nulli subiectus, Christianus homo, omnium servus est officiosissimus omnibus subiectus.« WA 7, 49.

Ein Christenmensch ist also immer und zugleich beides: in seiner Freiheit gebunden und in seiner Gebundenheit frei. Ähnliche Polaritäten ließen sich in Bezug auf Wahrheit und Liebe aussprechen, in Bezug auf Gerechtigkeit und Gnade, Individuum und Gemeinschaft. Theologisch ist deutlich, dass all diese Polaritäten keine Dualitäten sind, weil sie im dreieinen Gott eine Einheit bilden. Nikolaus von Kues hat in diesem Zusammenhang von der coincidentia oppositorum, bzw. der complexio oppositorum gesprochen.[46] Jenseits der spekulativen Theologie glauben wir, dass wir in Christus eben diese Einheit wahrnehmen – und das hat auch Cusanus so gesehen.

5. Communio sanctorum

Ich schließe mit einer Frage und einem Ausblick. Wenn das Christentum der Moderne und ihren Tendenzen vielfach Widerstand entgegensetzt, ja, wenn es eine andere Form des Denkens und Lebens vertritt, dann ist die Frage berechtigt, wo denn nun dieses Andere Gestalt gewinnt und (in aller Gebrochenheit) sichtbar werde? Denn es geht ja kaum an, die theoretische Behauptung alsbald in der Praxis zurückzunehmen und sie allein als eschatologische Möglichkeit zu qualifizieren, die unter den Bedingungen der Welt nur eine (gestaltlose) Hoffnung bleibt. Der Ort, an dem diese Polaritäten zum Tragen kommen und gelebt werden, ist die Kirche in der Gestalt der Ortsgemeinde. Sie ist nun tatsächlich der Ernstfall und diesem darf nicht ausgewichen werden.

Bekanntlich hat Alasdair McIntyre in seinem 1981 erschienenen Werk über den Verlust der Tugend die Situation des Niedergangs des römischen Reiches mit dem Europa und Nordamerika der Gegenwart verglichen und einen beachtlichen Ausblick gewagt, der gerade auf die Gemeinschaft als Ort gestalteten und bewahrten Lebens abzielt:

> »Es stellte einen entscheidenden Wendepunkt in der Geschichte dar, als Männer und Frauen mit guten Absichten Abstand davon nahmen, das Römische Imperium zu stützen, und aufhörten, den Fortbestand der Zivilisation und der moralischen Gemeinschaft mit dem Fortbestand dieses Imperiums gleichzusetzen. Statt dessen machten sie sich daran, oft ohne genau zu erkennen, was sie taten, neue Formen von Gemeinschaft aufzubauen, in denen das moralische Leben aufrechterhalten werden konnte, so daß Moral und Zivilisation die heraufziehende Zeit der Barbarei und Finsternis überleben konnten. Wenn meine Darstellung unserer moralischen Lage richtig ist, sollten wir ebenfalls zu dem Schluß kommen, daß auch wir nun seit einiger Zeit ebenfalls diesen Wendepunkt erreicht haben. Was in diesem Stadium zählt, ist die Schaffung lokaler Formen von Gemeinschaft, in denen die Zivilisation und das in-

---

[46] Vgl. Emerich Coreth, Nikolaus von Kues, ein Denker an der Zeitenwende, in: Nikolaus Grass (Hrsg.), Cusanus Gedächtnisschrift, Innsbruck/München 1970, 3–16.

tellektuelle und moralische Leben über das neue finstere Zeitalter hinaus aufrechterhalten werden können, das bereits über uns gekommen ist. Und da die Tradition der Tugenden die Schrecken der letzten Finsternis überstanden hat, sind wir nicht ganz ohne Grund zur Hoffnung. Diesmal warten die Barbaren allerding nicht jenseits der Grenzen; sie beherrschen uns schon seit einer ganzen Weile. Und gerade das mangelnde Bewußtsein dessen macht einen Teil unserer mißlichen Lage aus. Wir warten nicht auf einen Godot, sondern auf einen anderen, zweifelsohne völlig anderen heiligen Benedikt.«[47]

Diese Worte sind auf fruchtbaren Boden gefallen. Inspiriert von dieser Spur hat Rod Dreher das Buch von der Benedikt-Option geschrieben,»eine Strategie für Christen in einer nachchristlichen Gesellschaft«[48]. Und viele haben darin Inspiration gefunden, auch wenn das Buch auf dem Hintergrund der amerikanischen Kirchenlandschaft zu sehen ist und für uns wichtige Fragen (wie die nach dem Verhältnis von Erneuerung zu bestehender Struktur) nicht behandelt. Wir wissen um die kritischen Worte von Dietrich Bonhoeffer, der eindrücklich davor gewarnt hat, christliche Gemeinschaft in ihrer Gebrochenheit mit einem idealisierten Wunschbild von christlicher Gemeinschaft zu verwechseln,[49] und dennoch ist auch sein Buch ein Plädoyer für den unspektakulären und nüchternen Vollzug der communio sanctorum.

Auch wenn es ein gewagter Sprung ist, möchte ich den Blick auf eine Gruppe richten, die lange Zeit hindurch wie aus der Zeit gefallen wirkte und nur als Kuriosum Beachtung fand, nämlich die Amish.[50] Das Festhalten an der Tradition

---

[47] MacIntyre Alasdair, Der Verlust der Tugend. Zur moralischen Krise der Gegenwart, Frankfurt a. M. 2006, 349 f. Vittorio Hösele, Macht und Politik. Grundlagen einer politischen Ethik für das 21. Jahrhundert, München 1997, 101, hat diesen Gedanken aufgegriffen: »Ebenso kann man sehr wohl die Überzeugung hegen, die Entscheidung, die manche Sprößlinge der römischen Aristokratie gegen Ende des Römischen Reiches fällten, nämlich eine Kirchenlaufbahn einzuschlagen, sei eine politische gewesen. Es mag Situationen geben, in denen man mehr für einen zukünftigen Staat tut, wenn man einen Orden gründet, als wenn man ein Reich bewahrt.« Es sei an dieser Stelle zumindest hingewiesen auf das Werk von David Engels, Auf dem Weg ins Imperium. Die Krise der Europäischen Union und der Untergang der römischen Republik, Berlin 2014. Ihm geht es also um den Vergleich der EU mit dem Übergang Roms von der Republik zur Kaiserzeit. Dabei überschneiden sich seine Analysen essenziell mit den oben angeführten. Besonders hervorzuheben ist seine kritische Sicht auf die Marginalisierung des Christentums in Bezug auf die europäische Identität.

[48] Rod Dreher, Die Benedikt-Option. Eine Strategie für Christen in einer nichtchristlichen Gesellschaft, Kißleg ²2018 (Amerikanisches Original 2017: The Benedict-Option).

[49] Dietrich Bonhoeffer, Gemeinsames Leben, DBW 5, München 1987, 22-25.

[50] Zum Folgenden vgl. das ausgezeichnete Werk von Donald B. Kraybill/Karen M. Johnson-Weiner/Steven M. Nolt, The Amish, Baltimore 2018 (2013).

und an der überschaubaren Gemeinschaft, die Ablehnung vieler Elemente der Moderne, vor allem des fragmentierenden Individualismus, lassen die Amish im 21. Jahrhundert durchaus in einem anderen Lichte erscheinen. Sie zu belächeln ist leicht. Ihren Weg als irrelevant abzutun, sagt allerdings auch einiges über uns aus, die wir von der Moderne so tief geprägt sind, dass uns ein solcher Weg nur als absurd zu erscheinen vermag. Auch wenn gilt, dass der Weg der Amish als solcher für eine Pfarrgemeinde und Kirche nicht gangbar ist, können wir doch von ihnen lernen und an ihnen die prinzipielle Möglichkeit wahrnehmen, anders leben zu können.

Interessant ist, dass der Vorsitzende des Obersten Gerichtshofes in den USA 1972 im Fall Wisconsin vs. Yoder die Amish mit den christlichen Orden verglichen hat:

> »We must not forget that in the Middle Ages important values of the civilization of the western world were preserved by members of religious orders who isolated themselves from all worldy influences against great obstacles. There can be no assumption that today's majority is ›right‹ and the Amish and others like them are ›wrong‹. A way of life that is odd or even erratic but interferes with no rights or interests of others is not to be condemned because it is different.«[51]

Orden, Klöster und die Amish berühren sich darin, dass sie versuchen gemeinschaftlich einen anderen, alternativen Ansatz zu leben, und das aus der Mitte des Glaubens heraus. Orden und Klöster haben sich im Auf und Ab ihrer je eigenen Geschichten als hoch bedeutsam für die Kirche erwiesen und die Amish haben zumindest gezeigt, dass es möglich ist, ein anderes Modell zu leben und zu überdauern. Beide Modelle haben ihre je eigenen Schwierigkeiten und sind als menschliche Unternehmungen permanent gefährdet. Aber sie leben ein anderes Narrativ und sind darin Anfrage und Inspiration. Deshalb möge folgende, durchaus provokante, Zusammenfassung am Ende stehen:

> »The Amish suggest that firm limits and clear boundaries may best preserve human dignity over the generations. It is possible, or at last worth trying, the Amish argue, to tame technology, to control the size of things, to bridle bureaucracy, and to hold

---

[51] Kraybill et al., The Amish, 367. Interessant ist, was die Autoren in Bezug auf theologische Probleme der Amish heute und morgen anmerken: »Theological changes that subvert deeply entrenched Amish understandings or Christian faith are also afoot. Some Amish people are using evangelical Protestant language to describe their faith, which may prove to be particulary problematic because it represents a shift in moral authority from the *group* to the *individual*. Evangelical faith privileges the subjective authority of the individual over communal authority [Ordnung], seperates salvation from ethics, and encourages a customized personal spirituality with thinner communal links.« (411)

things to a human scale. In short, they contend that living with modest humility in a well-ordered and bounded community offers one road to happiness and well-being.«[52]

Wer über gnadenlose Moral und grenzenlose Freiheit nachdenkt, sollte nicht nur gebannt auf die Moderne blicken, sondern auch auf jene Orte, an denen eine andere Art des Lebens eingeübt wird.

---

[52] A.a.O., 419. Fraglich erscheint mir der letzte Satz. Er scheint die amerikanische Idee über die Intention der Amish zu stellen. Geht es den Amish um eine »road to happiness«?

Wer rettet die Welt?
Heilsversprechen in der Umwelt- und Klimabewegung

Kai Funkschmidt

> *Finds tongues in trees,*
> *books in the running brooks,*
> *Sermons in stones, and good in everything.*
> *I would not change it.*
> Shakespeare, As You Like It

Die Umweltbewegung – Naturschutz und Naturfrömmigkeit

»Plutôt la vie ...« (Lieber das Leben ...) lautete zur Zeit der Mai-Unruhen 1968 ein Grafitto an einer Pariser Hauswand. Ein Aufruf an alle, die für die Schaffung neuer Verhältnisse kämpften: Vor allem anderen sollte es um das Leben als das Eigentliche gehen, nicht um Wissenschaft, um Ideologien, um Programme und Theorien. Klar schien, was »das Leben« meinte und dass es erstrebenswert sei. Und wirklich wird es oft so sein, dass man in einer konkreten Situation spontan weiß, was für das eigene und anderer Menschen Leben gut ist, auch wenn man dieses nicht genau definieren kann. »Leben« wird dabei als in sich verständliche Chiffre für einen erstrebenswerten Zielpunkt gebraucht.

20 Jahre später entstand in der ökumenischen Bewegung eine »Theologie des Lebens« als eine Art christlicher Begleitmusik für Umwelt-, Friedens- und Dritte-Welt-Bewegung.[1] Der Begriff Leben wurde zum Inbegriff der Hoffnung auf positive Veränderung. Es war gerade seine Unschärfe, die ihn so attraktiv machte. Sie kann zu nebulösem, schwammigem Reden verleiten, aber auch Assoziationen auslösen, die für theologisches Denken erhellend sind. Die Theologie des Lebens wollte den rationalen Diskurs durch Formen der Kunst, des Gesangs, der Poesie erweitern. In der Tat, wer wollte bestreiten, dass ein einziges Lied von Paul Gerhardt mehr Menschen mit Gott in Berührung gebracht hat als alle Bände der Kirchlichen Dogmatik und Jahrgänge kirchenamtlicher Denkschriften? Probleme entstehen, wenn Poesie und Metapher missverstanden, nämlich wörtlich genommen, fundamentalistisch gegen die nüchterne Ratio in Stellung gebracht und

---

[1] Z.B. Jürgen Moltmann, Der Geist des Lebens. Eine ganzheitliche Pneumatologie, München 1991; Larry Rasmussen, Theology of Life and Ecumenical Ethics, Genf, WCC/Unit III, 1993.

als Argument für Abkürzungen im komplizierten Geschäft der Weltgestaltung werden – kurz, wenn sie dazu führen, einfache Antworten auf schwierige Fragen zu geben.

Um die Theologie des Lebens ist es still geworden. Aber die Atmosphäre, in der sie aufblühte und ihre ideellen Grundzüge wirken heute in der Umwelt- und Klimabewegung mächtiger denn je. Hier ist die »Natur« als Sehnsuchts- und Leitbegriff an die Stelle des »Lebens« getreten – und wird oft im obigen verkürzenden Sinne als realistische ethische Orientierungsgröße missverstanden.

Diese Beobachtung ist gemeint, wenn sich seit längerem Stimmen melden, die in diesen Bewegungen religionsartige Züge finden und von »Klimareligion«, »Klimatismus« oder »Ökologismus« sprechen.[2] Die Kritik bezieht sich auf irrationale debattenprägende Aspekte der Bewegungen und politischen Analysen, auf ihre moralisch-weltanschauliche Aufladung und besonders auf radikale und apokalyptisch argumentierende Formen, die in die Nähe eines religiösen Fundamentalismus geraten und als gefährlich wahrgenommen werden.[3]

Die Aktivisten selbst weisen das meist zurück, beanspruchen, auf Vernunft, nicht auf Glaube zu gründen. Zu Recht? Geht man einen Schritt zurück und analysiert die Anfänge der Umweltbewegung, zeigt sich, dass viele frühe Aktivisten ihr eigenes Naturerleben und -handeln explizit als spirituelle Erfahrung, das Leben nach ökologischen Maßstäben als weltanschauliche Praxis verstanden. Sie selbst rückten es also in den Horizont religiöser bzw. »spiritueller« Vollzüge und Haltungen. Hier steht hinter den eigenen Überzeugungen und dem ökologischen Engagement eine Wahrnehmung der Natur als transzendentes

---

[2] Z.B. Heinrich Eilingsfeld, Der sanfte Wahn. Ökologismus total, Mannheim 1989; Sebastian Lüning/Fritz Vahrenholt, Unerwünschte Wahrheiten. Was Sie über den Klimawandel wissen sollten, München ³2020; Andreas Möller, Das grüne Gewissen. Wenn die Natur zur Ersatzreligion wird, München 2013; Reinhard Mohr, Hungerstreik, Klimaverzicht, Studienabbruch – der Klimaprotest der »letzten Generation« trägt sektenhafte Züge, Neue Zürcher Zeitung 5.4.2022 (tinyurl.com/2ynhe7x5); Robert H. Nelson, The New Holy Wars. Economic Religion vs. Environmental Religion in Contemporary America, University Park Pennsylvania 2010; Ted Nordhaus/Michael Shellenberger, Break Through. Why We Can't Leave Saving the Planet to Environmentalists, New York 2007; Tarjei Rønnow, Saving Nature. Religion as Environmentalism, Environmentalism as Religion, Studies in Religion and the Environment vol. 4, Münster 2011; Michael Shellenberger, Apocalypse Never. Why Environmental Alarmism Hurts Us All, New York 2020; Hans von Storch/Werner Krauß, Die Klimafalle: Die gefährliche Nähe von Politik und Klimaforschung, München 2013.

[3] Der amerikanische Ökonom Robert Nelson bemerkte, dass viele amerikanische Umweltaktivisten in calvinistischer Tradition aufwuchsen. Ihr säkularisiert-religiöses Umweltengagement ähnele ihrer Herkunftstradition in seinem Gestus moralischer Empörung und dem steten Ruf nach Obrigkeit (Robert H. Nelson, The New Holy Wars. Economic Religion vs. Environmental Religion in Contemporary America, University Park 2010, 106).

Gegenüber (»Naturspiritualität«, »Naturfrömmigkeit«). Diese weltanschaulich-religiösen Elemente in einem vordergründig säkularen, politischen Engagement schließen an eine lange Tradition des Nachdenkens über das Verhältnis von Gott und Natur an. Dabei geht es auch um die Frage menschlichen Rechts zur Gestaltung der Umwelt im Gegenüber zu menschlicher Verantwortung für die Bewahrung der »Schöpfung« sowie um den ökologischen Sündenfall (das verlorene Paradies) und die künftige Verheißung (Utopie einer ökologisch geheilten Welt). Für diese Umweltaktivisten war die Beschreibung als »spirituelle Bewegung« Lob, nicht Kritik.[4] Die moderne Religionsförmigkeit von Teilen des Umwelt- und Klimaaktivismus ist also in diesem Blickwinkel kein neues Phänomen, sondern nur eine Verstärkung bereits in der Frühzeit angelegter Merkmale.

»Mutter Natur«

Obwohl wir es kaum noch wahrnehmen, ist die Rede von »Mutter Natur« als einer Handlungsmacht heute mehr als eine literarische Metapher. Oft spricht man von der Natur wie von einer Person. »Die Natur schlägt zurück«, wenn sich Katastrophen ereignen, die Natur »sieht vor«, dass ein Baby Muttermilch bekommt, sie »sorgt dafür«, dass Wunden heilen, vor allem aber »straft« die Natur unsere Umweltsünden.

»Natürlich« hat sich außerdem zum Synonym für »gut« entwickelt. »Natürlichkeit« ist ein umfassendes Narrativ für das gelingende Leben und das Korrektiv für alles, was in unserer Zivilisation »krank« ist. Natürlich sollen sein die Nahrung, die Erziehungsmethoden, die Heilverfahren, die Medikamente, die Kleidung und selbst die Kosmetika. Mit Natürlichkeit werden »gesund«, »nachhaltig«, »ehrlich«, »authentisch«, »unverdorben«, »frei«, »harmonisch«, »rein« assoziiert.

Die Natur hat, das ist die Grundannahme, eigentlich alles wohlgeordnet. So lange, bis der Mensch auftritt. Während die Rede von einem eifernden, Seuchen schickenden Gott heute Anathema ist, heißt es völlig selbstverständlich: »Corona ist die Rache der Natur« (Süddeutsche Zeitung, 5.12.2020), der Klimawandel ohnehin. Daraus leiten sich alternativlose Gebote ab (»Die letzte Generation, die die Welt noch retten kann«). Was Ordnen und Zerstören, Ängstigen und Stärken, Segnen und Strafen betrifft, hat »die Natur« Gott den Rang abgelaufen. Sie ist zur orientierenden Magna Mater des westlichen Menschen geworden.

Der Religionswissenschaftler Alan Levinovitz beschreibt diesen Naturbegriff als den »Metamythos« unseres Weltverständnisses.[5] Wie leicht das zur Ideologie

---

[4] Vgl. William Cronon (Foreword), in: Thomas R. Dunlap, Faith in Nature. Environmentalism as Religious Quest, Seattle/London 2005, XIV.

[5] Alan Levinovitz, Natural. The Seductive Myth of Nature's Goodness, Boston 2020, 13.

wird, zeigt das Beispiel der »natürlichen Geburt«, die zum Heiligen Gral aktueller Hebammenkunst wurde. Heute wird auf Schwangere in Geburtsvorbereitungskursen oft ein Erwartungsdruck für eine »natürliche Geburt« aufgebaut. Sie soll »spontan, sanft und schmerzfrei« sein, bewusst, das heißt v. a. ohne Schmerzmittel erlebt werden. Misslingt das Vorhaben, steht am Ende das Gefühl des Scheiterns. Natur gilt als inhärent freundlich. Die Wirklichkeit sieht anders aus: Natürliche Geburt heißt bei jenen »naturnahen« Völkern, die keine andere Wahl haben, Sterblichkeitsraten von 1 bis 2 Prozent bei den Müttern und bis zu 15 Prozent bei den Kindern.[6]

Vorgeschichte

Hinter diesen Beobachtungen steht ein Naturverständnis, das viele auch ohne Umweltbewegung verinnerlicht haben. Denn das Bewusstsein, auf dem die moderne Umweltbewegung fußt, ist viel älter als diese. Es reicht in die Zeit der Aufklärung zurück.

Die Aufklärung hatte früh weltanschauliche Züge angenommen und zunächst Optimismus ausgelöst. Man konnte den Fall des Apfels und die Bahn des Mondes berechnen und zeigen, dass beide von derselben Kraft bewegt wurden. »Weißt du die Zeit, wann die Gämsen gebären, oder hast du aufgemerkt, wann die Hirschkühe kreißen?«, fragt Gott Hiob spöttisch (Hi 39,1). Moderne Menschen konnten es in *Brehms Tierleben* nachschlagen. Der englische Dichter Alexander Pope (1688–1744) hat dieses neue Naturbewusstsein mit Isaac Newton als Lichtbringer besungen: »Nature and Nature's laws lay hid in night: / God said, Let Newton be! and all was light.« Doch als die Physik eine materialistische Philosophie gebar, zerstörte sie ein Weltbild und reduzierte den Schöpfer zum Uhrmacher. Die Aufklärung führte zum Ultra-Rationalismus und der naturwissenschaftliche Fortschritt zur Industrialisierung. Sie ermöglichte die technischen Mittel, die völlig neue Formen und Ausmaße menschlicher Umweltzerstörung gebaren.

Gegenbewegungen zur Entzauberung der Welt entstanden. Pantheistische Philosophie und Romantik waren Reaktionen auf Aufklärung und Industrialisierung. Gleichzeitig wurde die verfasste Religion zunehmend zu einer Sache des inneren Erlebens (Schleiermacher, Erweckungsbewegung), was dem neuen gefühlsbasierten Zugang zur Natur entsprach. Goethe erklärte, er »suche das göttliche in herbis et lapidibus«.[7] Exemplarische Naturfrömmigkeit ist Eichendorffs Lyrik: »Wem Gott will rechte Gunst erweisen, / Den schickt er in die weite Welt, / Dem will er seine Wunder weisen / In Berg und Wald und Strom und Feld.«

---

[6] Levinovitz, Natural (s. Anm. 5), 25 f.
[7] Brief an Friedrich Heinrich Jacobi, 9.6.1785, WA IV, 7, 64 (tinyurl.com/4uyhmfcz).

Gotteserfahrung gibt es in Berg, Wald und Lerchen, nicht in Städten, Büchern oder Kirchen. Und schon damals war das Leben der Zivilisation das negative Gegenbild: »Die Trägen, die zuhause liegen, / erquicket nicht das Morgenrot, / sie wissen nur vom Kinderwiegen, / von Sorgen, Last und Not um Brot.« Wenn Eichendorff in einem anderen Lied fragt: »Wer hat dich, du schöner Wald, aufgebaut so hoch da droben?«, wird der Wald zum Tempel, hinter dem sein Erbauer völlig zurücktritt.

In Amerika etabliert Ralph Waldo Emerson (1803–1882) zur gleichen Zeit in seinem Buch »Nature« (1833) als erster die *Wildnis* als Sehnsuchtsort und Projektionsfläche für das richtige Leben. Sie ist ihm »source of wisdom, refuge from society, and opening to reality«.[8] Die Vorstellung der Wildnis, der von Menschen unbefleckten, »guten« Natur wurde schrittweise zum Leitbild von Ökologiebewegung und Naturspiritualität. Hier beginnt die uns vertraute Konstruktion von »Wildnis« im Sinne »unberührter«, d.h. menschenloser Natur. Natur wurde der Gegenpol zum kulturell überformten Normalleben und galt als das »eigentliche«, das von der Natur intendierte Dasein. In den USA führte dieses neue Verhältnis zur »unberührten« Natur bereits 1864 zur Sorge um ihren Erhalt und zur Gründung von Naturparks (Yosemite und Yellowstone). Schon bald mit der Konsequenz, dass einheimische Indianer im Namen des Naturschutzes vertrieben wurden, um wieder »Wildnis« zu schaffen – übersehend, dass die »unberührte« Wildnis seit Jahrtausenden deren Kulturland gewesen war.[9] Eines der ersten Naturschutzgebiete Deutschlands war die Lüneburger Heide (1921) – ein »Missverständnis«, denn die Heide ist gerade *nicht* naturbelassen, sondern würde ohne Weideschafhaltung zu Wald.[10] In den nächsten Jahren waren vor allem die Nazis naturschützerisch aktiv, deren sozialdarwinistisches Menschenbild sich auch als »natürlich« verstand (Überleben des Stärkeren).

Moderne Umweltbewegung

Die heutige Umweltbewegung, die als Teil der gegenkulturellen Aufbrüche der 1960er Jahre in den USA beginnt, fußt also auf älteren Einflüssen. Gegenüber der Frühphase der Naturromantik tritt etwas Neues hinzu: die Angst vor der Bedrohung der Natur. Auch dies beginnt in den USA.

1962 rüttelt die Meeresbiologin Rachel Carson (1907–1964) mit dem teilweise anthroposophisch inspirierten Buch *Silent Spring* die Öffentlichkeit auf

---

[8] Zitiert nach Dunlap, Faith in Nature (s. Anm. 4), 12.
[9] Vgl. Nelson, Holy Wars (s. Anm. 2), 250 ff.
[10] Bundesamt für Naturschutz: Naturschutzgebiete (https://www.bfn.de/naturschutzgebiete).

(sie popularisierte den vorher fachwissenschaftlichen Begriff »environment«).[11] Vordergründig ging es um die Umweltverschmutzung durch Chemikalien und Mikropartikel. Carson beschrieb aber nicht nur die Umweltzerstörung, sondern plädierte jenseits technischer Problemlösungen für ein neues Selbstverständnis des Menschen als *Teil* der Natur. Wasser- und Luftverschmutzung, aussterbende Tierarten, Chemie im Essen seien alle Ausdruck desselben falschen Bewusstseins des Menschen, der sich als Herr der Schöpfung missverstehe. Gegner wie Unterstützer Carsons erkannten sofort, dass hier zwei Weltanschauungen miteinander rangen. Der rationalistische Mensch, der die Natur erobert, gestaltet (und schützt?) versus den Menschen, der sich als »einfaches Mitglied der Lebensgemeinschaft« in sie einfügt.

Am 6. März 1972 erschien *Die Grenzen des Wachstums* (Club of Rome) und hob ökologische Probleme von der lokalen auf die globale Ebene – nicht mehr nur der Fluss vor meiner Tür, sondern die Zukunft der Welt schien in Gefahr. Diese Untergangsstimmung schwoll seitdem an und ab, verschwand aber nie. Verantwortlich für die Misere war der Mensch – durch sein Verhalten, vor allem aber durch seine Einstellung, ja durch sein pures Vorhandensein (Paul Ehrlich: *Die Bevölkerungsbombe*, 1968).

Der jungen Umweltbewegung wohnte eine Uneindeutigkeit inne. Einerseits verstand sie sich als aufgeklärt-wissenschaftlich (»Follow the science«, heißt es bis heute). Andererseits glaubte man, dass aufgeklärte Vernunft und moderne Wissenschaft überhaupt erst zwei Dinge in die Welt gebracht hatten: (a) die Fähigkeit zur Zerstörung und (b) die Haltung, die diese Zerstörung ins Werk setzte. Rationalistische Wissenschaft war Teil des Problems, ihre Lösungskompetenz wurde skeptisch bewertet.

1967 engte der Historiker Lynn T. White (1907–1987) den Schuldvorwurf ein. Die Wurzeln der Umweltzerstörung sah er im abendländischen Christentum. Dieses habe durch die Trennung von Geist und Materie die Grundlagen der modernen Naturwahrnehmung gelegt. »We shall continue to have a worsening ecological crisis until we reject the Christian axiom that nature has no reason for existence save to serve man.«[12] Kirchliches Umweltengagement fand danach jahrzehntelang vor dem Hintergrund dieses antichristlichen Affekts statt. Als Gegenentwurf empfahl White die »östlichen Religionen«, die Respekt für Mensch und Welt lehrten. Andere blickten mehr zu den sogenannten Naturvölkern, zu Schamanen und Südseeinsulanern, zu Naturheilkunde und natürlicher Landwirtschaft.

---

[11] Rachel Carson, Silent Spring, Boston 1962 (dt. 1963). Zu den anthroposophischen Einflüssen: John Paull, The Rachel Carson Letters and the Making of *Silent Spring*, in: Sage Open July–September 2013, 1–12.

[12] Lynn T. White, The Historical Roots of Our Ecological Crisis, Science 155 (1967), 1203–1207 (tinyurl.com/r9y279rr).

Dabei handelte es sich durchweg um Projektionen des »edlen Wilden« (Rousseau), um wirklichkeitsferne Phantasien zivilisationsmüder Europäer, schön illustriert durch die fiktive »Rede des Häuptlings Seattle«, die in den 1980er Jahren ironischerweise sogar massenhaft als Autoaufkleber herumfuhr und im Kirchenkanon *Jeder Teil dieser Erde* in unseren Gesangbüchern fortlebt. In Wirklichkeit gibt es zahlreiche Beispiele von Naturvölkern, die ihre eigenen ökologischen Grundlagen sehenden Auges vernichteten.[13] Dass sie es genauso gründlich, aber in kleinerem Maßstab taten, lag eher an begrenzten Mitteln als »ganzheitlicher« Philosophie. Auch die heutige ökologische Realität »östlicher« Gesellschaften stützt Whites These nicht. Aber obgleich sie ein Kind des abendländischen Denkens im Industriezeitalter, nicht des Animismus von »Naturvölkern« ist, liegt in diesen exotistischen Projektionen ein Ursprung von Naturspiritualität und Religionsförmigkeit der modernen Ökologiebewegung.

Naturspiritualität – Ökologie und Esoterik

Schon an ihrer Quelle in den 1960er Jahren geht die Ökologiebewegung eine Verbindung mit der gleichzeitig aufblühenden Strömungsesoterik (damals noch »New Age«) ein.[14] Dabei wurden die systemesoterischen Einflüsse der Anthroposophie (z. B. bio-dynamische Landwirtschaft) eher im Verborgenen mächtig. McKanan, der diese Zusammenhänge im angelsächsischen Raum erforscht hat, geht davon aus, dass die anthroposophischen Initiativen sich hinsichtlich ihrer esoterisch-spirituellen Orientierung bewusst bedeckt hielten, um Ablehnung zu vermeiden. Dennoch sei die Anthroposophie durch Netzwerke und Ideenflüsse für die Ökologiebewegung prägend geworden. Esoterik und Umweltbewegung ähnelten sich in ihrer Skepsis gegenüber Wissenschaft, Technik und kirchlichem Christentum (»Spiritualität statt Religion«). Weil man aber gewöhnt war, Religion als Organisation und Glaubensartikel zu denken, wurde dieser religiöse Grundton oft gar nicht als solcher wahrgenommen.

Die Verbindung blieb bestehen, als die Bewegung 1979 eine Partei gründete. Die frühen Grünen stritten ausgiebig über Spiritualität und Politik. Für die grüne Bundestagsabgeordnete Karin Zeitler war Politik nur der »gesellschaftliche Aspekt einer spirituellen Weltanschauung«. Die Parteivorsitzende Petra Kelly postulierte, sie seien »nicht nur eine politische, sondern eine politisch-spirituelle

---

[13] Vgl. Jared Diamond, Collapse. How Societies Choose to Fail or Succeed, London 2005.
[14] »Strömungsesoterik« nennt man ab 1960 diffundierte Formen der »Systemesoterik« des 19. Jh., die damals noch in festen Organisationen auftrat (Theosophie, Anthroposophie, Gralsbewegung).

Bewegung«.¹⁵ Der Spagat zwischen spirituell-ökologischen und säkularen Grünen setzt sich bis heute fort, sichtbar zuletzt am Streit über die Homöopathie, den die Partei 2020 ohne Lösung ausfocht.

Die Ökologiebewegung wird also nicht nur von außen, sondern wurde von Anfang an auch von innen als spirituell-religiös gesehen. Weil der Aufstieg der Umweltbewegung mit dem Bedeutungsverlust der christlichen Kirchen zusammenfiel, bietet sich sogar eine Interpretation an, beides sei kausal verknüpft.

> »[Es] stellt sich die Frage, welche Wettbewerber der Kirche den Markt um emotionalen Halt streitig machen. Es spricht einiges dafür, dass die Ökologiebewegung hier die wichtigste Rolle spielt beziehungsweise die ihr zugrundeliegenden Annahmen von einer guten, aber durch menschliches Fehlverhalten gefährdeten Natur. Man könnte einwenden, dass es sich bei dem Thema nicht um Religion handelt, doch [...] ist es gerade das Kennzeichen einer starken Religion, dass sie nicht als Glaube wahrgenommen wird, den man wählen kann oder auch nicht, sondern als Tatsache. Für die meisten Menschen des Mittelalters dürfte sich die Frage nach der Existenz Gottes nicht gestellt haben.«¹⁶

Das klingt plausibel. Andererseits haben die Kirchen früh begonnen, die neue Öko-Spiritualität zu inkorporieren und auch die Grüne Partei wurde von Anfang an von Christen mitgeprägt. Ob der rapide Aufstieg des einen wirklich kausal mit dem langsamen Niedergang des anderen zusammenhängt, muss offenbleiben.

Die Klimabewegung – Das Ende ist nah!

Die Klimabewegung ist ein Kind der Umweltbewegung. Heute übertrifft sie diese an Kraft und Wirkung. Ihr ist gelungen, das öffentliche Bewusstsein in der gesamten westlichen Welt zu berühren, weit verbreitete Zukunftsängste zu schüren, zu bündeln und großangelegte politische Maßnahmen auf höchster Ebene

---

15 Quot. N.N, Heiße Wüstenei, Der Spiegel, 3.4.1988 (tinyurl.com/mw9n9mde). Vgl. Gunter, Hesse/Hans-Herman, Wiebe (Hrsg.): Die Grünen und die Religion, Frankfurt a. M. 1988. Zur Rolle der Anthroposophie bei Gründung der Grünen: Manuel Alexander Simon, Anthroposophische Ideenwelten in der politischen Praxis. Spirituelle Tendenzen bei den frühen »GRÜNEN« und in der Partei »dieBasis«, in: ZRW 85 (2022), 107–121. Detailliert zum anthroposophischen Erbe der englischsprachigen Umweltbewegung: Dan McKanan, Eco-Alchemy. Anthroposophy and the History and Future of Environmentalism, Oakland 2018.

16 Thomas Petersen, Heilige Nacht?, Frankfurter Allgemeine Zeitung, 20.12.2017 (tinyurl.com/2hu7dzs3).

anzustoßen, die den »Klimaschutz« zu einem der höchsten politischen Ziele und zum Gegenstand vieler alltagsbestimmender Maßnahmen machen.

Fast ebenso lange schon wird kritisiert, die Klimabewegung habe Züge einer Ersatzreligion angenommen. Sie ist auch hierin eine Erbin der Umweltbewegung, und auch in dieser Hinsicht hat sie ihre Vorgängerin übertroffen. 2007 berichtet Josef Joffe über einen Auftritt Al Gores in Berlin: »›Ich bin Dein Gore ...und Du sollst keine anderen Götter haben neben mir.‹ Der Klimatismus als neue weltliche Religion« (Die Zeit, 18. 10. 2007); Stefan Kosch zum selben Ereignis: »Al Gore in Berlin: Glaube, Liebe, Klima« (taz, 24. 10. 2007); Ulli Kulke fordert: »Schluss mit dem Klimatismus« (Die Welt, 29. 12. 2008); Jérôme Blanchet-Gravel 2019 in einer französischen Zeitschrift: »Greta ne sauvera pas la Terre mais votre âme – L'écologisme est une religion compensatoire« (Greta wird nicht die Welt retten, aber eure Seele. Der Ökologismus ist eine Ersatzreligion, Le Causeur, 29. 8. 2019); der Theologe Ralf Frisch analysiert 2019 im kirchlichen Magazin *Zeitzeichen*: »Zwischen Klimahysterie und Klimahäresie« und 2022 erneut Josef Joffe in der *Neuen Zürcher Zeitung* (8. 1. 2022): »Ist der ›Klimatismus‹ eine neue Religion? Die strukturellen Ähnlichkeiten sind verblüffend, trotz dem Ruf nach Wissenschaftlichkeit«. Diese Kritik nimmt, wie unten gezeigt wird, offensichtliche Erscheinungsformen der Klimadebatte in den Blick, die man üblicherweise aus Religionen und extremistischen politischen Weltanschauungen kennt.

Innerhalb der Ökologiebewegung gab es immer Stimmen, die sich der eigenen spirituellen Ursprünge bewusst waren und sie aktiv vertraten. In der Klimabewegung fehlen diese Stimmen weitgehend, denn hier fehlt ein Bewusstsein des eigenen Herkommens. Das Thema eignet sich auch weniger für Romantik. Schon im »vorindustriellen« Idealzustand lud das Klima nicht zu verträumter Innerlichkeit ein.

Die zitierten Beschreibungen lesen die Betroffenen meist in einem Freund-Feind-Schema und weisen sie schroff zurück. Bisweilen erklärt man sie zwecks Kritikimmunisierung sogar reflexhaft zur »rechten Hetze«. Man habe die Wissenschaft im Rücken, das sei das Gegenteil von Religion. Seltener sind Stimmen wie der katholische Dogmatiker Michael Rosenberger, der die Religionsförmigkeit der Klimabewegung bejaht, diese aber positiv deutet (s. u.). Er verbindet das mit der Beobachtung, die »Klimaskeptiker« hingen ihrerseits einer »ethisch-religionsphilosophischen Metatheorie« an.[17]

---

[17] Michael Rosenberger, Die Ratio der »Klima-Religion«. Eine theologisch-ethische Auseinandersetzung mit klimaskeptischen Argumenten, in: GAIA 23 (2014), 93–99 (doi: 10.14512/gaia.23.2.6), 95. Hier finden sich eine ganze Reihe früher Beispiele für Kritik an der »Klimareligion«.

Apokalyptische Naherwartung

Wie die Umweltbewegung fußt die Klimabewegung auf Untergangsängsten und -drohungen, weitet sie aber aus. 1970 hatte Richard Nixon sein erstes Umweltschutzgesetzpaket mit »It is literally now or never!« eingeläutet. Die späteren Greenpeace-Kampagnen zu aussterbenden Walen und Eisbären, das Seehundsterben in der Nordsee, Tschernobyl, das Waldsterben verstärkten vorhandene Ängste. Die konkreten Untergangsszenarien waren zwar oft falsch, aber als PR immer wirkmächtig (der Bestand der Seehunde hatte sich nach wenigen Jahren erholt, der Wald steht und die Wale schwimmen noch, Eisbärbestände nehmen bis heute an einem Ort ab, an einem anderen zu).[18]

Klimabezogene Katastrophenwarnungen der letzten 20 Jahre haben die älteren Umweltwarnungen weit in den Schatten gestellt. Das Magazin *Der Spiegel* prägte den Stil. Es zeigte schon am 10. August 1986 ein Titelbild des unter Wasser versinkenden Kölner Doms. »We have a small window of time in which we can plant the seeds of change and that is the next five years.« (2007, James Leape, WWF-International-Generaldirektor) »Our planet has reached a point of crisis and we have only seven years before we lose the levers of control.« (2009, Kronprinz Charles, Klimagipfel Kopenhagen) »Our last chance to avert dangerous climate change.« (Dachorganisation Earth League, 2015) »We have 12 years to limit climate change catastrophe, warns UN.« (The Guardian, 7.10.2018) »Wir haben zehn Jahre, um unsere Ziele zu erreichen und müssen jetzt beginnen.« (2020, Fridays For Future) »It is one minute to midnight« (2021, Boris Johnson, COP26 Glasgow).

Die radikalste Gruppe »Extinction Rebellion« trägt das drohende Aussterben der Menschheit schon in ihrem Namen. Ihr Mitgründer und Sprecher Roger Hallam verglich den Klimawandel mit dem Holocaust und verkündigte 2019 in den BBC-Abendnachrichten die Warnung: »Slaughter, death and starvation of six billion people this century.«[19] Hallam ist der Ansicht, diese Zerstörung der nächsten Generation sei von den Eliten bewusst gesteuert, um ihre Macht zu erhalten.[20]

---

[18] Zum kontraproduktiven Alarmismus in der Einordnung menschengemachter Umweltschäden vgl.: Shellenberger, Apocalypse Never (s. Anm. 2).

[19] BBC Newsnight, 17.8.2019. Die Aussage entbehrte jeder wissenschaftlichen Grundlage (tinyurl.com/4ntzeppa).

[20] »[I]t's my personal opinion that the elites have made the conscious decision to destroy the next generation in order to maintain their power.« Roger Hallam interviewed by Laura Backes and Raphael Thelen, »We Are Engaged in the Murder of the World's Children«, Der Spiegel, 22.11.2019 (tinyurl.com/u9uh27zd).

Die angekündigten Klimakatastrophen ähneln bekannten Topoi religiöser Apokalypsen: Brände, Fluten, Dürren, Seuchen, Hunger, Krieg. Einzelereignisse gelten als Himmelszeichen und Beweise der Vorhersagen.

Für andere Klima-Aktivisten war auch der Zusammenhang von Corona-Pandemie und Klimakrise »unstrittig«. »Die Ursachenbekämpfung [von Corona] liegt vor allem darin, die Umweltzerstörung zu stoppen und den Klimawandel anzuhalten. Ich bin sicher, dass dieses Risiko massiv unterschätzt wird«, fand etwa ein Sprecher der Organisation Green City.[21]

Viele Zeitangaben zum drohenden Untergang haben ihr Haltbarkeitsdatum überschritten, ohne dass dies der Glaubwürdigkeit der Urheber Abbruch getan hätte. Wie die meisten religiösen Endzeitgruppen kann auch der Klimaaktivismus ausgebliebene Weltuntergänge erstaunlich gut verkraften und dabei die Naherwartungsspannung aufrechterhalten. Oft allerdings um den Preis gesteigerter Bedrohungsszenarien und einer Intensivierung der Gefühle. Viele religiöse Gruppen radikalisieren sich in diesem Moment, werden unnachgiebiger bei der Drinnen-Draußen-, Freund-Feind-Markierung. Das dürfte auch bei der vielbeklagten gesellschaftlichen Polarisierung eine Rolle spielen. Klimaaktivisten reagieren zunehmend aggressiv auf Kritik und Mahnungen zur Mäßigung.[22]

Ein Erfolgsfaktor für die Klimabewegung ist, dass sie ein einziges Problem global ohne wesentliche Transferleistung bearbeiten kann, weil das Klima die Erklärung für Feuer in Kalifornien und die Flut im Ahrtal sein kann. Die Angst wird durch Lokalisierung der Drohung konkretisiert. »Finland is warming faster than the rest of the world« (Helsinki Times, 15.1.2015); »South Pole warming three times faster than rest of Earth: study« (PhysOrg, Juni 2020); »Canada warming twice as fast as the rest of the world, report says« (BBC, 3.4.2020); »Study: New England Is Heating Up Faster Than The Rest Of The World« (CBS, 31.12.2021); »Africa is Warming More, and Faster, Than rest of World – Report« (AllAfrica, 19.10.2021); »Middle East heating almost twice as fast as global average, report warns« (Times of Israel, 7.9.2022).[23] Keine dieser einander widersprechenden Meldungen erschien in ihrem Kontext außergewöhnlich, man hat sich an schrille Töne gewöhnt. Sie alle schreiben über die Klimaveränderung im Modus der apokalyptischen Warnung. Und alle berufen sich auf »Studien«, wollen wissenschaftlich klingen.

---

[21] Green City: Die Corona-Krise: Wie zerstörte Ökosysteme, Klimawandel und Pandemien zusammenhängen, 21.8.2021 (tinyurl.com/yw2c8e7z).

[22] Kersten Augustin, Brauchen wir eine grüne RAF?, taz, 19.12.2021 (tinyurl.com/yumexnv4).

[23] Sowohl die Einzelmeldungen als auch Zusammenstellungen sind im Internet leicht zu finden.

Propheten

Zu vielen Religionen gehören auch Führungsgestalten, deren Stimme als verbindliche prophetische Kundgabe von Wahrheit und Erkenntnis gilt. Im Zusammenhang der Klimabewegung wird hier zum Beispiel auf Al Gore, Greta Thunberg und in Deutschland Luisa Neubauer hingewiesen. Ihr Status entsteht durch populäre Zuschreibung und Öffentlichkeitswirkung, nicht durch besondere wissenschaftliche Expertise zum Thema (Gore ist Berufspolitiker, Thunberg und Neubauer ohne Ausbildung).

Beim bereits zitierten Berliner Auftritt Gores 2007, der laut Beobachtern im Modus eines evangelikalen Erweckungspredigers stattfand, rief dieser immer wieder aus: »I believe – I believe!« Denn der Kampf gegen den Klimawandel sei »keine politische oder ideologische Angelegenheit«, sondern eine »moralische, ethische und spirituelle«.[24] Als er am Ende gefragt wurde, wie er nach all den Jahren noch immer so begeistert reden könne, erklärte er: »I believe in what I say. With all my heart. And I want you to believe in it, with all your heart.« Dabei sind es nicht nur Journalisten und Bewunderer, die mit Gore religiöse Konnotationen verbinden. Als Gore im Frühjahr 2019 in einer schwarzen baptistischen Kirche in Alabama in einem ökumenischen Gottesdienst unter dem Motto »A Moral Call to Action on the Climate Crisis« predigte, begrüßte ihn der Pastor mit den Worten: »God has given you grace, in your latter years, for that which is far more important than you did in your former years [...]. The Lord said, ›Hell with the president, I need you to save the Earth, man!‹«[25] Als 2007 in Kalifornien das »Öko-Hotel Gaia« eröffnete, ersetzte Al Gores Klima-Bestseller *An Inconvenient Truth* die traditionelle Bibel in der Nachttischschublade.

Noch mehr Verehrung erfährt die schwedische Schülerin Greta Thunberg. Im Internet gibt es eine ganze Reihe Sammlungen ihrer »inspirierendsten Zitate«. Die Universität von Winchester in England errichtete der 16-Jährigen im März 2021 ein Denkmal. Sie sprach vor den Vereinten Nationen, dem Weltwirtschaftsforum und traf sich mit verschiedenen Staatschefs zum Einzelgespräch.

Wiederholt wurde Thunberg von führenden Kirchenvertretern ausdrücklich als Prophetin bezeichnet. Die Zeitschrift der Lutherischen Kirche von Schweden stellte im Oktober 2019 fest, ihre Worte kämen von Gott: »Greta Thunberg ist eine Prophetin unserer Zeit. [...] Der Punkt ist, dass wir auf die

---

[24] Stefan Kosch, Al Gore in Berlin: Glaube, Liebe, Klima, taz, 24.10.2007 (tinyurl.com/42rujww8).

[25] Dan Zak, Al Gore is near the end of his quest to save the Earth. Nina Barrett just got started, Washington Post, 1.4.2019 (tinyurl.com/46kufjn5).

Botschaft hören müssen, denn die Botschaft kommt von Gott. Dies heißt, unser Leben und unsere Gesellschaft radikal auf ein fossilfreies Leben umzustellen.«[26]

Im Januar 2020 erklärte Bischöfin Margot Käßmann über Thunberg, Prophet zu sein, sei noch nie ein leichtes Amt gewesen.[27] Selbst der ehemalige Erzbischof von Canterbury Rowan Williams verglich sie im Juli 2021 auf einer ökumenischen Konferenz mit Jeremia: »Greta Thunberg is a prophet for our times.«[28]

Der Berliner katholische Bischof Heiner Koch ging am Palmsonntag 2019 noch einen Schritt weiter. Greta Thunbergs Verehrung erinnere ihn an Jesu Einzug in Jerusalem. Er wolle »daran erinnern, dass unsere Gesellschaft und auch unsere Kirche von Zeit zu Zeit echte Propheten braucht, die auf Missstände und Fehlentwicklungen hinweisen, und die Lösungswege vorschlagen.«[29]

Da sich Thunbergs Botschaften ausschließlich auf den Klimawandel beziehen, niemals auf theologische und christliche Fragen, ist aus Sicht ihrer Verehrer die Klimapolitik offenbar zu einer Frage von religiöser Qualität geworden. Eine Frage, bei der es einen Bedarf an transzendenten Einsichten und prophetischen Offenbarungen, an einer »Stimme Gottes« gibt, einer Autorität also, die jenseits wissenschaftlicher Forschung und politischen Streits über die Sache für Klarheit sorgt. Es ist derzeit kein anderes Politikthema zu sehen, bei dem führende Vertreter großer Mainline-Kirchen eine Person zur Vox Dei erklären würden.

Schuldfrage

Die Klimabewegung befasst sich ausgiebig mit der Schuldfrage. Die Rede von den »Klimasünden«, die uns vom Aufstehen (heiß duschen?) über den Arbeitsweg (Auto?) bis zum Mittagessen (Fleisch?) und in den Urlaub (Fliegen?) begleiten, haben für echte Klimaaktivisten längst den augenzwinkernden Charakter verloren, den kleine Alltags-»Sünden« einst hatten, und sind bitterernst geworden. Ihnen korrespondiert ein empfundenes oder eingefordertes Sündenbewusstsein: »Flugscham«, »Autoscham«, neuerdings sogar »Bauscham«.

Wie die biblischen Propheten findet man die Schuldigen vor allem unter den Mächtigen, den Eliten und Reichen. Thunberg auf dem Weltwirtschaftsforum

---

[26] Greta Thunberg in schwedischer Kirchenzeitung zur Prophetin erklärt, Medrum, 11.10.2019 (tinyurl.com/27n9wsvb).

[27] Evangelisch-Lutherische Landeskirche Hannovers, Ehemalige Landesbischöfin Käßmann predigt in der vollbesetzten Urbani Kirche in Heersum, 20.1.2020 (tinyurl.com/3yzs67ks).

[28] George Conger, Greta Thunberg is a prophet for our times declares Rowan Williams, Anglican Ink, 28.7.2021 (tinyurl.com/bdfc99 m7).

[29] Heiner Koch, Der Palmsonntag und die Freitagsdemos, Erzbistum Köln, 12.4.2019 (tinyurl.com/4y8y3ktv).

in Davos am 24. Januar 2019 mit verschwörungstheoretischen Untertönen: »Die Zivilisation wird geopfert, damit einige wenige sehr viel Geld verdienen. [... Sie haben] gewusst, welchen unbezahlbaren Wert sie opfern, um unvorstellbare Mengen Geld zu scheffeln.«[30]

Die extremistischeren Gruppen der Klimabewegung sind, wie bei großen Protestbewegungen üblich, von jungen Leuten geprägt. Die Schuldigen sind daher wie in allen Jugendbewegungen die Erwachsenen. Außerdem die reichen Bevölkerungen des Westens: ihr Konsum, ihre Produktivität, ihre Mobilität, ihre Wissenschaft, ihre Technik. Mit der Industrialisierung habe der Westen historisch einmalige Schuld auf sich geladen. Hier finden wir einen klassischen Topos der älteren Umweltbewegung wieder: Früher, vor Industrialisierung und Moderne war es besser.

Den Schuldzuweisungen entsprechen Schuldbewusstsein und -bekenntnis jener, die die radikalen Aktivisten bewundern und für ihre eigene Sündhaftigkeit Besserung geloben.

> »Wir sind nicht nur für das verantwortlich, was wir tun, sondern auch für das, was wir nicht tun.‹ Dieser Satz von Molière steht auf der Seite von Fridays for Future, und er liest sich als Vorwurf der Jüngeren an meine Generation, die zwischen den 68ern und der Klimajugend steht und nie durch deutlichen politischen Protest oder beharrliches Engagement aufgefallen ist. Uns sind vielleicht keine aktiven Vergehen vorzuwerfen, wohl aber unterlassene Hilfeleistung [...]. Auch ich ließ während meines Studiums mein Engagement bei Greenpeace immer weiter schleifen, bis ich es irgendwann ganz aufgab. Ich konzentrierte mich auf Dinge, die mehr Aussicht auf Erfolg hatten. Darin entsprach ich der aktivistischen Mutlosigkeit meiner Generation« (Nora Bossong, Jg. 1982, in der taz, 26.2.2022).[31]

Das Klimaschuld-Bewusstsein baut auf das in westlichen Gesellschaften verbreitete, oft exzessive Schuldbewusstsein auf, das zu autoaggressivem Verhalten gegenüber der eigenen Kultur und Geschichte führt.

Zum Modus der prophetischen Rede gehört nach der Ankündigung des nahenden Endes immer auch der Ruf zu Umkehr und Läuterung. Hier sind die Stärken der Klimabewegung gegenüber der älteren Umweltbewegung evident. Sie hat einen einzigen Fokus, eine Meta-Erzählung, die alle Missstände erklärt. Der Rachegott »Klima« ist griffiger als der vielstimmige Chor von Waldsterben, Überfischung, Abholzung, Mikroplastik usw. Statt tausend komplizierten Daten und Einzelproblemen an vielen Orten schnurrt die Botschaft auf eine Zahl zusammen: »1,5 Grad«. Die Antwort ist ebenso einfach: CO_2-Reduktion.

---

[30] Film auf Twitter: tinyurl.com/5hxu56rb.
[31] Nora Bossong, Das große Versagen, taz, 26.2.2022 (tinyurl.com/2n5z2vxj). Das unbelegte Zitat wird Molière, Schopenhauer und anderen zugeschrieben.

Weil Extremwetterlagen selten, aber verlässlich kommen, erlebt sie jeder ab und zu. In den Medien sind sie permanent. Das verleiht der Klimakrise eine hohe subjektive Evidenz. Ob die Wälder sterben oder die Algen explodieren, ob es brennt oder in Strömen regnet, ob es zu heiß ist oder zu kalt – alles kann als Beleg für den Klimawandel dienen. Wie ein allmächtiger Gott ist das Klima Ursache aller Ereignisse und ihres Gegenteils. So beweist es ständig seine Macht und führt den Menschen ihre Schuld vor Augen.

Hilfreich ist aber die Chance zur Bewährung: Weil es nicht um einen verschmutzten Fluss hier und ein Naturschutzgebiet dort geht, sondern um eine globale Bedrohung, ist nicht nur unser ganzes Leben von Schuld umfangen (Ursünde), sondern jeder Aspekt des Lebens kann potentiell zum Bewährungsfeld unserer Umkehr werden. So kann sich jeder den Bereich aussuchen, in dem er sein Klimabewusstsein auslebt.

Dabei helfen klare Handlungsanweisungen beim Transport, beim Essen, beim Leben. Die Kenntnis der gängigen »Klimasünden« ist Standard-Orientierungswissen und führt zu konkreten Geboten. Religionstypisch ist dabei die Lust an der Askese, der Ruf zum Verzicht. Selbst intimste Fragen kommen auf den Prüfstand, wenn »Antinatalisten« der Klimabewegung zum ultimativen Akt der Selbstauslöschung aufrufen: Man solle gegen den Klimawandel auf Kinder verzichten, denn nichts sei so klimaschädlich wie Kinder.[32]

Alternativ aber kann man auch durch Konsum dem Klima helfen, etwa indem man vegane Nahrung, E-Autos oder andere hochpreisige, als »klimafreundlich« beworbene Dinge kauft. So ist eine ganze Produktpalette entstanden, mit der sich Angst in Lifestyle verwandeln lässt.

Wem Verhaltensänderungen zu weit gehen, für den ist ein ausgefeiltes System des Ablasshandels entstanden, bei dem man »klimaschädliches« Verhalten durch Geldzahlungen ausgleichen kann. Solche Angebote zu freiwilligen Zahlungen sind so populär, dass sie heute auf zahlreichen Verkaufsplattformen automatisch vor der finalen Zahlungsbestätigung auftauchen. Wer trotz Klima in die Sonne fliegen will, dem bietet sein Buchungsportal kurz vor dem Ticketkauf eine »Aufforstungsabgabe« von € 2,73 o. ä. an, um mit reinem Gewissen zu fliegen. Die krumme Zahl suggeriert eine wissenschaftliche Exaktheit der Bußleistung.

Typischerweise wird bei all diesen Verhaltensänderungen kaum ernsthaft gefragt, ob sie »dem Klima« überhaupt nutzen und, falls ja, in welchem Verhältnis Aufwand und Nutzen stehen. Zum Beispiel wird heute Veganismus als beson-

---

[32] »Als Ökofeministin muss ich sagen, dass Reproduktion durchaus eine der größten Umweltsünden darstellt. Bekanntlich bringt der Verzicht auf ein Kind weit mehr als alle anderen individuellen möglichen Beiträge zum Klimaschutz.« (Zeit-Redakteurin Nina Pauer) Verena Brunschweiger vs. Nina Pauer, Sind Kinder Klimakiller?, Deutschlandfunk 10. 1. 2020.

ders tugendhaftes Klimaverhalten propagiert. Tatsächlich nimmt selbst das IPCC an, dass der globale CO_2-Ausstoß nur um 10 Prozent sänke, wenn bis 2050 die gesamte Menschheit vegan lebte (»the most extreme scenario, where no animal products are consumed at all«).[33] Selbst ein fleischverliebtes Land wie die USA könnte seinen CO_2-Austoß nur um 2,6 Prozent senken, wenn es komplett auf Veganismus umstiege.[34] (Verhaltensänderungen solchen Ausmaßes wären nur in einer Diktatur erreichbar.) Weil zudem pflanzliche Ernährung billiger ist als fleischliche und die Menschen das Gesparte erfahrungsgemäß für Konsumgüter ausgeben (»rebound effect«), reduziert sich der geringe CO_2-Vorteil um ein weiteres Viertel. Am klimafreundlichen Image des Veganismus und der Selbstgewissheit seiner Anhänger ändert das nichts. Den Hinweis auf solche Widersprüche und Komplikationen beantworten sie häufig nicht mit Nachdenklichkeit, sondern mit Ärger.[35]

Häretiker

Zu jeder Religion gehören Menschen, die nicht dazugehören dürfen oder wollen, die Irrlehrer oder »Häretiker«. Der Umgang mit ihnen sagt viel über eine Weltanschauung aus. Werden sie diskriminiert und verfolgt, geschnitten und ausgegrenzt, oder werden sie als Andersglaubende im Horizont einer größeren Gemeinsamkeit toleriert, womöglich sogar akzeptiert (als Bürger, Mensch, Gottesgläubige)? Weithin hat sich abseits fundamentalistischer Religionsformen die Einsicht durchgesetzt, dass Weltanschauungen und Religionen nur zusammenleben können, wenn irgendeine Form der Toleranz geübt wird.

Hier zeigt sich, wie tief der fundamentalistische Charakter von Teilen der Klimabewegung reicht. Oft werden die vielen wissenschaftlich und politisch komplizierten Fragen nicht mehr als Gegenstände der Forschung bzw. des de-

---

[33] Im »business-as-usual«-Szenario des IPCC steigen die globalen Emissionen bis 2050 auf 86 Gigatonnen p.a. (davon 11,6 Gt Landwirtschaft). 100 Prozent Veganismus würden hiervon 8,1 Gigatonnen einsparen, vgl. Cheikh Mbow et al., Food Security, Chapter 5, in: IPCC, IPCC Special Report on Land and Climate Change. An IPCC Special Report on climate change, desertification, land degradation, sustainable land management, food security, and greenhouse gas fluxes in terrestrial ecosystems, 2019, 487 (www.ipcc.ch/srccl/).
[34] Mary B. Hall/Robin R. White, Nutritional and Greenhouse Gas Impact of Removing Animals from US Agriculture, Proceedings of the National Academy of Sciences 114, no. 48 (2017) (https://doi.org/10.1073/pnas.1707322114).
[35] Kai Funkschmidt, Erlösung durch Ernährung. Veganismus als Ersatzreligion, Materialdienst der EZW 78 (2015), 403–412; 445–455 (tinyurl.com/zkh2env4; tinyurl.com/wtu4rvdv).

mokratischen Diskurses und Streits betrachtet, in dem sich – das ist menschlich – bisweilen mehrere Seiten im Recht glauben und daher Kompromisse finden müssen. Vielmehr hat sich eine binäre Kodierung etabliert, die nur noch Freund und Feind, Wahr und Falsch kennt. Deutlich wird das z. B. an der Ubiquität des Begriffs »Klimaleugner«. Er ist maximal stigmatisierend gemeint und würde im Fall umgekehrter Anwendung wahrscheinlich als »Hetze« gelten.

Denn zum einen klingt in der »Leugnung« immer die etymologisch verwandte »Lüge« mit. Falschmeinende irren, nur Verbrecher leugnen. Wie ähnliche Komposita (Impfleugner, Coronaleugner, Pandemieleugner) evoziert das Wort immer den »Holocaustleugner«, was bis vor wenigen Jahren der einzige gängige Begriff dieser Art war. Durch diesen Konnex mit dem Holocaust werden Menschen, die über die Klimapolitik der Regierung kritisch denken, maximal diskreditiert und ihnen im Grund jedes Recht auf Teilhabe am Gespräch abgesprochen. Das zerstört Demokratie. Es wäre selbst dann unangemessen, wenn sie nachweislich Unrecht hätten. Ein »Leugner« ist nicht jemand, der anderer Ansicht ist oder sich irrt, sondern jemand, der die Wahrheit kennt (weil diese offen[bart] zutage liegt), und der sie dann aus perverser Lust am Bösen verdreht oder ablehnt. Genau dies war früher die Sicht der Kirche auf Häretiker, und dies erklärt die blutigen Ketzerverfolgungen der Kirchengeschichte.[36] Die Traditionslinie ließe sich bis zum »Gottesleugner« zurückverfolgen, der noch vor wenigen Jahrhunderten ein todeswürdiges Verbrechen beging.

Tatsächlich geht es bei »Klimaleugner« nicht darum, eine angemessene Beschreibung für die »Gegenseite« zu finden, sondern um das Abstecken des Terrains. Es ist bezeichnend, dass völlig verschiedene Positionen als »Klimaleugnung« bezeichnet werden. Das Klima kann man logischerweise nicht leugnen, aber auch den Klimawandel bestreitet so gut wie niemand abseits von Internetforen und politischen Randfiguren. Dass es sich um ein großes Zukunftsproblem handelt, wird ebenfalls kaum bestritten. Häufig wird der Begriff daher auf anderes angewandt: Menschen, die den Klimawandel nicht für das größte Problem halten, dem alles andere unterzuordnen sei, und solche, die ihn für unumkehrbar halten und deshalb vorschlagen, sich darauf *vorzubereiten* statt zu versuchen ihn aufzuhalten. In der »Leugner«-Ecke wiederfinden können sich auch Wissenschaftler und verdiente Umweltaktivisten, die nur die aufgeregte Debattenkultur als unwissenschaftlich kritisieren und auf methodisch bedingte Ungenauigkeiten aller Klimaprognostik, auf wissenschaftlich ungedeckte Übertreibungen in den Katastrophenszenarien hinweisen usw. Die Art, wie heute

---

[36] Erhellend hierzu: Marco Frenschkowski, Neue religiöse Bewegungen und ihre Beurteilung, Materialdienst der EZW 77 (2014), 3–13 (tinyurl.com/mc747w45). Ist das, was beim Thema Holocaust plausibel ist (Kein anständiger Mensch guten Willens und Gewissens kann den Holocaust leugnen.), wirklich auch bei den vielen anderen Fragen, die heute »Leugner« hervorbringen, einleuchtend?

der »Leugner«-Vorwurf benutzt wird, ist so, als subsumierte man Kirchenkritiker wie Franz von Assisi, Martin Luther zusammen mit Ludwig Feuerbach, dem SED-Politbüro und Kaiser Nero unter dem Begriff »Christusleugner«.

In dieser manichäischen Weltsicht eines Kampfes von Hell gegen Dunkel können sogar hochrangige Kirchenvertreter gefangen sein. Bischöfin Margot Käßmann erklärte Greta Thunberg nicht nur zur Stimme Gottes, sondern als Beispiele für Kritiker der Klimapolitik fiel ihr außer Donald Trump und Alexander Gauland nichts ein.[37] Potentielle Ketzer sind auch die, die über religiöse Züge der Klimadebatte nachdenken. 2019 analysierte der Nürnberger Systematiker Ralf Frisch (in einem polemisch grundierten Artikel) den parareligiösen Charakter der Klimabewegung. Er kritisierte die kirchliche Begeisterung dafür und resümierte: »Und so erlaube ich mir an dieser Stelle anzumerken, ob nicht auch und gerade das Feld des Klimaschutzes ein Ort für [...] theologisch gebotene Ideologiekritik sein könnte.«[38] Das brachte dem Verfasser den Vorwurf ein, »keine Berührungsängste mit den Argumenten der rechten Szene« zu haben.[39] Der implizite Rückverweis auf den Holocaust im Wort »Klimaleugner« kann jederzeit explizit werden: Kritiker sind rechtsextrem.

Wissenschaft und Wahrheit

»Follow the science!« ist als Slogan der Klimabewegung allgegenwärtig. Fridays for Future behauptet: »Die Wissenschaft gibt uns Recht: Über 26.000 Wissenschaftler*innen im deutschsprachigen Raum bestätigen, dass unser Anliegen berechtigt ist. [...] Dazu haben wir folgende Forderungen aufgestellt. Wir fordern von der Politik nicht mehr als die Berücksichtigung wissenschaftlicher Fakten.«[40] Nun findet man wissenschaftliche Erkenntnisse nicht durch Abstimmung, und sie hat selten letzte Wahrheiten. Die Klimabewegung behandelt Wissenschaft wie eine lehramtliche Verkündigung, die zu bezweifeln verwerflich ist. Es geht ihr mehr um Gewissheit als um Annäherungen an die Wirklichkeit durch echte Forschung. In diesem Wissenschaftsbegriff gibt es keine fortschreitende Erkenntnis, keine Unklarheiten, keine Interpretationen, keinen möglichen Dissens abseits von Detailfragen mehr. »Die« Wissenschaft steht hier im Singular und auf der eigenen Seite.

---

[37] ELKH, Käßmann predigt (s. Anm. 27).
[38] Ralf Frisch, Zwischen Klimahysterie und Klimahäresie, Zeitzeichen, März 2019 (zeitzeichen.net/node/7759).
[39] NN, Ralf Frisch und sein »Fuck you Greta« Artikel auf Zeitzeichen, Science Surf, 18.8. 2019 (tinyurl.com/45f8h3a3).
[40] https://fridaysforfuture.de/.

Das Wesen der Wissenschaft ist aber gerade nicht die Eindeutigkeit, sondern die diskursive Unsicherheit, die Erkenntnis*suche*, das ständige Neubestimmen dessen, »was der Fall ist«. »Das Spiel der Wissenschaft hat grundsätzlich kein Ende: wer eines Tages beschließt, die wissenschaftlichen Sätze nicht weiter zu überprüfen, der tritt aus dem Spiel aus«, schrieb Karl Popper.[41] Uneindeutigkeit gehört natürlich besonders zu einer so jungen Disziplin wie der Erforschung eines hochkomplexen Systems wie des Klimas und für Vorhersagen umso mehr. Natürlich ist beim Forschungsgegenstand Klima und seine Veränderungen vieles ungenau, umstritten und unsicher.

Das bedeutet nicht, dass es nicht um ein ernsthaftes Problem geht – aber eben um ein Problem, das mit echter Wissenschaft zu bearbeiten ist, nicht mit religiösem Eifer, starken Gefühlen und der Sehnsucht nach letzten Gewissheiten mit Absolutheitsanspruch.

Die Berichte des Weltklimarates IPCC werden oft nicht als wissenschaftliche Analysen gelesen, sondern wie eine Offenbarung. Bei jeder Veröffentlichung eines neuen Berichts reagieren die Medien aufgeregter. Regelmäßig werden aus den Berichten dramatische Warnungen abgeleitet. Liest man die eigentlichen Dokumente, sind diese eher zurückhaltend und abwägend (der Volltext mehr als die Zusammenfassungen, auf die politisch Einfluss genommen wird).[42]

Der Anspruch, man »folge der Wissenschaft« – hier schwingt die »Nachfolge« mit – ist nicht Ausweis wissenschaftlichen Denkens, sondern hat legitimatorische Gründe. Die Bewegung ist sich der Ähnlichkeit ihrer Untergangswarnungen mit den apokalyptischen Ankündigungen früherer Weltendeprediger bewusst. Dagegen wendet man ein, dass es diesmal aber nicht um Gottesbotschaften, sondern um »harte Fakten« gehe, man also kategorial ganz anders, nämlich auf Vernunft, nicht Glaube gegründet sei. Einen vernunftgegründeten Dissens gebe es nicht.

Dass dies ein gewagte Annahme ist, weiß man, wenn man sich je mit naturwissenschaftlichen Methodenfragen und Wissenschaftsgeschichte (z. B. Thomas Kuhn) beschäftigt hat. Klimaforschung ist schwierig. Entsprechend vorsichtig formulieren Wissenschaftler im Gegensatz zu Medien, Aktivisten und Politikern. In den Berichten des IPCC sind sogar die (bereits politisch beeinflussten) Zusammenfassungen abwägender, als die Darstellungen großer Medien ahnen lassen. Statt absoluter Gradangaben und Jahren werden hier in der Regel Bereiche und Schätzungen zusammen mit vielen Unwägbarkeiten genannt.

Dass es der Bewegung mehr um Alarmismus als um Wissenschaft zu tun ist, zeigt auch ihr Umgang mit Wetterkatastrophen. Einzelne Wetterereignisse sind niemals dem Klimawandel zuzuordnen. Das ist banal, weil es für alle statistischen Phänomene gilt. Trotzdem werden die Toten der Ahrflut 2021 und ähnliche Fälle

---

[41] Karl Popper, Objektive Erkenntnis. Ein evolutionärer Entwurf, Hamburg 1973, 26.
[42] Zur politischen Einflussnahme vgl. von Storch, Klimafalle (s. Anm. 2).

regelmäßig für die eigenen politischen Zwecke instrumentalisiert. Aus wissenschaftlicher Sicht ist es außerdem eher unsicher bis zweifelhaft, ob Extremwetterereignisse global überhaupt zugenommen haben. Wahrscheinlicher ist bei langfristiger Betrachtung, dass sie sich in der normalen statistischen Schwankung bewegen. Zugenommen haben die Schäden an Menschen und Gütern – schlicht, weil es von beidem immer mehr gibt und immer häufiger in Risikogebieten gebaut wird.

Anderen gängigen Behauptungen über die gegenwärtige Klimawandelfolgen widerspricht sogar der IPCC, z.B. betreffs vermehrter Bürgerkriege und Fluchtbewegungen nach Naturkatastrophen.[43]

Bisweilen wird für eine »Heuristik der Furcht« (Hans Jonas) zugunsten einer im Zeitalter der Technik vernünftig gebotenen Angst gegen die *reine* Vernunft plädiert (vulgo: Vorsicht ist die Mutter der Porzellankiste).

> »Das starke Insistieren auf der (reinen, emotionslosen!) Vernunft ist mithin äquivalent zum Verhindern von Entscheidungen und zum Absichern von business as usual. Wie der starke Raucher das Rauchen erst in dem Moment aufhört, da der Arzt eine lebensbedrohliche Diagnose stellt, wird die kohlenstoffbasierte Industriegesellschaft erst dann die Energiewende umsetzen, wenn sie weiß, dass ihre Uhr tickt. Angst rüttelt wach, reine Vernunft schläfert ein.«[44]

Inwieweit ist die auch staatlich geförderte Klima-Angst wirklich in diesem Sinne vernunftgegründet? Ist die Forschungslage so eindeutig, dass sie das gegenwärtige Ausmaß und die Einseitigkeit (CO_2-Reduktion als einziges Ziel) des angstgetriebenen Aktivismus rechtfertigt? Ist das Hören der Weltpolitik auf eine 16-Jährige, die verkündet: »I want you to panic«, eine vernunftbasierte Furcht?[45] Auch ein falsches Handeln aufgrund hysterisch-übersteigerter Furcht kann im Zeitalter der Technik katastrophale Folgen haben.

An dieser Stelle können methodische Schwierigkeiten und Unklarheiten der Klimaforschung und die methodische Kritik von Wissenschaftlern an der Überhitzung der öffentlichen Debatte nur angedeutet werden. Jedes nähere Hinsehen verkomplziert die Urteilsbildung. Z.B. ist selbst in IPCC-Berichten offen, wie stark CO_2 überhaupt erwärmend wirkt. Führt eine Verdopplung des atmosphärischen CO_2 zu einem Temperaturanstieg von 1,5°C oder 4,5°C?

---

[43] »There is robust evidence of disasters displacing people worldwide, but limited evidence that climate change or sea level rise is the direct cause.« (Bruce C. Glavovic et al., Sea-Level Rise and Implications for Low-Lying Islands, Coasts and Communities, in: IPCC Special Report on the Ocean and Cryosphere in a Changing Climate, IPCC 2019, 321–445)
[44] Rosenberger, Ratio (s. Anm. 17), 98.
[45] Greta Thunberg, Davos 2019.

Wird CO_2 vielleicht schneller im Meer absorbiert als früher angenommen? Warum hat das Klima schon lange vor der Industrialisierung stark geschwankt? Warum war es phasenweise wärmer, als es uns jetzt bevorsteht? Haben Ozeanzyklen einen Einfluss? Warum verläuft der globale Temperaturanstieg in der Industriezeit nicht kontinuierlich, sondern stagnierte immer wieder jahrzehntelang, zuletzt 1998 bis 2013? Mit welcher Genauigkeit sind die Folgen der Veränderungen überhaupt mit welcher Sicherheit vorhersagbar? Ist es plausibel, dass eine Klimaveränderung ausschließlich negative Folgen haben wird?[46]

Das alles ist kein Grund, das Klima-Problem zu verharmlosen. Problematisch ist, dass wegen des verbreiteten »Es-ist-fünf-vor-zwölf«-Gefühls das Aufwerfen solcher Fragen nicht mehr als eine Frage guter oder schlechter Wissenschaft diskutiert wird, sondern als eine Frage richtiger oder falscher Gesinnung und schnell der Vorwurf der »Klimaleugnung« im Raum steht. Man könnte Unsicherheiten auch so verstehen, dass sie uns vor exzessiven Verurteilungen anderer Menschen, vor fundamentalistischer Gewissheit und vor hektischen Maßnahmen zur »Klimarettung« bewahren.

Klimaaktivisten benutzen »Wissenschaft« oft wie frühere Generationen Gott und Bibel: Zur Legitimierung des eigenen Anliegens durch Berufung auf die anerkannten Autoritäten ihrer Zeit, deren Vielschichtigkeit sie dabei ausblenden. Aber mit dem Begriff allein ist nichts getan. Auch die Rassenlehre, der Marxismus-Leninismus und die Anthroposophie beriefen sich in dieser Weise auf »die Wissenschaft«.

In anderen Zusammenhängen wird Wissenschaft in der Bewegung wegen ihres kühlen Rationalismus und ihres inhärenten Fortschrittsdenkens skeptisch beäugt, ähnlich wie in der Umweltbewegung die Rationalität der Aufklärung mit ihren Technikfolgen. Wenn sich Al Gore in die Seelenlage unserer Nachfahren versetzt, wird die Wissenschaft zum Problem, weil es an der richtigen Haltung fehlt: »You could describe with your scientific instruments – all the digital devices and computers and artificial intelligence and consumer goods – but you couldn't *understand* the *time* you were *living* in?«[47]

Ein weiterer Hinweis, dass es häufig eher um dogmatische Festlegungen als um Erforschung und Bewältigung weltlicher Probleme geht, ist die Debatte um den Begriff »menschengemacht«. Dass die derzeitige Klimaveränderung prak-

---

[46] Cf. Lüning/Vahrenholt, Unerwünschte Wahrheiten (s. Anm. 2), 15–126. Die Autoren beschreiben auch die politische Einflussnahme auf die IPCC-Berichte. Demnach hätten Politiker gegen den Widerstand der beteiligten Forscher erfolgreich dafür gesorgt, dass die seit dem Jahr 2000 ausbleibende Erwärmung und andere Forschungsergebnisse, die nicht ins alarmistische Narrativ passten, im Bericht nicht erwähnt würden. Wiederholt haben Wissenschaftler wegen solcher politischer Interventionen ihre Mitarbeit im IPCC beendet.

[47] Zak, Save the Earth (s. Anm. 25).

tisch völlig menschengemacht sei, ist zur Bekenntnisfrage, zum Schibboleth korrekter Gesinnung geworden. Man kann beiseitelassen, dass diese Frage schwerer zu klären ist als die Tatsache des Klimawandels selbst, weil Kausalitäten von anderen Korrelationen oft schwer zu unterscheiden sind. Fraglich ist eher, warum der Begriff »menschengemacht« so wichtig ist? Um ein Problem zu lösen, *kann* die Kenntnis seines Ursprungs hilfreich sein. Ist das hier der Fall? Angenommen, es stünde unzweifelhaft fest, dass die jetzige Klimaveränderung völlig anthropogen ist. Folgt daraus, dass sie vom Menschen rückgängig gemacht werden kann? Diese Annahme bestimmt die Klimapolitik. Sie entspricht einem Denken in Schuld- und Buße-Kategorien. Was aber, wenn der jetzige klimatische Veränderungsprozess menschengemacht, aber nicht menschenreversibel wäre? Egal ob aus technischen oder aus politischen Gründen (wie erfolgversprechend sind Pläne, die ein gemeinsames Handeln fast aller Nationen voraussetzen?). Bei einer Lawine wäre es unerheblich, ob sie von Menschen oder der Sonne ausgelöst wurde. Entscheidend ist, was man tun kann, um ihren Schaden zu minimieren. Der Versuch, sie rückgängig zu machen, wäre wohl nicht die erste Wahl.

Rückwärtsgewandte Vision des guten Lebens

Viele Religionen haben eine positive Leitvorstellung vom richtigen Leben, von der geheilten Welt. Diese liegt häufig vor der Gegenwart (Eden) oder in einer wiederhergestellten Ordnung in der Zukunft (Neues Jerusalem). Dieser positive Aspekt ist in der Klimabewegung unterentwickelt, wie manche Umweltschützer selbst bemängeln. So kritisieren z. B. Michael Shellenberger und Ted Nordhaus (s. Anm. 2) die ständigen Weltende-Szenarien als kontraproduktiv und plädieren für »politics of possibility ... of hope and renewal« und für technische Lösungen.

Für Klimaaktivisten liegt das Gute in den CO_2-Werten »vorindustrieller« Zeiten. Vager sind die Zukunftsvorhersagen, die als Ziel- und Leitvorstellung dienen, z. B. »net-zero carbondioxide«. Dass mit dem vorindustriellen CO_2-Niveau auch die unschönen Seiten vorindustriellen Lebens wiederkehren könnten, wird ausgeblendet. Vor Augen steht vielmehr eine Welt, wo Menschen in grünen Landschaften nur noch mit erneuerbaren Energien, veganer Bio-Nahrung oder Laborfleisch ohne Tierleid leben. Solche Utopien entbehren obendrein des eschatologischen Vorbehalts, der im Christentum vor totalitären Versuchungen schützt. Sie sind wörtlich gemeint und wollen wörtlich umgesetzt werden.

Die Bezugnahme auf die vorindustrielle Zeit ist ein willkürlich gesetzter Referenzzeitpunkt, Ausdruck der Sehnsucht nach einer »guten alten Zeit«, deren Lebensbedingungen in Wirklichkeit sehr hart waren.

Schluss

Es gibt keine »Zeugen Gretas« und keine »Ökologisch-darwinistische Kirche«. Aber es gibt in diesen Bewegungen deutliche religionsartige Elemente. Sie können Aktivisten lebenssinnstiftende Orientierung geben. Sie nehmen zum Teil explizit spirituelle, religiöse Formen an. Aus christlicher Sicht ist dies problematisch, weil säkulare Heilsversprechen gerne fundamentalistische Gestalt annehmen und problematische Folgen zeitigen:

Rückwärtsgewandtes Naturbild. Die Tatsache natürlicher Klimaschwankungen spielt in der internen Debatte keine Rolle. Der Versuch, den CO_2-Gehalt der Atmosphäre auf »vorindustrielles Niveau zurückzufahren«, bezeugt ein statisches Naturverständnis und ein regressives Sich-Zurückwünschen in den paradiesischen Schoß einer unbefleckten Mutter Natur. Werfen diese Angst vor Veränderung, die Skepsis gegen eine technische Bewältigung der Klimawandelfolgen, das reine Bewahrenwollen nicht die Frage nach dem Umgang mit den anvertrauten Talenten auf? Sollen wir die Welt nur bewahren, nicht gestalten? Steht die Natur still? Soll es der Mensch? In christlicher Perspektive gehören die *creatio continua* und die *conservatio mundi* zusammen.

Reduziertes Gottesbild: Kirchliche Beiträge zur Klimadebatte sprechen gerne von der »Schöpfung als Leihgabe« und dem Menschen als dem zur »Bewahrung der Schöpfung« Beauftragten. Das zugrunde liegende Gottesbild ist eher deistisch als christlich. Es setzt voraus, Gott habe die Schöpfung dem Menschen übergeben und halte sich seitdem aus allem heraus. Gott ist allenfalls noch Motivator für ethisches Handeln.[48]

Absolutheitsanspruch: Der Klimabewegung fehlen oft die Nuancen. Sie kennt keine legitime Kritik, keine Grauzonen, keine Unsicherheit mehr. Die schwarz-weiße Weltsicht, in der es nur noch Wahrheit und Wahrheitsleugner, nur noch Gute und Böse, nur noch Mit-uns oder Gegen-uns gibt, widerspricht dem Kern des Evangeliums, dass wir allzumal Sünder sind und vor dem Stuhl Gottes als Erlöste *nebeneinander* stehen, nicht als Richter über- und untereinander. Das gilt gerade in Krisenzeiten, die für dualistisches Denken und die Suche nach Schuldigen anfällig sind.

Hybris und Verantwortungsverweigerung: Die Klimabewegung überschätzt menschliche Macht. Sollten wirklich Menschen das Klima oder gar die Erde *retten?* Der Mensch will sein wie Gott und maßt sich an, das Weltklima berechnen und formen, die Welt in eine Art Urzustand zurückversetzen zu können. Solche Allmachtsphantasien waren früher religiösem Wahn und Science-Fiction-Filmen vorbehalten. Heute ist »die Erde retten« Politikziel. Dazu Jürgen Renn, Leiter des Max-Planck-Instituts für Geoanthropologie: »Wir sollten nicht erwarten, hoch-

---

[48] Ulrich Körtner, Fünf nach drei. Wie Kirche und Theologie über Klimapolitik streiten, Zeitzeichen 1/2020, 40–42.

komplexe globale Prozesse einfach steuern zu können. Aber wir können auch nicht einfach zurück zur Natur, dazu haben wir die Erde schon zu weit verändert.«[49] Andererseits weist die Bewegung die *menschliche* Verantwortung von sich, mit der Klimaveränderung (menschengemacht oder nicht) auf menschliche, also vorläufige Weise umzugehen. Sie hat nur eine einzige Heilsbotschaft, die Rückkehr vor den Sündenfall der Industrialisierung mittels CO_2-Reduktion. Menschlich wäre es, sich auf die Veränderung vorzubereiten.

Gnadenlosigkeit und Verzweiflung: Wer glaubt, die Welt retten zu *können*, überschätzt sich. Wer glaubt, sie retten zu *müssen*, verzweifelt. Wir haben verinnerlicht, wie viele »Klimasünden« wir begehen. Wir fahren Auto, wir fliegen, essen Fleisch, haben Kinder, duschen zu warm und trinken das Bier zu kalt. Es ist unmöglich, ohne CO_2-Abdruck zu leben. Geboren werden heißt schuldig werden. Theologisch wäre das die »Ursünde«. Sie ist Teil der *conditio humana*. Aber die Klimabewegung kennt keine Gnade, weil niemand sie zusprechen könnte. Der Mensch als Prometheus muss scheitern. Die ständigen Untergangsszenarien mit Handlungsanweisungen ohne Vergebung führen gerade bei jungen Menschen zu Zukunftsangst und Gefühlen der Machtlosigkeit. Die Verzweiflung fördert die Radikalisierung. Ein dramatischer Ausdruck sind öffentliche Suizide als Klimaprotest.[50]

Antidemokratische Tendenzen: Die Moralisierung politischer Sachdebatten gefährdet die freiheitliche Gesellschaft und den sozialen Zusammenhalt. Letztlich zerstört Moralisierung die Sphäre des Politischen. Wer überzeugt ist, den Weltuntergang abwenden zu müssen, kann keinen Kompromiss mehr gutheißen und sieht den demokratisch legitimierten politischen Gegner als Feind, als Hindernis bei der Verwirklichung des *summum bonum*. Extinction-Rebellion-Gründer Roger Hallam sagt offen: »When a society engages in morally corrupt activities, democracy is irrelevant.«[51]

Systemfeindschaft: An vielen Stellen knüpft Klimaaktivismus an ältere linksextreme Diskurse zum totalen »Systemwechsel« an. Die ehemalige Familienministerin Kristina Schröder analysierte zutreffend: »Es wird oft der Klimaschutz nach vorne geschoben, aber im Grunde wird dann die *Systemfrage* gestellt – entweder wird das *marktwirtschaftliche System* in Frage gestellt oder sogar unser *parlamentarisches*, weil alles zu langsam geht.«[52] Das kommt nicht nur von unten. Der jetzige Gesundheitsminister Lauterbach überlegte 2020 öf-

---

[49] Jürgen Renn, »Wir können nicht einfach zurück zur Natur«, Interview Christiane Grefe, Die Zeit, 30.6.2022, 35.
[50] 22.4.2022: Wynn Alan Bruce (Washington) und 14.4.2018: David Buckel (New York).
[51] Hallam, Murder of the World's Children (s. Anm. 20).
[52] Ex-Familienministerin Kristina Schröder, im ARD, 21.12.2019, zitiert aus: www.fr.de/politik/ard-sandra-maischberger-greta-thunberg-fridays-for-future-debatte-kristina-schroeder-zr-13357009.html.

fentlich, die Grundrechtseinschränkungen der Corona-Maßnahmen könne man auch zur »Klimarettung« einsetzen.[53] Das wäre eine potentiell langwierige Grundrechtepause für ein vage definiertes Ziel. Solche Phantasien bei Regierungsmitgliedern kann man durchaus als Gefahr für die Demokratie sehen. Kritiker warnten daher vor einem kommenden »Klima-Lockdown«, was Lauterbachs Worte nahelegen. Der Begriff wurde dennoch umgehend als »rechtsextrem« markiert.[54] Aber in einer Zeit, da große Tageszeitungen titeln: »Mehr Diktatur wagen!« (Süddeutsche Zeitung, 9.2.2021), ist das zu einfach. Es vermeidet den Streit darüber, wie sichergestellt wird, dass drastische Maßnahmen für nur vage oder gar nicht definierte Ziele in eine Demokratie passen. Als in den 1950er bis 70er Jahren Wiederbewaffnung, Notstandsgesetze und Ostpolitik im Raum standen, wurde die junge Demokratie durch den oft sehr hart, auch polemisch geführten Streit gestärkt, nicht durch die Delegitimierung der Kritiker.

Gewaltbereiter Extremismus: Der Klimabewegung droht eine gewaltbereite Radikalisierung. Wer glaubt, den Schlüssel zur Rettung vor dem Weltuntergang zu besitzen, kann Widerspruch kaum ertragen. Wenn dann noch die Zeit knapp zu sein scheint, muss man zur Tat schreiten. Die Klima-Organisation »Ende Gelände« hat 2021 unverblümt einen Übergang zu »militantem« Vorgehen angekündigt, wobei man Sachbeschädigung (»Sabotage«) noch zu den friedlichen Mitteln zählt. Bei der Flut im Ahrtal seien 170 Menschen »aufgrund des Klimawandels« gestorben, darum sei illegaler Widerstand »Notwehr«.

»Es geht ja um das Überleben der Menschheit. Also ist das Attackieren derjenigen, die unser Überleben gefährden, eine Art der Notwehr. Das werden auch die Menschen verstehen. Ich würde aber dringend appellieren, dass sich solche Aktionen nur gegen klare Verursacher:innen und Verantwortliche der Klimakrise richten – und nicht etwa gegen Menschen auf dem Weg zur Arbeit. Über allem steht die Frage: Wie können wir das System verändern? Wir haben gemerkt, dass Demonstrationen und Petitionen nicht reichen.«

Dabei wird taktisch gedacht. Wegen negativer öffentlicher Wirkung, sagt ein Sprecher der Bewegung, »würde ich solche Aktionen auch nie vor der Wahl

---

[53] »Somit benötigen wir Maßnahmen zur Bewältigung des Klimawandels, die analog zu den Einschränkungen der persönlichen Freiheit in der Pandemie-Bekämpfung sind.« Karl Lauterbach: Klimawandel stoppen? Nach den Corona-Erfahrungen bin ich pessimistisch, Die Welt, 27.12.2020 (tinyurl.com/4fwakhce).

[54] Lukasz Janulewicz, Deutschland und der angebliche Klimalockdown. Wie Rechtspopulisten und Verschwörungsgruppen die Pandemie zur Mobilisierung gegen den Klimaschutz nutzen, Berlin u.a. 2022, https://www.isdglobal.org/Deutschland-und-der-angebliche-Klimalockdown.pdf

machen!«[55] Kurz darauf fragte die Tageszeitung taz ohne Ironie unter Anspielung auf die terroristische Rote Armee Fraktion: »Brauchen wir eine grüne RAF?«[56]

In schwierigen Zeiten ist die Sehnsucht nach starken Führungsfiguren und nach Eindeutigkeit hoch. Kinderpropheten spielten dabei in der Geschichte immer wieder eine Rolle. Nicht immer eine glückliche. Die Südafrikanerin Nongqawuse (1841–1898) hatte als 15-Jährige eine Vision. Wenn das Volk der Xhosa in der Kapkolonie auf ihren wichtigsten Besitz, ihre Rinder verzichtete, würden die weißen Siedler verschwinden und die gute alte Zeit wiederkehren. Die Xhosa schlachteten annähernd 400.000 Rinder. Die Weißen blieben, die Xhosa hungerten. Typisch der Nachgang: Die Schuld gab man nicht der Prophetin und der eigenen Verblendung, sondern den *Amagogotya* (den »Geizigen«), der kleinen Zahl Skeptiker, die ihre Rinder nicht geschlachtet hatten. Befreiung von den Weißen brachte 150 Jahre später keine Prophetin, sondern ein beharrlicher und kompromissbereiter Pragmatiker namens Nelson Mandela.

»Wehe dir, Land, dessen König ein Kind ist« (Kohelet 10,16).

---

[55] Alle Zitate: Susanne Schwarz, Zerstören, was zerstört, taz, 30.11.2021 (tinyurl.com/4yv2kp5c). Vgl. auch Erik Peter/Timm Kühn, »Auch Sabotage ist friedlich«, taz, 17.8.2021 (tinyurl.com/dvc74cxk).

[56] Augustin, Grüne RAF (s. Anm. 22).

»Jeder hat seine Wahrheit!« und »Wir alle sollten Haltung zeigen!«
Wie passen erkenntnistheoretischer Relativismus und wertbezogene Absolutheitsansprüche zusammen?

Daniel Straß

Wie kommt ein Erziehungswissenschaftler dazu, auf einer Tagung über Moral und Moralismus einen Zugang über die praktische Philosophie zu wählen? Befassen sich Erziehungswissenschaftler nicht primär mit Fragen von Erziehung, Bildung und Lernen? So richtig diese etwas vergröberte Wahrnehmung ist, so klar ist auch, dass sich pädagogisches Denken für die Legitimierung seiner Ziele mit Lernenden schon immer auf die Philosophie bezogen hat. Als gleichsam kanonisch für diese Referenz kann die Auffassung des pädagogischen »Klassikers« Johann Friedrich Herbart (1746–1841) gelten, der in seiner *Allgemeinen Pädagogik* von 1806 die Aufgabenteilung beschrieb: Die Psychologie liefert der Pädagogik Erkenntnisse zu den Gesetzen ihrer Wirksamkeit, die Ethik klärt darüber auf, welche Ziele pädagogisches Handeln sinnvollerweise verfolgen sollte.[1] Insofern stehen Pädagogen resp. Erziehungswissenschaftler mit mindestens einem Bein in den Diskursen der praktischen Philosophie und damit auch in den Fragen moralischer Wertungen. Der Titel zu diesem Beitrag zeigt nun aber an, dass keine Einlassung zu einer normativen Ethik zu erwarten ist, sondern dass es – zumindest im ersten Schritt – um einen durchaus deskriptiven Zugang geht. Denn die etwas plakativen Redewendungen im Titel dieses Beitrags sind zunächst eine beschreibende Gegenwartsbeobachtung: Wer, in gleichsam sokratischer Manier, bei dem anknüpft, wie er die Menschen im Alltag reden hört, der stellt heute in Debatten mit moralischen Bezugspunkten eine merkwürdige Widersprüchlichkeit fest.

Einerseits heißt es oft: »Jeder hat seine Wahrheit!« Wer so etwas sagt, beabsichtigt meistens, übergriffige moralische Geltungsansprüche zurückzuweisen. Es geht dann um die Standortabhängigkeit des Denkens und die Relativierung universalistischer Normen. Obwohl von »Wahrheit« die Rede ist, bezieht sich die Relativierung meist weniger auf (natur-)wissenschaftliche Wahrheitsansprüche, die grosso modo (noch) nicht als relativ angesehen werden, sondern auf Überzeugungen im moralischen Bereich. Hier habe dann eben jede(r) seine/

---

[1] Vgl. Alfred Schäfer, Einführung in die Erziehungsphilosophie, Weinheim 2005, 14 f.

ihre Wahrheit. Obwohl der propositionale Gehalt dieser Aussage sich mehr auf Themen der Moral und Ethik[2] bezieht, ist auch die Epistemologie berührt. Dies ist deshalb der Fall, weil die vorausgesetzte Unentscheidbarkeit einer Wertungsfrage scheinbar darauf zurückgeführt werden kann, dass in moralischer Hinsicht eine allen Menschen gemeinsame Erkennbarkeit nicht zu erzielen ist. So hat dann also in moralisch strittigen Themen jeder »seine Wahrheit«, wenngleich es sich, wie zuvor erwähnt, eher um eine populäre Redewendung handelt. Sie kann allerdings bei mehr oder minder elaborierten philosophischen Positionen seit der Antike Anleihen nehmen. Die denkerische Linie einer im weiteren Sinne skeptischen bzw. agnostischen Tradition lässt sich von antiken Sophisten wie Protagoras oder Gorgias bis hin zu den Poststrukturalismus- und Postmoderne-Diskursen ab der zweiten Hälfte des 20. Jahrhunderts mitverfolgen.[3] In der Soziologie fand das erkenntnistheoretische Problem einen Spiegel in der Systemtheorie, in der Psychologie und Pädagogik im Konstruktivismus: Jeder hat eben »seine Wahrheit«, was sich sowohl von der Ebene individueller Konstruktionen (in Gehirn und Bewusstsein) aussagen lässt wie auch – demgegenüber nicht ganz spannungsfrei – von kulturellen Räumen mit eigenen symbolischen Ordnungszusammenhängen (Sprachen). Deshalb ist ein archimedischer Punkt, von dem aus die objektivierende Bewertung aller endlichen menschlichen Perspektiven möglich sein könnte, selbst nur eine Konstruktion, eine ziemlich anmaßende dazu. Obwohl all diese elaborierten und vulgären Spielarten einer relativierenden oder relativistischen Erkenntnistheorie und Ethik in den letzten Jahren im Zuge eines »neuen Realismus« etwas in die Defensive gerieten,[4] handelt es sich doch immer noch um einen verbreiteten Allgemeinplatz: Jeder hat seine Wahrheit!

---

[2] Ich folge hier der geläufigen Unterscheidung, nach der sich Moral oder Moralen auf wertende Aussagesysteme in bestimmten sozialen Gebilden beziehen (z. B. in einer konkreten Gesellschaft, in der verschiedene Überzeugungen oder Praxen goutiert oder abgelehnt werden). Der Begriff der Ethik bezeichnet demgegenüber eher die Reflexion auf diese Wertungen. Im Hinblick auf die distanzierende Beobachterperspektive verhalten sich also »moralisch« und »ethisch« ähnlich zueinander wie z. B. »psychisch« und »psychologisch«. Ethik ist als praktische Philosophie also die Wissenschaft von der Moral bzw. den Moralen.

[3] Vgl. u. a. Fernando Suárez Müller, Alte und neue Sophistik 1: Macht und Sprache. Protagoras von Abdera und Michel Foucault im Vergleich, in: Bernd Goebel/ders. (Hrsg.), Kritik der postmodernen Vernunft. Über Derrida, Foucault und andere zeitgenössische Denker, Darmstadt 2007, 49–76, und ders., Alte und Neue Sophistik 2, Sprache und Differenz: Gorgias von Leontinoi und Jacques Derrida im Vergleich, in: Goebel/Müller, Kritik (s. Anm. 3), 97–118.

[4] Vgl. u. a. Paul Boghossian, Angst vor der Wahrheit. Ein Plädoyer gegen Relativismus und Konstruktivismus, Berlin [4]2019, oder auch Markus Gabriel (Hrsg.), Der neue Realismus, Berlin 2014. Wofern sich eine relativistische Erkenntnistheorie in den vergangenen

Dazu gibt es dann aber auch die Gegenrede: »Wir alle sollten Haltung zeigen!« Auch diese Formulierung ist natürlich nur eine Chiffre für ein breiteres Problem, aber sie war in den letzten Jahren ebenfalls oft in verschiedenen gesellschaftspolitischen Debatten zu hören. Ganz gleich, ob es um Fragen sozialer Gerechtigkeit ging, um die wehrhafte Demokratie, um den »Aufstand der Anständigen«, um den »Kampf gegen Rechts« und soziale respektive ökologische Verantwortung: – immer wieder war davon zu hören, dass möglichst alle Bürger »Haltung zeigen« sollten. Wer so spricht, geht natürlich wie selbstverständlich davon aus, dass das, wofür (oder wogegen) »Haltung gezeigt« werden soll, allgemein geteilt wird: Es ist einfach evident, was moralisch richtig ist und wofür man sich deshalb mit Rückgrat einsetzen soll. Das Bemerkenswerte ist nun die Koinzidenz beider Artikulationen. Beide Überzeugungen, die Annahme einer ›gleich gültigen‹ Pluralität der Ethosformen einerseits und eines moralischen Universalismus oder Rigorismus andererseits, kennzeichnen das Gegenwartsdenken in einer unreflektierten Gleichzeitigkeit. Manchmal begegnen sie einem sogar in ein und derselben Person, etwa wenn ein Politiker bestimmte moralische Überzeugungen, die sich aus einer Weltanschauung oder Religion speisen, in das Belieben eines jeden Einzelnen stellt (und in diesem Kontext dann Toleranz für die Unterschiede fordert), um vielleicht noch am gleichen Tag auf der Auslandsreise in China zu erklären, dass die Menschenrechte dann aber doch für alle gelten und keinesfalls in das Belieben kultureller Praxen gestellt sein sollten.

Ich möchte in einem ersten Schritt verschiedene Analysen oder Ansätze der Ursachenforschung für diese merkwürdige Inkonsistenz im Gegenwartsdenken nennen. Eine erste Analyse zu der rätselhaften Koinzidenz von moralischem Relativismus und Rigorismus könnte darin bestehen, dass man darauf verweist, dass es gar nicht »das« Gegenwartsdenken gibt, sondern nur disparate Überzeugungsfragmente, die von verschiedenen Menschen geteilt werden, in verschiedenen Kontexten auftauchen und differente inhaltliche Bezugspunkte haben. Nur mit der soziologischen Konstruktion eines »Jedermanns«, der ja eine typologische Figur ist, wird der Eindruck einer Inkonsistenz erzeugt, denn inkonsistent können nur Argumentationen oder Personen sein, nicht künstliche Kollektivsubjekte, die *in sich* schon eine Pluralität verbergen. Diese Einschätzung würde das Problem also etwas entschärfen, wiewohl elaborierte Beiträge zur Thematik vermuten lassen, dass diese erste Beobachtung womöglich unterkomplex ist.

Das zeigt nämlich eine zweite Analyse, für die hier auf den Philosophen Robert Spaemann zurückgegriffen wird. Er sah in der benannten Koinzidenz ein antinomisches und dialektisches Verhältnis: Die eine Position würde aus der anderen »bewusstlos« hervorgehen.

Jahrzehnten unter dem Begriff des Postmodernismus artikuliert hat, liefert der schon erwähnte Band luzide kritische Würdigungen: Goebel/Müller, Kritik (s. Anm. 3).

»Relativismus in der Ethik und Verabsolutierung des eigenen, d. h. des spätbürgerlichen individualistischen Ethos der westlichen Zivilisation stehen unvermittelt nebeneinander, und jede der beiden Positionen treibt die entgegengesetzte und damit die eigene Aufhebung bewusstlos aus sich hervor. So soll der Relativismus, der Verzicht auf unbedingte Wahrheitsansprüche, Bedingung friedlicher Koexistenz sein. Diese aber soll – in einem ganz und gar nicht hypothetischen Sinn – von allen diskussionslos als höchster Wert anerkannt werden.«[5]

Beide Positionen stehen hier schon in einem inhaltlichen Zusammenhang, wie das Beispiel der friedlichen Koexistenz zeigt, gleichzeitig heben sich beide Positionen wechselseitig auf und können eigentlich nicht (konsistent) zusammen vertreten werden: bewusstlose Dialektik.

Ein dritter Erklärungsversuch könnte in diskurs- oder machtstrategischen Aspekten gesehen werden. Bei dieser Analyse geht es darum, dass die beobachtete Koinzidenz vielleicht nur scheinbar vorliegt, in Wirklichkeit aber eine Seite der Antinomie überwiegt (und insofern auch nicht wirklich von einer unaufhebbaren Dialektik ausgegangen werden kann). So wäre es z. B. möglich, dass ein Sprecher in Diskursen mit moralischen Bezügen tatsächlich bestimmte Werte für universal gültig hält (und andere vielleicht nicht). Seine Kritik richtet sich aber nicht auf die (vermeintlich) mangelhafte inhaltliche Dignität von ihm abgelehnter Überzeugungen, sondern auf das epistemologische Problem von deren Erkennbarkeit oder Gültigkeit. Im Grunde genommen wird hier die inhaltliche Ablehnung eines oder mehrerer bestimmter Werte auf einer erkenntnistheoretischen Ebene verhandelt und somit deren Geltungsanspruch relativiert. Die sich hier schon andeutende diskurs- oder machtstrategische Dimension wird im umgekehrten Fall noch deutlicher: Vielleicht geht unser Sprecher tatsächlich von einer eher relativistischen Ethik aus, sieht aber, dass ihm das Eintreten für *bestimmte* Werte in einer gesellschaftspolitischen Situation mehr nutzt als das Plädoyer für andere. In diesem Falle muss er nicht wirklich von der universalen Geltung eines Wertes überzeugt sein, sondern die Zustimmung hängt von spezifischen Kontexten und machtpolitischen Konstellationen ab, die sich aber auch ändern können. So könnte man aus dem Raum der Pädagogik das Beispiel traditioneller »emanzipatorischer« Erziehungsziele nennen, etwa Mündigkeit, Vernünftigkeit oder auch Kritikfähigkeit (aktiv und passiv). Der bekannte österreichische Erziehungswissenschaftler Wolfgang Brezinka hat in den 1970er Jahren darauf hingewiesen, dass diese und andere Ziele einer »antiautoritären Pädagogik«, wie sie von den verschiedenen Spielarten einer gesellschaftskritischen oder »linken« Pädagogik oder Bildungstheorie vertreten wurden,[6] durch-

---

[5] Robert Spaemann, Daseinsrelativität der Werte. In: Ders., Grenzen. Zur ethischen Dimension des Handelns, Stuttgart ²2002, 145–160, hier: 147.

[6] Vgl. Wolfgang Brezinka, Die Pädagogik der Neuen Linken, München/Basel ⁶1981.

aus nicht als absolute oder überzeitliche Werte verstanden wurden. Sie seien von den verschiedenen linken Bewegungen gefordert worden, um auf die liberale Mehrheitsgesellschaft und ihre Führungsschicht angewendet zu werden. *Diese*(!) sollte »mündig« kritisiert werden. Und auch das nicht für immer: Sobald die »Machtübernahme der neuen Herren« erfolgt sei, ginge es dann nicht mehr um eine antiautoritäre, sondern um eine autoritäre Erziehung, wie auch gegenwärtig schon für die eigene sozialistische Klientel.[7] Plötzlich scheinen also commitment und Loyalität als pädagogische Werte viel wichtiger zu sein. Die Bezugnahme auf Werte oder Ziele wie »Mündigkeit« und »Kritikfähigkeit« spiegelt hier also nicht die wirkliche Überzeugung absoluter Werte, sondern sie hat eine Funktion in der »Überwindung der freiheitlich-demokratischen Gesellschaftsordnung«.[8] Im Anschluss zeigt sich dann eine neue Wertschätzung (differenter) pädagogischer Ziele. Die letztgenannte Beobachtung beschränkt sich nicht auf *eine* Weltanschauung oder politische Orientierung: Verschiedenste Bewegungen können sich im Sinne diskurs- oder machtstrategischer Aspekte auf Werte (oder pädagogische Ziele) beziehen, ohne dass dies etwas darüber sagen muss, für wie verbindlich sie diese Werte letztlich wirklich halten, im Sinne einer paedagogia perennis, einer *immerwährenden* Pädagogik.

Wie auch immer man die benannte Spannung schlussendlich deutet: Es zeigt sich hier in der späten Moderne eine für moralische Orientierungen unbefriedigende Gemengelage, die sich aus jahrzehntelanger konstruktivistischer Relativierung einerseits und dem fast ohnmächtigen Umschlagen in vermeintlich neue absolute Sicherheiten ergibt. Der Vorschlag an dieser Stelle besteht darin, sich neu auf philosophisch durchdachte Positionen zu besinnen, die die legitimen Anliegen hinter beiden Extremen, der Hypermoral und der Relativität moralischer Geltungsansprüche, klug austariert haben. Man könnte diese Bezugnahmen auch so überschreiben: Aristoteles oder: vom Sinn der Tugenden, und: Max Scheler oder: vom Sinn der Werte.

Aristoteles oder: vom Sinn der Tugenden

Das umfangreiche Corpus Aristotelicum kann hier nur im Hinblick auf die Tugendlehre besprochen werden, wie sie sich wesentlich in der *Nikomachischen Ethik* zeigt. Und hier setzt schon das erste Problem ein. Der Begriff der Tugend ist im Alltagsverständnis so missverständlich geworden, dass er, wenn man von fachwissenschaftlichen Debatten absieht, meist nur mit belehrenden Appellen an Verhaltensnormen verbunden wird. Die »Tugend« gehört mit Sicherheit zu den Termini, die Alaisdar MacIntyre als Bestandteil einer vergessenen moralischen

---

[7] Vgl. a.a.O., 181 f.
[8] A.a.O., 181.

Sprache ausgemacht hat: Sie ist ein Begriff, mit dem sich ein gewisses semantisches Netz verbindet, von dessen »Sitz im Leben« und untergründigen Pointen wir in der späten Moderne aber nichts mehr verstehen, weil wir völlig veränderte Denkvoraussetzungen haben.[9] Inwiefern also soll die Tugend(-lehre) ein Beispiel sein für einen Beitrag zur Ethik, der für ein umsichtiges Austarieren zwischen den Grenzen der Erkenntnis einerseits und unverhandelbaren moralischen Mindeststandards andererseits steht?

Zunächst ist die Beobachtung interessant, dass der gelegentlich als Moralist bezeichnete Aristoteles, der vermittelt über den Thomismus bis weit in die Neuzeit Wirksamkeit entfaltete, grundsätzlich mit dialektischem Denken vertraut war. Er war prinzipiell bestrebt, den Erkenntnisprozess durch möglichst differenzierte, sogar gegenteilige Propositionen voranzutreiben. Dafür steht zum Beispiel seine topische Dialektik, wie sie in den beiden Büchern *Politika* VII/VIII vorliegt: Ausgehend von ganz verschiedenen öffentlichkeitswirksamen Meinungen über Erziehung, die in eine rationale Abwägung eingespeist werden, zeigt sich dann die ideale Wesensbestimmung der Erziehung, die zur Tugendhaftigkeit des Menschen führen müsse.[10]

In der gleichen Weise zeigt sich Aristoteles als differenzierender Systematiker in der *Nikomachischen Ethik* bei der Frage nach dem Guten. »Gut« nämlich kann von verschiedenen Kategorien ausgesagt werden, z. B. von Substanzen oder von Qualitäten, oder auch von Quantitäten.[11] Ferner wird die relationale Bedeutung des Guten herausgearbeitet und es wird vermerkt, dass auch dieses (relational) Gute für jedes Wesen »seiner eigentümlichen Natur nach verschieden« sei, wobei sich Aristoteles dann v. a. auf das dem Menschen Gemäße kapriziert.[12] Auch die sog. Mesotes-Lehre, die das gute Handeln in Abstimmung mit der Affektregulation des Menschen gewährleisten will, ist alles andere als statisch. Zwar meint Aristoteles, es gelte mittels Vernunftwille die richtige Mitte zwischen einem Zuviel und einem Zuwenig an Affekten zu finden. So kann die Tugend der Tapferkeit nur zeigen, wer die Mitte findet zwischen einem Zuviel an Furcht, der Gefahr der Feigheit, und einem Zuwenig an Furcht, der Gefahr der Tollkühnheit. Die Mitte zwischen beiden Extremen ist aber keine arithmetische Mitte, sondern etwas, was in konkreten Lebenssituationen nur durch praktische Klugheit gefunden werden kann.

Ohnehin ist die Klugheit deshalb die wichtigste Tugend, weil sie den anderen Tugenden ihre Form gibt, sie also im wörtlichen Sinne »informiert«. Das heißt: Ohne die Information der Klugheit kann eine Gerechtigkeit nicht gerecht, eine

---

[9] Vgl. Alasdair MacIntyre, Der Verlust der Tugend: zur moralischen Krise der Gegenwart. Frankfurt a. M. ^{6}2014, 13–18.

[10] Vgl. Andreas Lischewski, Meilensteine der Pädagogik, Stuttgart 2014, 15–19.

[11] Eth. Nic. 1096 a 23–27.

[12] Eth. Nic. 1178 a 5.

Besonnenheit nicht besonnen und eine Tapferkeit nicht tapfer sein.[13] All diese Aspekte zeigen: Aristoteles ist kein rigoroser Moralist mit dumpfen Absolutheitsansprüchen. Durch seine Einsicht in die Kontextabhängigkeit von Bewertungen wäre er sicherlich bei vielen Beispielen täglichen Handelns für die freie Übertragung der Phrase »Jeder hat seine Wahrheit« zu begeistern gewesen.

Wo er der Ethik dennoch ein verbindliches Gerüst gibt, ist er nicht unreflektiert »normativ«, sondern kommt von sehr rationalen Überlegungen her. Die Tugenden werden nicht apodiktisch gefordert, sondern es wird ein Bedingungszusammenhang erklärt: Der Mensch kann kein glückliches (gelingendes) Leben realisieren, wenn er die Tugenden nicht einübt. Wie kommt man auf eine solche Annahme?

Man müsste wissen, worin das Wesen des Menschen besteht. Wesen ist hier zunächst kein metaphysisch aufgeladener Begriff, sondern die Frage nach dem »Was« eines Dings oder Lebewesens. Die gute Beobachtung der Dinge und Lebewesen gibt dem Empiriker Aristoteles einen Eindruck davon, worauf sie jeweils »aus sind«, was ihr »telos« ist. Beim Menschen ist es ganz offenkundig das gute, glückliche Leben, die εὐδαιμονία (Eudaimonía). Denn kein Mensch will (ernsthaft) nicht glücklich sein, pathologische Merkwürdigkeiten vielleicht einmal ausgeklammert. Allerdings bleibt diese Bestimmung nicht formal, sondern Aristoteles entfaltet auch inhaltliche Argumente, worin das Glück besteht. Es gehört schon die Sinnenlust dazu (oder aktueller formuliert: der Genuss einer bestimmten Lebens*qualität*); ein Leben, das sich dauerhaft in Qualen ereignet, wird wohl kaum als glücklich bezeichnet werden können. Allerdings ist diese lustbezogene Ebene, die den Menschen mit dem Tier verbindet, nicht alles. Robert Spaemann, ein großer Aristoteles-Kenner, hat einmal treffend ausgeführt, dass wir uns schwertun würden, einen bewusstlosen Menschen auf dem Operationstisch als glücklich zu bezeichnen, selbst wenn diesem Menschen in sein Gehirn ein leichter elektrischer Strom geleitet würde, der einen Zustand chronischer Euphorie auslöste.[14] Die tatsächliche Konfrontation mit Wirklichkeit in einem durchschnittlichen Leben würde als befriedigender wahrgenommen, trotz der Tatsache, dass dabei auch wirkliches Leiden vorkommen mag (anders als in der Euphorie-Simulation). Der Mensch »trifft« also sein Wesen nicht unter simulierten Bedingungen, sondern im wirklichen Leben und unter der Bedingung, das ihm Gemäße leben zu können.

Dazu gehört nach Aristoteles vor allem der Vernunftgebrauch, der entweder in der politisch-praktischen Verantwortung des sozialen Lebens der Polis konkret

---

[13] Diese pointierte Zuspitzung ist freilich erst im Rückblick auf die (unter anderem) aristotelisch-thomistische Tradition von Josef Pieper entwickelt worden, vgl. Josef Pieper, Traktat über die Klugheit, in: Berthold Wald (Hrsg.): Josef Pieper – Werke in 8 Bänden, Bd. 4, Hamburg 1996, 1–42.

[14] Vgl. Robert Spaemann, Glück und Wohlwollen. Versuch über Ethik, Stuttgart ⁵2009, 60 f.

wird oder im philosophischen Lebensmodell, welches ganz der Kontemplation und dem Nachdenken gewidmet ist. Alles an dieser Argumentation steht und fällt also mit der Annahme, dass das Wesen des Menschen sich in dessen Vernunftgebrauch realisiert. Auch das ist wiederum nicht zuerst normativ gemeint (im Sinne von: »Denkt doch mal nach!«), sondern beschreibend. Für Aristoteles sind spezifische Gegenstandsklassen durch typische Hervorbringungen gekennzeichnet, durch Werke, von denen abhängt, ob die bezeichneten Dinge sich selbst gerecht werden: Nicht jedes Messer ist gut, sondern es ist ein Messer gut, welches gut schneidet. Denn die spezifische Hervorbringung des Messers ist das Schneiden. Nicht jedes Auge ist gut, sondern jenes, das gut sieht, denn die typische Hervorbringung des Auges ist das Sehen. Jetzt kann man fragen: Was ist die spezifische Hervorbringung des Menschen, die sein Wesen wie nichts anderes bestimmt? Es ist der Vernunftgebrauch, das Denken. Letztlich arbeiten alle Tugenden dieser Bestimmung zu, oder präziser gesagt: Sie werden von ihr durchformt. Glückliche Ausgangsvoraussetzungen wie Gesundheit oder (angeborener) sozialer Status sind zwar auch Konstituenten des glücklichen Lebens, aber die Forschung ist sich nicht ganz sicher, ob sie der Bedeutung der selbst eingeübten klugen Lebensführung bei Aristoteles gleichkommen. Die Religionsphilosophin Hanna-Barbara Gerl-Falkovitz bilanziert:

> »Nach Aristoteles' *Nikomachischer Ethik* strebt alles menschliche Leben in natürlicher Suchbewegung nach Glück. *eudaimonia* ist offenkundiges Ziel; um es freilich zu erreichen, bedarf es höchsten Einsatzes: Alle verfügbaren Mittel und Kräfte sind daraufhin zu schulen. Die Grundkraft heißt *arete*, virtus, Tugend, Tauglichkeit oder wörtlich Mannhaftigkeit, starkes Durchhalten. Tugend ist Weg, Bewegung, Mittel, aber auch selbst Wegzehrung, Energie und eben nicht Selbstzweck. [Zur Erinnerung: Bei Kant war die Tugend unmittelbar zum Glück geworden, war immer schon ihre eigene Erfüllung, der Weg trug sein Angekommensein schon in sich.]«[15]

Mit der Bezugnahme auf Kant deutet sich hier schon ein großes Problem der Tugendlehre in der Moderne an, (mindestens) zwei weitere kamen hinzu. Bevor ich auf Max Scheler zu sprechen komme, der zu Beginn des 20. Jahrhunderts eher von Werten (als von Tugenden) sprach und damit bereits zentrale Probleme der (späten) Moderne berücksichtigen oder antizipieren konnte, möchte ich abschließend zu diesem Gliederungspunkt noch auf drei Probleme eingehen, die der (klassischen) Tugendlehre zunehmend den Boden entzogen haben.

Einerseits brachte die *Reformation* in Teilen eine tugendkritische Tradition hervor. Dies gilt freilich nicht für die Stränge der Reformation, die durch die

---

[15] Hanna-Barbara Gerl-Falkovitz, Spielräume. Zwischen Natur, Kultur und Religion: der Mensch, Dresden 2020, 90 (Hervorhebungen im Original).

»Heiligung« der vormals profanen Alltagsaufgaben[16] jenseits des klösterlichen Lebens auch zu einer speziellen Ausformung der Arbeitsethik (und mit ihr verbundener Sekundärtugenden wie Fleiß und Aufopferungsbereitschaft) in protestantischen Gegenden geführt und auch einen ökonomischen Niederschlag verzeichnet haben.[17] Es gilt auch nicht für jene Teile des Pietismus, die sehr deutlich auf das Erfordernis eines tugendhaften Lebens hingewiesen hatten, etwa auf die hohe praktische Bedeutung der »wahren Gottseligkeit« und »christlichen Klugheit«.[18] Es gilt aber für die theologische Annahme, dass man sich in Teilen des Protestantismus an dem »Werkcharakter« der Tugenden gerieben hat, also daran, dass man »mit Aristoteles« scheinbar ein besserer Mensch werden kann.[19]

Das konnte mindestens eine doppelte Kritik nach sich ziehen. Entweder es gab den Hinweis, dass man die Vollendung der Tugenden gar nicht ohne göttliche Gnade erlangen könne. Oder aber es wurde betont, dass dieses Erlangen selbst gar nicht das Ziel sei, weil vollendet tugendhafte Persönlichkeiten – soteriologisch gesehen – immer noch nicht im Status des Heils sind, solange sie nicht das stellvertretende Erlösungshandeln Jesu Christi angenommen hätten. Die Beargwöhnung der Tugendlehre hing also mit der Vermutung einer Schmälerung der Erlösungstat Christi angesichts der abgrundtief verlorenen conditio humana zusammen. Das hat zu einer im evangelischen Bereich gelegentlich anzutreffenden Skepsis gegenüber dem »vermaledeiten Heiden Aristoteles« (Luther) geführt.[20] Diese müsste freilich nicht sein, weil profunde Denker darauf hinge-

---

[16] Vgl. Albert Reble, Geschichte der Pädagogik, Stuttgart ²⁰2002, 81–94.

[17] Siehe dazu die bekannte These von der protestantischen Arbeitsethik bei Max Weber (vgl. Alfred Schäfer, Einführung [s. Anm. 1], 52) und ihre Kritik bei Rodney Stark (vgl. ders., Christentum und kapitalistische Freiheit, 2019, 11–14). Stark hatte unter Bezug auf jüngere Forschungen aufzeigen können, dass Weber zwar recht gehabt habe mit der Annahme, dass religiöse Vorstellungen beim Aufstieg des Kapitalismus eine wichtige Rolle gespielt haben, dass dies aber nicht erst mit dem Calvinismus begann. Vielmehr sind die entsprechenden Entwicklungen bereits in der »katholischen« Zeit in den Stadtstaaten des italienischen Nordens im 12. Jahrhundert zu beobachten und haben ihre Wurzel in den noch früheren Klostergründen des Frühmittelalters mit ihrer zunehmenden wirtschaftlichen Eigenständigkeit.

[18] Vgl. August Hermann Francke, Kurtzer u. einfältiger Unterricht, wie die Kinder zur wahren Gottseligkeit und christlichen Klugheit anzuführen sind, in: Ders./H. Lorenz (Hrsg.), Pädagogische Schriften, Paderborn ²1964.

[19] Vgl. Myles Frederic Burnyeat: Lernen, ein guter Mensch zu sein. Aristoteles über moralische Bildung und Charakterentwicklung, in: Christof Rapp/Tim Wagner (Hrsg.), Wissen und Bildung in der antiken Philosophie, Stuttgart und Weimar 2006, 215–237.

[20] Die ausführlicheren Schmähungen Luthers gegen Aristoteles, verbunden mit Einordnungsversuchen, finden sich unter der Überschrift »Ungünstige Urtheile Luther's über Aristoteles« dokumentiert bei dem Kieler Theologen Friedrich Nitzsch, Luther und Aristoteles. Festschrift zum vierhundertjährigen Geburtstage Luther's, Kiel 1883. Hier

wiesen haben, dass die Pointe der Gnade überhaupt erst demjenigen zugänglich wird, der einmal versucht hat, den moralischen Anspruch der sittlichen Normen wirklich zu leben.[21] Das heißt: »Gnade« kann nur von Menschen erfahren werden, die sich einmal mit aller Radikalität dem Unterfangen gewidmet haben, wirklich klug, gerecht, maßvoll und tapfer zu leben, um nur noch einmal die vier Tugenden zu nennen, die in der aristotelisch-thomistischen Tradition wertgeschätzt wurden. Wer schon bei vergleichsweise kleinen »Versuchungen« nachgebe, erfahre an und in sich nie, wie die innere Erfahrungswelt bei längerem Durchhalten gewesen wäre und also im Grunde genommen auch nur vergleichsweise wenig von der wirklichen Abgründigkeit im eigenen Ich.[22] Erst diese Erfahrung schafft aber im Grunde genommen den Raum der Gnade.

Im Übrigen scheint die Unterschätzung oder Ignoranz gegenüber den Tugenden in Teilen der evangelischen Tradition daraus zu resultieren, dass man einseitig auf das jenseitige Seelenheil bezogen war und wenig fragte, *wie* erlöste Seelen (diesseitig und jenseitig) wohl beschaffen sind. Versucht man hier eine Beschreibung, wird man wohl auf ähnliche Eigenschaften kommen, wie sie die

---

nur eine literarische Kostprobe, ohne alle einzelnen Belege, die Nitzsch für die Bezeichnungen listet: »Luther – wir können es nicht leugnen – spricht sich sehr oft geradezu verächtlich über den Stagiriten aus. Er nennt ihn gelegentlich nicht nur einen Proteus so voll Hin- und Herredens, dass man schliesslich nicht wisse, was er wolle, hundertmal finsterer, als die Heilige Schrift, einen dreiköpfigen Cerberus oder einen Geryones mit drei Leibern, der die Geister äffe, der nicht, wie Cicero, die Sachen und den rechten Kern lehre, die personificirte Tadelsucht (momus momorum), einmal auch einen Sadducäer, redet nicht nur von seinen Phantasien (somnia), sagt ihm nicht nur nach, dass er weder den Verstand, noch das Gefühl, noch die Sitten bilde, vielmehr lediglich Zänkereien befördere; sondern er bezeichnet ihn auch als einen Sykophanten, als einen Heuchler, den er entlarven wolle, als einen Verleumder, der Anderen Ungereimtes andichte, als einen Schauspieler, der die Kirche zum besten gehabt habe, als einen blinden heidnischen Meister, als einen verdammten, hochmüthigen, schalkhaften Heiden, der die Leute mit seinen falschen Worten narre. [...] Er erscheint ihm als ein ›todter Heide ohne Kunst‹, auf den das Wort des Paulus 1. Tim. VI, 20. 21 passe, als ein müssiger Esel und eine heidnische Bestie. Aber auch diese Prädikate werden hier und da noch überboten. Denn Aristoteles heisst ein durchaus gottloser Mensch, ein Feind Christi, ein lasterhafter Schwindler (nebulo), giftig und tödtlich, ein Verwüster der frommen Lehre. Endlich sagt Luther von ihm, wäre er nicht Fleisch und Blut (caro) gewesen, so würde er behaupten, er sei der Teufel gewesen. Den Engel des Abgrundes und den Verderber (ἀπολλύων nach Apocal. IX, 11) nennt er ihn aber geradezu.« (A. a. O., 3 f.)

[21] Schön hat diesen Gedanken z. B. der britische Literaturwissenschaftler und Philosoph Clive Staples Lewis (1898–1963) entfaltet: »Niemand weiß, wie schlecht er ist, bevor er nicht ernsthaft versucht hat, gut zu sein.« (Ders., Pardon, ich bin Christ. Meine Argumente für den Glauben, Basel [16]2002, 130)

[22] Vgl. Lewis, Pardon (s. Anm. 21), 130 f.

paulinischen Briefe verschiedentlich als Früchte des Geistes oder Aufforderungen zur Lebensführung festhalten. Nichts anderes stellt, wenngleich in systematischer und kondensierter Form, die Redeweise von den Tugenden dar. Ihren Kristallisationspunkt finden sie in der Gestalt Jesu Christi, auf den sich deshalb jahrhundertelang die »imitatio Christi« bezog. Denn Jesus war nach allem, was wir von ihm wissen, genau das, was die Tugendlehre ausdifferenziert im Persönlichkeitsideal zur Entfaltung gebracht hat: klug, gerecht, tapfer, besonnen (maßvoll), wobei gerade in seinem Falle die theologischen Tugenden vorgeschaltet werden können: Liebe, Glaube, Hoffnung. Vielleicht ist das der Grund, warum wichtige evangelische Stimmen des letzten Jahrhunderts Christus als den »einzig gebildeten Menschen« begriffen (Karl Barth) oder in ihm den »wirklich befreite[n] und mitmenschliche[n] Mensch[en]« sahen: »gebildet ist nur der, der wie Jesus ist« (Horst Georg Pöhlmann).[23] Deshalb kann man auch so formulieren: Wo jemand in einem tieferen Sinne um Gerechtigkeit bemüht ist (um nur ein prominentes Beispiel der Tugenden zu nennen), zeigt sich darin etwas Jesusmäßiges. Das in evangelischen Kontexten gelegentlich zu hörende Diktum, dies könne aber alles nur »aus Gnade« geschehen, ist durchaus richtig, jedoch muss man sich auch in und »aus Gnade« *entscheiden*, Schritte zu gehen und konkrete Verhaltensweisen zur Gewohnheit werden zu lassen (Habitualisierung). Nichts anderes glaubt die Tugendlehre, denn Tugenden sind verschiedene Arten des Gutseins (ἀρετή aretḗ), und Charaktertugenden sind durch Gewöhnung erworbene Haltungen. Insofern: Wir alle sollten »Haltung zeigen«.

Neben bestimmten Engführungen reformatorischen Denkens waren dann auch Teile der Aufklärung für den schleichenden Niedergang der Tugenden verantwortlich. Auf den Protestanten Kant wurde bereits eingegangen. Die Annahme, dass die Tugend in sich selbst bereits Pflicht und Aufgabe sei und nichts mit einem jenseits von ihr liegenden Lebensziel zu tun habe, mithin auch ohnehin gegen jede Neigung auszuführen sei, hat weitere Pointen der Tugendlehre zerstört. Denn die traditionelle Annahme ist gewesen, dass wir im Streben des Menschen auf Glückseligkeit bereits eine Gerichtetheit vorfinden, die wir dann unter Einübung der Tugenden auch gegen destruktive Tendenzen des Lebens verteidigen könnten. Tugend heiße, der Natur *richtig* zu folgen, hieß es in diesem Sinne bei dem Aristoteles-Interpreten Thomas von Aquin.[24] Das impliziert den Kunstgriff, dass man der Natur wohl auch *falsch* folgen kann, aber es liegt

---

[23] Vgl. Edeltraud Schiller, Theoriediskussion in der evangelischen Erwachsenenbildung in Deutschland, Frankfurt a. M./Bern, 1984, 300.

[24] »Unde patet quod virtutes perficiunt nos ad prosequendum debito modo inclinationes naturales, quae pertinent ad ius naturale.« (Ders., *Summa Theologiae* II, II, 108, 2) Hanna-Barbara Gerl-Falkovitz übersetzt: »Die Tugend vervollkommnet uns dahin, unserer natürlichen Neigung zu *folgen*, auf die rechte Weise.« (Dies., Vorwort, in: Josef Pieper, Über die Liebe. München 2014, 26; Hervorhebung im Original)

hier zumindest die Annahme zugrunde, dass im Menschen eine Richtung auf Glückseligkeit angelegt ist. Kant kann das nicht sehen und etabliert seine Pflichtethik gegen alle Neigungen der primär egoistisch gedachten menschlichen Natur. Der gute Wille muss in Selbstgesetzgebung (Autonomie) gegen Natur und Neigungen in Stellung gebracht werden. Das zerstört die Tugenden zwar nicht völlig, macht sie aber zu voluntaristischen und letztlich grund-losen Akten, die im Zuge »preußischer« Disziplin ihre Kopplung an Sinn und Richtung des Menschseins zu verlieren drohen.

Diese Tendenz vollendet dann auch der dritte »Todesstoß« für die Tugenden – im Postmodernismus. Gewisse Strömungen eines spätmodernen Säkularismus können mit den Tugenden nichts anfangen, weil klar(er) wurde, dass man im Grunde genommen das Wesen des Menschen kennen müsste, um zu wissen, was diesem »objektiv« entspricht. Dass wir aber dieses Wesen nur kennen können, wenn wir einen Schöpfer voraussetzen, der diesem Wesen seine Bestimmung gegeben haben müsste, ist ein Problem, das bei Aristoteles vielleicht implizit enthalten ist, aber nicht zur vollen Thematisierung kam. In der späten Moderne bricht es durch, wirkmächtig zuerst bei Nietzsche, wobei ich hier exemplarisch auf Sartre verweise. Für Letzteren ergibt sich der Niedergang jener Frage nach dem »Wesen« der Dinge und des Menschen, eben des Essenzialismus, genau daraus, dass wir einen Schöpfer bräuchten, um eine Wesensbestimmung formulieren zu können. Da es diesen aber nicht gebe (so Sartre), können wir auch kein Wesen des Menschen benennen und die Philosophie besinnt sich deshalb auf den Existenzialismus. Alle Bestimmungen von einem Wesen des Menschen jenseits dessen, wozu sich dieser selbst definiert und wohin er sich »frei« entwirft, werden obsolet. Die Transzendenz wird in eine radikal selbst zu begründende Existenz hineingebogen, die sich ihr fragiles Zelt über dem Nichts errichtet (Heidegger).

Um am Ende der Beschäftigung mit Aristoteles nicht missverstanden zu werden: Es ging nicht um eine pauschale Lobpreisung auf den antiken Klassiker. Zu Recht wird heute vieles kritisiert, wozu nicht zuletzt die Frage gehört, was eigentlich mit Menschen ist, die (zeitweise oder dauerhaft) nicht von dem zentralen Merkmal und der vorzüglichen Möglichkeit des Menschseins, dem Denken, Gebrauch machen können. Die Idee entwickelter Vollformen (Substanzen), die das ihnen innewohnende *telos* entwickeln, wofür beim Homo sapiens die Zuhilfenahme der Tugenden im Sinne gelungener Persönlichkeitsentwicklung erforderlich ist, trifft bei empirischen Menschen meist nur auf einen defizitären Modus (aus Gründen von Alter, Behinderung, Krankheit oder ganz allgemein gesprochen: Begrenzungen). Begrenzungen definieren im aristotelischen Hylemorphismus zwar das Wesen eines Dings – die (begrenzende) Form gibt einer Sache ihre Identität und Möglichkeiten (!) –, aber sie zeigen zugleich, dass wir nicht die beste Möglichkeit unserer selbst *sind*. Gleichzeitig kann die endlose Suche nach dem telos auch zur Abwertung von ebendiesen »normalen« defizitären Formen führen. Ganz zu schweigen von der Tatsache, dass auch die Reflexionen zum glücklichen Leben vornehmlich vom Standpunkt freier Bürger der Polis stattfinden, was z. B. Sklaven oder auch Frauen nicht in die Überlegungen einbezieht oder von vornherein über deren (unmögliches) Lebensglück entschieden hat.

Es ging also nicht um eine undifferenzierte Würdigung des aristotelischen Menschenbildes im Ganzen, sondern um die Vergegenwärtigung bestimmter Aspekte der Tugendlehre, die für die abendländische Denktradition wirkmächtig wurden. Zu deren Stärken gehört vorrangig das kluge Austarieren zwischen individueller Freiheit und der (Selbst-)Verpflichtung auf Handlungsweisen, deren Vorhandensein oder Fehlen (objektiv) über das Ge- oder Misslingen des (auch kollektiven) Lebens zu entscheiden beansprucht. Nach wie vor kann die freiwillige Bindung an Klugheit, Gerechtigkeit, Tapferkeit und Maß (Besonnenheit) nicht ungestraft dem Relativismus übergeben werden. Möglich ist das natürlich schon, aber um einen Preis, den man im eigenen und gesellschaftlichen Leben spüren wird. Die verstärkte Berücksichtigung der Klugheit (sowie überhaupt der dianoetischen gegenüber den ethischen Tugenden) würde überdies gerade auch in aktuellen gesellschaftspolitischen Debatten helfen, vorschnelle Moralisierungen oder gar Dämonisierungen abgelehnter Positionen zu verhindern. Vieles wurde in den vergangenen Jahren recht schnell als »böse« kategorisiert, was nicht einer bestimmten Mehrheitsmeinung entsprach. Die Frage, ob die entsprechende Meinung »klug«, d. h. rational einsichtig ist, prozessiert demgegenüber mehr auf der Erkenntnisebene und nimmt vorschnelle Polarisierungen heraus.

Max Scheler oder – vom Sinn der Werte

Wie schon angedeutet gerieten die Tugenden in die Krise, wofür einerseits ein bestimmtes (oben nur angedeutetes) Missverständnis der Reformation und andererseits der spätmoderne Säkularismus maßgeblich verantwortlich zeichnen. Allerdings zeigte sich schon im späten 19., dann aber vor allem im 20. Jahrhundert, dass der Wegfall der Tugenden scheinbar begrifflich kompensiert werden musste. Tugenden sind Arten und Weisen des Gutseins, weswegen im Griechischen auch der Tugendbegriff in einem sprachlichen Zusammenhang mit dem Adjektiv »gut« (ἀγαθός *agathós*) steht.[25] Wenn aber das Gute nichts mehr

---

[25] »Die Bedeutung des Wortes [= Tugend, areté, D. S.], dessen Etymologie ungeklärt ist, bestimmt sich durch seine Funktion als abstraktes Nomen zum logisch attributiv verwandten ἀγαθός (gut). Ἀρετή steht zum attributiven ἀγαθός, wie z. B. Δικαιοσύνη (Gerechtigkeit) zu δίκαιος (gerecht) und σοφία (Weisheit) zu σοφός (weise).« (Peter Stemmer, Art. Tugend, in: HWPh 10, 2019, 1532–1548, hier: 1532)

ist, was aus den Strukturen der Wirklichkeit erkannt werden kann und worauf alles Lebendige aus ist, geraten auch die empirischen Moralen von Gesellschaften in die Krise. Es braucht dann nachträgliche Sicherungen, die in der metaphysischen und moralischen Unsicherheit neuen Halt versprechen. Die Werte sind ein solcher Begriff, dessen bloßes Aufkommen (!) im 19. Jahrhundert vor diesem Hintergrund gedeutet werden kann.

> »Der Wertbegriff kompensiert sozusagen die Wertentleerung des Seinsbegriffs, indem das wieder hinzugefügt wird, was zuvor weggenommen wurde. Man kann hier aber auch positiv von einem Ausdifferenzierungsprozess sprechen, in dem Strukturen des Guten entdeckt werden, die zuvor verborgen waren.«[26]

Der Soziologe Max Scheler war nun ein Denker, der zu der erwähnten Kompensation und Ausdifferenzierung beigetragen hat. Auch er ist allerdings ein Sonderling in seiner Zunft der Soziologen,[27] mehr noch umstritten als Aristoteles bei den Philosophen. Gleichwohl gilt auch hier die These, dass an der Art und Weise, wie er die Werte verstanden hat, sich ähnlich hilfreich wie in Aristoteles' Tugendlehre die Relationierung der (legitimen) Pluralität von Ethosformen mit dem moralischen Universalismus gestalten lässt. Inwiefern kann das jetzt konkretisiert werden? Diese Klärung scheint nötig zu sein, denn auch hier tut sich ja das Problem auf, dass vielleicht gegenwärtig viele von Werten reden mögen (zumindest eher als von Tugenden), diese dann aber andererseits häufig (kultur-) relativistisch ausgelegt werden: Jede(r) hat eben seine/ihre Werte, womit die Spannung in unserer genannten Dialektik einseitig zur Seite der unhintergehbaren Pluralität der Ethosformen aufgelöst würde – und das ohne die Möglichkeit der Wahrheitsfähigkeit des Menschen und einer letzten Entscheidbarkeit in ethischen Fragen. Inwiefern also gelingt Scheler die gesuchte Integration?

Scheler hat zwischen 1913 und 1916 seine *Materiale Wertethik* vorgelegt in dem Werk: *Der Formalismus in der Ethik und die materiale Wertethik*.[28] Obwohl diese »streng wissenschaftliche[] und positive[] Grundlegung der philosophischen Ethik«[29] ihrem Selbstverständnis nach einem »strengen ethischen Absolutismus und Objektivismus«[30] verpflichtet ist, was noch mitzuvollziehen sein

---

[26] Robert Spaemann: Europa – Wertegemeinschaft oder Rechtsordnung?, in: Transit: Europäische Revue, o. A. 2001, 182, https://www.iwm.at/sites/default/files/2021-01/Transit_21_Spaemann.pdf (29.8.2022).
[27] Vgl. zu dieser Einschätzung Hans Joas, Die Entstehung der Werte, Frankfurt a. M. ^{9}2019, 134 f.
[28] Im Folgenden wird zitiert aus der Auflage von 1954: Max Scheler, Der Formalismus in der Ethik und die materiale Wertethik, Bern ^{4}1954.
[29] A.a.O., 9.
[30] A.a.O., 14.

wird, fällt auf, dass Scheler durchaus die »historische Relativität der ethischen Wertschätzungen« gekannt und ausdrücklich auf sie reflektiert hat.[31] Er bedauert bei dem von ihm hochgeschätzten philosophischen Zeitgenossen Nicolai Hartmann, dass dieser ihn so verstanden habe, dass das Formalismus-Buch Aristoteles neu erschließen könne.[32] Dem sei nicht so, denn Aristoteles vertrete eine reine Güterethik, die mit der Moderne unwiederbringlich verloren sei. Er, Scheler, wolle auch nicht hinter Kant zurück, sondern über ihn hinaus.[33] Scheler will auch grundsätzlich nicht mit einem »den lebendigen Geist erstarrenden Objektivismus und Ontologismus«[34] in Verbindung gebracht werden, den er bei Hartmann sieht.

Andererseits versteht er sich ausdrücklich auch nicht als ethischer Relativist. Er hält sogar die Ignoranz gegenüber der empirischen und historischen Vielfalt der sittlichen Wertschätzungen und »Variationen des Ethos« für eine Folge (!) des ethischen Relativismus. Das ist so gemeint, dass der Relativist ja keine absoluten Werte anerkennt. Er sieht nur die verschiedenen Wertschätzungen der Zeiten und Kulturen, wobei er sich häufig dem eigenen Ethos am nächsten fühlt. So nennt Scheler als Beispiel seiner Zeit die Wertschätzung von »allgemeiner Wohlfahrt«, Kulturentwicklung und »Lebensmaximum«. Vielleicht könnten wir aus heutiger Sicht noch die Wertschätzung der Menschenrechte ergänzen. Dieser eigene Zugang kommt den Menschen plausibel vor und es fehlt etwas die Fantasie, »durch das Verstehen der Typen des Ethos anderer Zeiten und Völker auch seine eigene Begrenztheit in der Erfahrung des objektiven Wertreiches indirekt zu erweitern«.[35] Dann liegt es näher, in anderen Ethosformen schon Ansätze oder Hinführungen zum Eigenen zu sehen, oder das Fremde am Eigenen zu messen, womit der Relativist paradoxerweise in die Gefahr der Verabsolutierung des Eigenen gerät. Scheler kritisiert also am ethischen Relativismus, dass dieser die Unterschiede in den Ethosformen *nicht radikal genug* wahrnimmt, sondern am Ende noch eine untergründige Einheit unterstellt, nach der es allen (mehr oder weniger explizit) um das geht, was *wir* gerade wichtig finden. Er ist also für das entschiedene Ernstnehmen und Nachvollziehen der differenten sittlichen Wertschätzungen.

Allerdings zeigt das obere Zitat zum »objektiven Wertreich« bereits, dass Scheler Wertschätzungen von Werten unterscheidet. Und hier ist der Einsatzpunkt, an dem sich die meisten Autoren der (späten) Moderne schwertun. Während nämlich die Wertschätzungen in ethischer Hinsicht sehr verschieden sein und sich auch wandeln können, weil die »Struktur des Vorziehens von

---

[31] Vgl. a. a. O., 309 ff.
[32] Vgl. a. a. O., 20.
[33] Vgl. ebd.
[34] A. a. O., 21.
[35] A. a. O., 318.

Werten« je nach Kultur und Kontext different sein kann, stellen die Werte selbst absolute und unverrückbare Bezugspunkte dar. Letztere selbst sind nicht »konstruiert«, was impliziert, dass sie auch nicht entstehen und vergehen. »Werte können nicht geschaffen und vernichtet werden. Sie bestehen unabhängig von aller Organisation bestimmter Geisteswesen.«[36] Um die Einsicht in diesen bis heute im Scheler'schen Werk nicht leicht verständlichen Gedanken hat sich wiederum Robert Spaemann verdient gemacht:

> »Was Scheler [...] gezeigt hat, ist, dass so etwas wie Werte aus menschlichen Wertschätzungen so wenig ableitbar sind wie Zahlen aus dem Rechnen. Zahlen liegen dem Rechnen zugrunde, nicht umgekehrt. Werte den Wertschätzungen, und nicht umgekehrt. Das kann man sich am besten deutlich machen am Beispiel des Wertes des Nützlichen. Das Nützliche ist ein Wert, der relativ ist in Bezug auf alles Lebendige. Es gibt das, was dem Lebendigen zuträglich ist, wodurch es gefördert und erhalten wird, und es gibt das Schädliche als dessen Gegenteil. Nun liegt auf der Hand, dass es keinesfalls Sache irgendwelcher subjektiver Wertungen ist, was einem Menschen nützt und was ihm schadet. Das Nützliche entspringt nicht irgendeiner Wertung, sondern die Wertung bzw. Wertschätzung bezieht sich auf das Nützliche und muss ihm bei Strafe des Untergangs entsprechen. Wer etwas Schädliches für nützlich hält oder wer glaubt, den Wert des Nützlichen überhaupt leugnen zu können, der wird die Wertstruktur schmerzlich zu fühlen bekommen.«[37]

Es wird deutlich, dass Werte für Scheler »materiale Qualitäten« sind, also »echte Gegenstände«. Man darf sie sich aber nicht als von »Wesen und möglichem Vollzug lebendiger geistiger Akte ›unabhängig‹ bestehen sollenden Ideen- und Werthimmel«[38] vorstellen. Als »Gegenstände intentionaler Akte« sind sie zwar auf geistige Operationen bezogen, aber sie entstehen nicht erst durch subjektive oder kulturelle Konstruktionsleistungen. Sie sind ursprüngliche Phänomene, auf die wir durch eine besondere Art der Erfahrung, die »phänomenologische Erfahrung«, immer schon bezogen sind.

Man kann sich diesen Gedanken vielleicht im freien Anschluss an Scheler so vergegenwärtigen: Der Betrachter einer schönen Landschaft – oder eines anderen »Gutes« (Werte werden von Scheler von Gütern unterschieden, an denen sie »gefühlt« werden können) – »konstruiert« im Moment des Sehens nicht die Schönheit, sondern er muss schon eine »Ahnung« der Schönheit haben, um diese konkrete Landschaft *als* schön wahrnehmen zu können. In Schelers phänomenologischer Sprache heißt das: Werte sind uns »a priori«, d.h. vor oder unabhängig von aller Erfahrung, gegeben. Der Modus, in dem Personen auf das »Reich der Werte« bezogen sind, ist das Gefühl, weswegen Scheler auch vom

---

[36] Scheler, Formalismus (s. Anm. 28), 275.
[37] Spaemann, Europa (s. Anm. 26), 181 f.
[38] Scheler, Formalismus (s. Anm 28), 21.

Wertfühlen spricht: Werte sind »unreduzierbare Grundphänomene der fühlenden Anschauung«.[39]

Bei der Bedeutung des Gefühls bezüglich der Erfassung der Werte folgen Scheler auch jüngere soziologische Ansätze. Hans Joas etwa teilt zwar nicht alle Prämissen Schelers, sieht ihn aber dennoch als genialen Denker mit »schlagender Originalität«.[40] Joas distanziert sich von der Vorstellung eines Wertreiches, da dies unterstelle, dass Werte unabänderlich gegeben sind, während man demgegenüber beobachten könne, dass sie entstehen (und damit auch vergehen) können. Letzteres wurde z. B. bei der für Joas' Forschungsarbeit besonders interessanten »Entdeckung« der Personwerte ab dem 18. Jahrhundert deutlich, die zu den Menschenrechten führten, und in früheren Jahrhunderten nicht in der gleichen Weise wertgeschätzt wurden. Joas stimmt aber mit Scheler überein, dass auch bei solchen »Entdeckungen« das Wertfühlen eine zentrale Rolle spielt: Man kommt nicht auf Basis eines rationalen Diskurses zur Erkenntnis, dass die menschliche Person von einer eigentümlichen »Heiligkeit« ist, die durch Menschenrechte zu schützen ist, sondern auf Basis von Erfahrungen, die wesentlich über das Gefühl prozessieren. Sie erzeugen subjektive Evidenz und affektive Intensität. So können sowohl enthusiasmierende wie traumatisierende kollektive Erfahrungen starke Wertbindungen auslösen, wie es sich gerade auch bei der Institutionalisierung und Kodifizierung der Menschenrechte zeigte, die auf traumatische Erfahrungen von Verstößen gegen fundamentale Werte (in der Sklaverei oder später im Holocaust) folgten. Diese (neue) Wertschätzung unbedingter Werte ist bei Joas (wie schon bei Scheler) nicht einfach eine kontingente Konstruktion. Werte haben vielmehr etwas Zwingendes, was gleichsam zur Anerkennung nötigt: »Wenn wir einen Wert erfahren, erfahren wir ihn eben als an sich gültig, und wenn wir ihn als an sich gültig erfahren, dann sind wir zu seiner Anerkennung verpflichtet.«[41] Dieser zwingende Charakter der Werte verträgt sich im Grunde genommen nicht mit der postmodernen sozial-konstruktivistischen Idee subjektiver oder kollektiver *Erfindungen*.

Scheler selbst ging aber noch einen Schritt weiter. Die konkreten Ethosformen stellen jede für sich nur einen sehr begrenzten Ausschnitt dar im Zugriff auf ein tendenziell unendlich weites Reich der Werte. Das soll bedeuten: Jede Wertschätzung kann die Ahnung eines Wertes ausdrücken, wobei bei einem Vergleich der Ethosformen immer mehr Werte explizit formuliert werden könnten. Die Unfähigkeit, sie wahrzunehmen, sagt wiederum weniger über die Werte, als über den Wahrnehmenden. Das betrifft auch die Urteilskompetenz

---

[39] A.a.O., 278.
[40] Joas, Werte (s. Anm. 27), 135.
[41] Hans Joas, Die Sakralität der Person. Eine neue Genealogie der Menschenrechte, Berlin ³2012, 192.

über die Rangordnung unter den Werten. So setzt Spaemann das oben begonnene Zitat über den Wert der Nützlichkeit wie folgt fort:

> »Wer aber das Nützliche höher schätzt als den Wert der Schönheit, des Mutes oder der aufopfernden Liebe einer Mutter, der ist aus irgendeinem Grund blind gegen bestimmte objektive Qualitäten. Er kennt sie einfach nicht. So wenig jemand die Zahl 230 kennt, wenn er behauptet, diese Zahl sei kleiner als die Zahl 124.«[42]

Was hier also in Ergänzung zur »Objektivität« der Werte noch gesagt ist, ist eine unter ihnen bestehende Rangordnung. Personen können durch besondere Akte der Werterkenntnis nicht nur allgemein Werte fühlen, sondern sie zeigen im »Vorziehen«, dass sie »höhere« und »niedrigere« Werte unterscheiden. Wiederum handelt es sich nicht um eine nachträgliche (logische) Operation, wie beim bewussten Wählen, sondern um eine apriorische Gegebenheit: Sie drückt eine »objektive« Rangordnung unter den Werten aus, die zueinander höher oder niedriger sind, wobei dieser Sachverhalt selbst »nur ›im‹ Vorziehen und Nachsetzen erfassbar wird«.[43]

Scheler entfaltet mehrere Merkmale der Rangordnung, die im Vorziehen zur Gegebenheit kommen, auf die hier nicht in Gänze eingegangen werden kann. Beispielhaft sei hier nur darauf hingewiesen, dass jener Wert, der einen anderen Wert fundiert, »höher« sei als der Wert, den er fundiert.

> »So ist der Wert des Nützlichen fundiert in dem Wert des Angenehmen. Denn das Nützliche ist der Wert dessen, was sich – ohne Schluss – schon in der unmittelbaren Anschauung als Mittel zu einem Angenehmen ausweist, z. B. der Werkzeuge«.[44]

Mit anderen Worten: Der Wert des Angenehmen »fundiert« den Wert des Nützlichen (= ist ihm in der Rangordnung also übergeordnet), weil das Nützliche für uns nur insofern von Wert ist, als wir das Angenehme wertschätzen.

> »Ohne das Angenehme gäbe es kein ›Nützliches‹. Andererseits ist der Wert des Angenehmen – ich meine das Angenehme als Wert – wesensgesetzlich fundiert in einem vitalen Wert, z. B. der Gesundheit; das Fühlen eines Angenehmen [resp. seines Wertes] aber im Werte des Fühlens des Lebewesens [z. B. seiner Frische, Kraft], das diesen Wert des Angenehmen durch sein sinnliches Fühlen erfasst.«[45]

---

[42] Spaemann, Europa (s. Anm. 26), 182.
[43] Scheler, Formalismus (s. Anm. 28), 109.
[44] A. a. O., 114 f.
[45] A. a. O., 115.

Bemerkenswert ist hier en passant auch noch, dass der »Gesundheit« als »vitalem Wert« eher eine untere bis mittlere Stellung in der Rangordnung der Werte zukommt. Das wirkt in einem Zeitalter des naturwissenschaftlich-technizistischen Welt- und Menschenbildes mit seinen (vermeintlichen) Garantien der Gesundheit befremdlich und evoziert spontan die Frage: Wieso ist die Gesundheit nicht der oberste Wert, wo doch die Abwesenheit von Gesundheit (in maximaler Abwesenheit: im Tod) auch alles Nachdenken über Werte verunmöglicht? Diese Beobachtung ist zweifelsohne richtig, aber sie verkennt, was Scheler in der materialen Wertethik zeigen wollte.

Freilich muss man leben, um wertschätzen zu können. Aber es kann sein, dass man wertschätzt, dass jemand sein Leben zur Disposition gestellt hat (etwa um andere zu retten). Wo so eine Handlung vorliegt, etwa bei Katastropheneinsätzen, die Hilfskräfte unter Einsatz ihres Lebens in die Gefahrenzone führt, erkennen wir, dass der Vorzug dieser Handlung (gegenüber der Rettung des eigenen Lebens) zwar nicht pauschal verlangt werden kann, aber einen unschätzbar hohen Wert darstellt.[46] Es geht also um die den Werten adäquate Wertschätzung und hier zeigt das Beispiel der aufopferungsvollen Rettungskraft, dass sie dem vitalen Wert des eigenen (physischen) Lebens eine nicht so hohe Wertschätzung beimisst, wie der Verantwortungsübernahme oder sogar (vielleicht) in einigen Fällen der »Liebe« gegenüber den Opfern (wiewohl dieser Begriff noch mehr erklärt werden muss). Diese zwei Werte verweisen aber schon auf *geistige* Bezüge (Verantwortungsübernahme und Liebe), und sie prozessieren auf höherer Ebene als die rein vitalen Werte. Noch pointierter heruntergebrochen: Dass jemand gleichmäßig atmet und über eine solide Herzfrequenz verfügt, mag (für ihn) hilfreich sein, es ist aber noch kein Grund der Bewunderung. Wenn er diese physischen Voraussetzungen aber für ein verantwortungsvolles und zugewandtes Leben einsetzt, nötigt uns das eine höhere Wertschätzung ab. Das ist der Grund, warum Scheler meint, dass den geistigen Werten der Vorzug vor den vitalen gehört.

So lassen sich ganze Qualitätenreihen von Werten in ihrer Rangordnung phänomenologisch beschreiben, wobei nicht von ungefähr die sogenannten Personwerte als die höchsten identifiziert werden können: »Die Werte des Edlen und Gemeinen sind eine höhere Wertreihe als die des Angenehmen und Unangenehmen, die geistigen Werte eine höhere Wertreihe als die vitalen Werte, die

---

[46] Es geht hier nicht um die praktische Erwägung, dass in manchen Konstellationen die Rettung der eigenen Person vorgezogen werden muss, um weitere Personen retten zu können. Das obere Beispiel will nicht alle involvierten Fragen berücksichtigen oder erklären, sondern den *möglichen* Fall deuten, dass sich jemand für einen oder mehrere Menschen »opfert«. In diesem Verhalten kann man einen hohen Wert sehen, was selbst dann noch gilt, wenn die nachträgliche professionelle Analyse zeigt, dass strategische Fragen der Rettung verabsäumt wurden.

Werte des Heiligen eine höhere Wertreihe als die geistigen Werte.«[47] Insofern ist die paradigmatische Ausführung von Spaemann zur »aufopfernden Liebe einer Mutter« tatsächlich sehr anschaulich für das Phänomen Liebe insgesamt, wenngleich gesellschaftlich gegenwärtig viele mit diesem schönen Beispiel nicht mehr viel anfangen können. Sicherlich ist die Investition in Kinder nicht immer »angenehm«, was den Wert des Angenehmen selbst nicht grundsätzlich bestreitet. Es kann aber wertfühlend erschlossen werden, dass ein höherer Wert vorliegt, wenn man sich investiert, obwohl es (manchmal) »unbequem« ist.

Noch einmal: Diese Beobachtung impliziert nicht, dass alle Menschen entsprechend der »Liebe« handeln, aber es ist über die Akte des Wertfühlens potentiell allen Menschen zugänglich (Wahrnehmungsprobleme, wie die oben genannten, einmal ausgeklammert), dass es ein höherer Wert *ist*, dieses zu tun, als immer nur dem Angenehmen zu folgen. Erkennt man die werttheoretisch hohe Bedeutung der Liebe, wird auch klar, inwiefern diese die »unentscheidbaren« Wertkonflikte auf den unteren Ebenen »aufheben« kann (hier durchaus im doppelten Hegel'schen Sinne von Aufhebung gemeint). Allerdings ist der Liebesbegriff aufgrund seiner vielseitigen Geschichte seit der Antike so überladen mit Bedeutungen (und Missverständnissen), dass äußert belesene Philosophen wie Theodor Ballauff im letzten Jahrhundert gar nicht mehr von ihm reden wollten. Er sprach lieber von einer Herangehensweise an Sachen und Mitmenschen, die diese auf ihren eigenen Sinn hin freigibt (und sie nicht für eigene Zwecke korrumpieren will).[48] Diese wohlwollende Grundhaltung hat der Philosoph Josef Pieper im Anschluss an Augustinus einmal auf die Formel gebracht, wer liebe, sage: »Gut, dass es das gibt; gut, dass du auf der Welt bist!«[49] Wo das in einem tieferen Sinn zum Ausdruck gebracht wird, kann darin ein Wert erblickt werden. Wo dafür ein Preis zu zahlen ist, kann darin ein (noch höherer) Wert erkannt werden. Entsprechende Handlungsweisen werden daraus folgen, die weder mit einer gleichgültigen Beliebigkeit noch mit einer sozialen Überreglementierung zu tun haben.

Pädagogische Folgerungen zum Abschluss

Was machen wir mit den bisherigen Erkenntnissen? Was haben wir davon, wenn wir neu über Tugenden und Werte nachdenken? Kann eine entsprechende Besinnung das Spannungsfeld der Pluralität von Ethosformen einerseits (»Jeder hat

---

[47] Scheler, Formalismus (s. Anm. 28), 130.
[48] Vgl. Theodor Ballauff, Erwachsenenbildung – Sinn und Grenzen, Hohengehren/Baltmannsweiler ²2008, 42.
[49] Vgl. Josef Pieper, Über die Liebe, in: Berthold Wald (Hrsg.), Josef Pieper – Werke in 8 Bänden, Bd. 4, Hamburg 1996, 296–414, 314.

seine Wahrheit!«) und der moralischen Verbindlichkeit andererseits (»Wir alle sollten Haltung zeigen!«) sinnvoll austarieren? In der Zusammenschau wird man sagen müssen, dass es mit Sicherheit weiterhin gesellschaftliche Konflikte geben wird. Diese beziehen sich einerseits auf die inhaltliche Bewertung konkreter Meinungsunterschiede und andererseits auf die formale Rahmenfrage, wie viel (vermeintliche oder tatsächliche) Einmütigkeit bei bestimmten Themen bestehen sollte und wie viel Toleranz man bei entsprechenden Abweichungen zu konzedieren bereit ist. Diese zweite Frage ist allerdings nicht nur formal, denn in sie gehen auch bestimmte weltanschauliche und gesellschaftspolitische Vorannahmen ein, also ihrerseits »inhaltliche« Aspekte. Die Besinnung auf Tugenden und Werte würde die Konflikte auf beiden Ebenen nicht grundsätzlich entschärfen, aber sie hätte den Vorteil, dass jeder zunächst bei sich anfinge.

Die Tugenden sind in der in Erinnerung gerufenen aristotelisch-thomistischen Tradition habitualisierte »Gutheiten«, die zunächst jeder selbst einübt. Deshalb ist die adäquate Frage: Verhalte *ich* mich in den gesellschaftlichen Auseinandersetzungen klug, gerecht, tapfer und maßvoll (besonnen)? Das ist eine Frage der Bildung von Persönlichkeit.[50] Wo diese Frage ernsthaft mit Ja beantwortet wird, ist es sehr unwahrscheinlich, dass gesellschaftliche Restriktionen nötig sind, um den Frieden im sozialen Gefüge zu erhalten. Verkürzt gesagt: Innerhalb des immer gegebenen dialektischen Verhältnisses von Freiheit und Bindung ist die gesellschaftliche Freiheit in diesem Falle größer, weil sich die Menschen freiwillig an Tugenden binden.

Die Frage der Werte wiederum kann Orientierung geben, wofür man seine (persönliche und gesellschaftliche) Freiheit einsetzen sollte. Im Rahmen der Humanontogenese ist die Wahrnehmungsfähigkeit der Werte stark mit der pädagogischen Aufgabe der Gewissensbildung verbunden. Letztere wiederum »konstruiert« Werte nicht einfach (siehe Scheler), aber sie schult gewissermaßen »die Sinne« für deren absolute Relevanz. Bei Wertkonflikten wäre dann zunächst auf die Rangordnung der Werte zu reflektieren: Ist es wirklich so, dass beide etwa konfligierenden Wertbezüge in einer gesellschaftspolitischen Auseinandersetzung auf der gleichen Ebene kollidieren? Oder kann man bei gründlichem Nachdenken sehen, dass *einer* Wertschätzung der Vorrang zukommen müsste? Und wenn sich tatsächlich herausstellen sollte, dass ein Wertkonflikt nicht über die Rangordnung zu lösen ist: Welche Rolle spielt der hohe Wert der Liebe?

Wertkonflikte durch die Liebe »aufzuheben«, ist aber weder kitschig noch sentimental zu verstehen noch auch nur im Sinne einer rationalistischen Pflichtethik nach dem Motto: »Liebe hat nichts mit Gefühl zu tun«. Es hieße in etwa: Ich lehne deine Meinung (ggf. weiterhin) aus inhaltlichen Gründen ab, aber ich schätze dich als Person wert, der diese Meinung offenbar sehr wichtig ist. Viel

---

[50] Vgl. dazu vom Autor: Daniel Straß, Das Versprechen der Persönlichkeit, Bad Heilbrunn 2022.

gesellschaftliche Polarisierung der letzten Jahre wäre m. E. überwunden, wo das ernsthaft gesagt und gelebt würde, weil daraus auch eine bestimmte Diskurskultur folgt. Das Paradigma dieses Gedankens ist, wie schon verschiedentlich angedeutet, wahrscheinlich die Mutterliebe. Das soll für gesellschaftliche Konflikte keinesfalls Infantilität oder Sentimentalitäten bedeuten. Das Aushalten der Mutterliebe steht allerdings für personale Bejahung und somit für das Gegenteil von Hass und Ausgrenzung. Deshalb ende ich mit einer sehr akzentuierten Gegenüberstellung bei Theodor Ballauff. Dieser hatte sich mit verschiedenen philosophischen Blickwinkeln auf Pädagogik beschäftigt, wobei ihm besonders der »Säulenheilige« der Pädagogik, Johann Heinrich Pestalozzi, mit dem besonderen Potential der Liebe vor Augen stand:

> »Rousseau fordert, das Können zum Sollen des je eigenen Wollens zu machen: der freie Mann tut nur, was er kann. Kant fordert, das Sollen zum Wollen des Könnens zu machen: du kannst, denn du sollst. Pestalozzi fordert, das Wollen und Sollen in der Liebe des Könnens, in dem ›Vermocht werden‹ der Liebe aufgehen zu lassen: das Tun der Mutter wird ihm das erhellende Paradigma.«[51]

---

[51] Theodor Ballauff, Vernünftiger Wille und gläubige Liebe. Interpretationen zu Kants und Pestalozzis Werk, Meisenheim/Glan/Hain 1957, 172 f.

Autoren

Deines, Roland, Prof. Dr. theol. habil., geb. 1961, Studium der ev. Theologie in Basel und Tübingen, Promotion und Habilitation im Fach Neues Testament in Tübingen, verschiedene akademische Positionen in Tübingen, Jena, Beer-Sheva (Israel) und 2006–2016 in Nottingham, seit 2017 Professor für Biblische Theologie u. Antikes Judentum u. seit 2022 Prorektor an der Internationalen Hochschule Liebenzell (IHL), stellv. Vorsitzender des Arbeitskreises für evangelikale Theologie (AfeT), zahlreiche Veröffentlichungen zum antiken Judentum (besonders zu den Pharisäern) u. zum Neuen Testament (besonders Matthäusevangelium u. Jesusforschung).

Funkschmidt, Kai, Dr. theol., geb. 1963, Studium der Theologie in Göttingen, St. Andrews und Hamburg, der Indologie in Bonn, 1994: Assistent KiHo Wuppertal, 2000: Mission Relations Secretary bei Churches Together in Britain and Ireland, 2007: Beauftragter für Ökumenisches Lernen der Ev. Kirche in Hessen und Nassau, 2011: Wissenschaftlicher Referent der Evangelischen Zentralstelle für Weltanschauungsfragen, Publikationsschwerpunkte: Missionstheologie, Esoterik, Verschwörungstheorien, Neuapostolische Kirche, Antisemitismus im Islam.

Hiller, Detlef, Prof. Dr., geb. 1964, Magisterstudium der Politikwissenschaft an der Universität Bonn, Magisterstudium der Erziehungswissenschaft an der Fernuniversität Hagen, Magisterstudium der Theologie an der Kirchlichen Hochschule in Wuppertal mit anschließender Promotion ebenda, berufliche Tätigkeiten: Referatsleitung Asien/Osteuropa Kindernothilfe, nebenberuflich seit 1997 in der Kinder- und Jugendhilfe, seit 2015 Professor für Internationale Soziale Arbeit an der Internationalen Hochschule Liebenzell (IHL), Forschungsinteressen: Südasien (bes. Pakistan), Pentekostale Theologie (bes. Heilung/Befreiung), Kulturelle und soziale Dimensionen ganzheitlicher Entwicklung.

Lehner, Gerold, Dr., geb. 1962, Studium der evangelischen Theologie an der FETA Basel und der Evangelisch-Theologischen Fakultät der Universität Wien, Pfarrer in Purkersorf bei Wien, Rektor des Evangelischen Predigerseminars, Promotion im Neuen Testament bei Prof. Kurt Niederwimmer, seit 2005 Superintendent der Evangelischen Kirche in Oberösterreich, Präsident der Österreichischen Bibelgesellschaft, Vorsitzender des Forums der christlichen Kirchen in Oberösterreich, Mitglied des Theologischen Ausschusses von Synode und Generalsynode und der Ökumenischen Sommerakademie Kremsmünster, Forschungen und Publikationen im Bereich Kirchengeschichte, Christentum und Islam sowie christlicher Glaube und gesellschaftliche Entwicklungen.

Raedel, Christoph, Prof. Dr., geb. 1971, Theologiestudium in Rostock, Halle/Saale, Cambridge und Reutlingen, 2005-2011 Studienleiter und Dozent für Evangelische Theologie am CVJM-Kolleg Kassel, 2011-2014 Professor für Ökumenische Theologie an der Internationalen CVJM-Hochschule Kassel, seit 2014 Professor für Systematische Theologie an der Freien Theologischen Hochschule Gießen, Direktor des Instituts für Ethik & Werte Gießen, Vorsitzender des Arbeitskreises für evangelikale Theologie (AfeT).

Straß, Daniel, Prof. Dr., geb. 1982, theologisches Fachschulstudium in Kassel, Studium der Erziehungswissenschaft an der Universität Halle, Promotion ebenda, Habilitation an der Universität Augsburg, Wiss. Mitarbeiter am Institut für Pädagogik der Martin-Luther-Universität Halle-Wittenberg, Lehraufträge zur Pädagogik und Erwachsenenbildung an verschiedenen Universitäten, seit 2019 Professor für Erziehungswissenschaft an der Internationalen Hochschule Liebenzell (IHL), seit 2022 Privatdozent an der Universität Augsburg, Forschungsschwerpunkte zur Persönlichkeitsbildung und Bildungsphilosophie.

Wrogemann, Henning, Prof. Dr., geb. 1964, Promotion (1995) und Habilitation (2005) an der Ruprecht-Karls-Universität Heidelberg, seit 2007 Inhaber des Lehrstuhls Religionswissenschaft und Interkulturelle Theologie an der Kirchlichen Hochschule Wuppertal, Leiter des Instituts für Interkulturelle Theologie und Interreligiöse Studien (www.iitis.de), Autor der Trilogie *Lehrbuch Missionswissenschaft/Interkulturelle Theologie* (2012-2015), englischsprachige Ausgabe *Intercultural Theology* (2016-2019), sowie des Bandes *Religionswissenschaft und Interkulturelle Theologie* (2020) in der Reihe »Lehrwerk Evangelische Theologie« der Evangelischen Verlagsanstalt.